现代经济管理学新视野研究丛书

◄ ◄

湖北省社科基金项目（后期资助项目编号：20232242）研究成果

智慧农业对
中国农业经济增长的影响研究

兰海　著 ——————————————————————————

► ►

WUHAN UNIVERSITY PRESS
武汉大学出版社

图书在版编目(CIP)数据

智慧农业对中国农业经济增长的影响研究／兰海著 . -- 武汉：武汉大学出版社，2024. 9. -- 现代经济管理学新视野研究丛书. -- ISBN 978-7-307-24621-8

Ⅰ. F323

中国国家版本馆 CIP 数据核字 20247BA430 号

责任编辑:詹　蜜　　　　责任校对:汪欣怡　　　　版式设计:韩闻锦

出版发行:**武汉大学出版社**　　（430072　武昌　珞珈山）

（电子邮箱：cbs22@whu.edu.cn　网址：www.wdp.com.cn）

印刷:武汉邮科印务有限公司

开本:720×1000　　1/16　　印张:15.25　　字数:216千字　　插页:1

版次:2024 年 9 月第 1 版　　　2024 年 9 月第 1 次印刷

ISBN 978-7-307-24621-8　　　定价:78.00 元

前　　言

农业是我国的一大基础产业，加快现代农业建设，实现农业与农村可持续发展是推动乡村振兴，实现城乡共同富裕和中华民族伟大复兴的关键环节和迫切之需。随着互联网的普及和发展，在大数据、物联网等技术的进步下，农业逐渐向科技化、现代化为特点的智慧农业方向发展。所谓智慧农业是指在新时期"互联网+"的时代背景下，农业与遥感技术、物联网、大数据等高新技术领域相结合的农业发展模式，其应用并不局限于农业生产，而是涉及整个农业价值链，包括农业生产、农业管理、农产品供应链管理等多个方面，成为农业产业发展的重要驱动力。

为了进一步加速实现农业现代化，推进乡村振兴，中国政府出台了一系列政策，旨在促进智慧农业的应用。智慧农业发展水平的提升，为大数据、物联网等技术在农业生产中的广泛应用创造了难得的机遇，在农业结构升级、农业发展模式的改变等方面发挥了重要的作用。那么，我国智慧农业发展现状如何？智慧农业在促进农业经济增长过程中存在哪些问题？智慧农业究竟如何作用于农业经济增长？其中存在怎样的影响机理？美国、日本、法国等发达国家为我国智慧农业促进农业经济正增长提供了哪些可借鉴的发展经验？如何有效利用智慧农业以促进我国农业经济增长？围绕这些问题，本书在对智慧农业和农业经济增长等重要概念进行界定，及对马克思恩格斯的农业现代化理论、习近平新发展理论、技术进步理论和经济增长理论等与本书密切相关的理论、学说进行详细阐述的基础上，首先从智慧农业基础、智慧农业应用、智慧农业销售等涵盖农业全产业链的各个环节构建指标体系以对智慧农业发展水平进行全面测算，并分析了我国及四大地区智慧农业以及农业经济增长水平的时空特征和区域差异，归纳总结智慧农业促进中国农业发展中存在的问题。其次，从提高劳动生产率、升级产业结构、降低农业生产中的交易费用等方面详细探讨了智慧农业促进中国农业发展的作用机理，并实证检验智慧农业对农业发展的影响效应与影响路径；在此基础上，通过对以美国、日本、欧盟中部分成员国等发达国家智慧农业经济增长效应的发展现状、特征以及具体措施进行总结与归纳，阐述了提升我国智慧农业经济增长效应的启示。最后，基于本书研究结论，结合国际经验，构建有效利用智慧农业的积极影响，促进农业发展的政策措施体系。得出以下结论：

1. 智慧农业作为农业和物联网、大数据、云计算等高新技术结合的产物，既有与以往技术进步相同的特征，也具有其特殊性。本书认为智慧农业会通过提高劳动生产率、升级产业结构和降低农业生产中的交易费用对农业经济增长产生影响。(1)人工智能具有劳动生产能力，能够替代人的智力，提高劳动生产率，进而促进农业经济增长；(2)智慧农业能够通过延长产业链、完善供应链、提升价值链等方面来促进产业结构升级，进而促进农业经济增长；(3)智慧农业能够从减少信息不对称和减少政府失灵两个方面降低农业生产交易成本，进而促进农业经济增长。

2. 通过构建指标体系对智慧农业发展水平进行全面测算，发现2011—2019年中国智慧农业发展水平整体表现为上升态势，且增长速率波动上升。四大区域的智慧农业发展水平由高到低分别为：东部地区>中部地区>东北地区>西部地区，除东北地区以外，其余三大地区智慧农业发展水平均呈上升趋势。与此同时，我国农林牧渔业状态呈持续增长态势，从四大区域对比来看，农林牧渔业增加值由高到低依次为：中部地区>东部地区>东北地区>西部地区，从整体增长率来看，四大区域农林牧渔业增加值的增长速度由快到慢依次为：西部地区>东北地区>中部地区>东部地区。中国农业经济增长的总体差异情况呈波动上升趋势。区域内差异是中国农业经济增长总体差异的主导因素。四大区域农业经济增长的区域内差异均值由大到小分别是西部、东部、中部和东北。基于现状分析可知，近年来中国智慧农业水平持续快速提升，对我国农业经济增长带来了促进作用。

3. 智慧农业对农业经济增长的影响 OLS 估计结果证实了智慧农业发展能够显著推动农业经济增长这一结论。分区域回归结果显示，智慧农业发展能够显著推动中部地区、西部地区和东北地区的农业经济增长，而智慧农业发展对东部地区农业经济增长的促进作用并不明显。进一步从智慧农业对农业经济增长影响路径的逐步回归分析与 Bootstrap 检验的分析结果均支持智慧农业通过提高劳动生产率、升级产业结构、降低交易费用三条路径间接促进农业经济增长。

4. 通过对美国、日本、法国、德国和英国的经验进行深入剖析，结合中国现实状况，本书认为智慧农业发展离不开政府的各种政策规划支持和相应的调控，需要因地制宜差别化地推进农村基础设施建设，对于基础的农业区划要做到合理高效统筹规划，优化智慧农业生产核心技术的研发主体与信息化建设，同时还要注重智慧农业人才的培养，促进产学研融合发展，以推动智慧农业的推广应用。

5. 根据研究结论和国外经验，本书提出了中国智慧农业促进农业经济增长中存在的问题及其成因。就智慧农业及其促进农业经济增长中的现状来看，传统农业向智慧农业转型仍面临智慧化程度不高、缺乏高素质农业人才、信息化水平不高、地区智慧农业经济发展不平衡问题、机械化水平较低、小农户对智慧农业的参与度不高等问题与发展困境，其原因在于智慧农业存在"卡脖子"技术、农业从业者受教育水平较低、部分地区农业基础设施相对落后、资源禀赋以及经济发展水平差异较大、对智慧农业发展的宣传力度不强且成本较高等。

　　基于此，本书提出智慧农业推动经济增长的政策措施：第一，加大技术创新与研发投入；第二，强化智慧农业人才培养；第三，加强智慧农业基础设施建设；第四，加强政府对智慧农业的规划与引导；第五，建设土地流转政策服务体系；第六，加大智慧农业宣传力度并拓宽智慧农业融资渠道。

目　　录

1 绪 论

1.1 研究背景、目的和意义

1.1.1 研究背景

农业是我国国民经济的重要组成部分(匡远凤和彭代彦，2021)，解决好"三农"问题是实现全面建成小康社会战略目标的核心和迫切之需。习近平总书记指出，农业与农村的发展能够决定我国建设小康社会的进程和经济发展的质量水平。现阶段，互联网普及度持续提升，物联网、大数据、云计算等科技水平也保持增长态势，农业逐渐朝向科技化、现代化为特点的智慧农业发展。"智慧农业"就是在现阶段"互联网+"快速发展的新时期，以物联网、大数据、云计算、遥感等新型技术的应用为主要表现形式，通过将这些技术与农业产业深度融合来实现对农业生产的监控与指导，达到促进农业发展的目的。作为第一产业发展的重要驱动力，智慧农业的发展势在必行。

为了促进农业经济增长和发展方式的转变，党中央指出在推动经济高速发展过程中要同时实现新型工业化、城镇化、信息化、现代化和绿色化，推动乡村振兴，并且建设现代农业生产体系，使小农户能够更好地适应大市场从而和现代农业深度融合。智慧农业是信息化与现代化更高级的表现形式，关键是新型智能技术与农业产业的深度融合。2016年国务院颁布了《全国农业现代化规划(2016—2020 年)》,其中指出应当加速农业和信息化的有效融合,扩大物联网、遥感等智能技术在农业生产中的使用程度。《中共中央国务院关于 2018 年实施乡村振兴战略的意见》更是直接以推动智慧农业发展为主题。2019 年中央"一号文件"也提出要大力发展智慧农业,它是农业产业的未来发展方向;加速推进农业核心技术的研发,形成农业科技研发的新动力,在农业育种、农业生产、农业销售等全产业链全过程推动改革创新。智慧农业作为将物联网、云计算、大数据等新型科学技术与农业产业相融合的农业发展方式,是变革农业发展方式、全面促进农业经济增长的必然趋势。

随着信息化社会的到来,智慧农业已取得积极进展。《全国农业农村信息化发展"十三五"规划》表明大数据、物联网、移动互联网、空间信息等新型技术在农业生产、经营管理等不同环节已经得到了一定程度的使用。在中央政策的导向下,各地方政府对智慧农业发展的支持力度也不断加强,例如,江苏省宜兴市新建镇新建村,"物联网"技术已运用到养殖业领域;山东省七级镇给冬暖棚配备智能化喷淋系统;新疆地区对棉花生产中的物联网应用系统进行了试点。尽管如此,智慧农业的发展在我国处于起步阶段,仍然存在很多需要进一步深化和探索的问题;同时,由于基础设施、资源禀赋以及农业经济发展模式等的区别,我国智慧农业进程在空间上具有快慢之分,部分地区仍停留在传统农业阶段(赵春江等,2018),这种区别造成了农业经济增长的分布格局发生改变。在此背景下,探讨智慧农业与农业经济增长两者的内在联系与提升策略就显得十分重要和迫切了。

当前我国农业正处在传统农业向现代农业的转型时期,智慧农业以互联网、物联网、大数据、云计算等技术为支撑,是步入信息时代之后对农业发展模式的伟大创新,在当前阶段会对农业发展发挥重要的作用,这是实现农业可持续发展的难得机遇。那么,智慧农业对农业经济增长究竟产生了怎样的影响?影响机理是什么?如何有效利用智慧农业发展的积极作用以促进我国农业可持续增长?对这些问题的回答不仅有助于探寻农业发展方式转变的前进方向和现实意义,还能为我国农业经济增长政策体系的构建带来决策参考。

1.1.2 研究目的

本书的研究目的是，阐明并论证智慧农业推动农业发展的机理，定量分析其影响效应，分析智慧农业在推动农业发展过程中的不足之处及其原因，提出解决这些问题的政策建议，从而促进中国农业可持续增长。

1.1.3 研究意义

1.1.3.1 理论意义

随着现代农业发展进程的加快，智慧农业已成为农业现代化理论的研究重点。以往关于智慧农业的研究主要集中于智慧农业对农业经济增长的直接影响，而对智慧农业经济增长效应的影响因素涉及较少；同时，现有研究大多局限于定性分析，缺乏对智慧农业经济增长效应的实证检验。本书系统分析了智慧农业促进农业经济增长的作用机理，进而从智慧农业基础、智慧农业应用、智慧农业销售等涵盖农业全产业链的各个环节选择指标构建指标体系，并采用熵权法测度全国及各省份智慧农业发展水平，实证检验智慧农业的经济增长效应，并考虑地区经济发展水平和农业资源禀赋条件对其经济增长效应的作用，将区域异质性考虑在内，对智慧农业对农业经济增长的影响进行分区域回归，进而构建中介效应模型实证检验劳动生产率、产业结构、交易费用在智慧农业影响农业经济增长中的中介作用，增强了本书理论分析的实证依据。试图进一步真实反映出不同区域智慧农业发展对农业经济增长的作用效果差别，明晰其作用机理，对于进一步拓展智慧农业经济增长效应的研究和丰富农业现代化理论具有重要的理论意义。

1.1.3.2 现实意义

从现实背景来看，推进智慧农业发展是推动现代农业发展的内在需求。

现阶段，提高生产的技术水平是农业发展的重要驱动力量，而智慧农业的主要特点就是物联网、云计算、大数据等新型科学技术与农业产业的融合，因而智慧农业必然会成为信息时代农业经济增长的核心驱动力。本书在系统分析智慧农业促进农业经济增长的作用机理以及国外智慧农业的发展特点与措施的基础上，总结了我国智慧农业促进农业经济增长中存在的问题及其成因。研究结果可以为智慧农业发展政策体系的构建提供理论依据和实证参考，能够更加具有针对性地来制定适应性更高的措施体系和完善智慧农业发展机制进而促进农业经济增长，有助于减少政府部门在制定智慧农业发展政策中的短视行为，对于推动我国智慧农业发展水平的提升和农业经济增长等方面存在关键的现实价值。

1.2 研究思路、内容及方法

1.2.1 研究思路

本书始终紧扣智慧农业如何影响农业经济增长这一主题展开。首先，在对本书选取智慧农业快速发展与促进农业经济增长这一选题背景进行分析的基础上，全面地介绍了研究我国智慧农业的经济增长效应的目的与意义并且对现有的文献进行了评述，明确了本书的研究框架。其次，从智慧农业基础、智慧农业应用、智慧农业销售等涵盖农业全产业链的各个环节构建指标体系从而对智慧农业发展水平进行全面测算，并对我国及四大地区智慧农业发展水平以及农业经济增长水平进行了时空特征分析和区域差异分析，归纳总结智慧农业对中国农业经济增长影响中存在的问题。再次，从提高劳动生产率、升级产业结构、降低农业生产中的交易费用等方面详细探讨了智慧农业对中国农业经济增长的作用机理，并实证检验智慧农业对农业经济增长的影响效应与影响路径。在此基础上，通过对以美国、日本、欧盟中部分成员国等发达国家智慧农业经济增长效应的发展现状、特征以及具体措施进行总结与归纳，阐述了提升我国智慧农业经济增长效应的启示。最后，基于本书研究结论，结合国际经验，构建有效利用智慧农业的积极影响，推动农业经济增长的政策措施体系，以期有针对性地提出在智慧农业视角下我国农业经济增长的提升策略，促进中国农业可持续增长。具体研究思路框架见图 1-1。

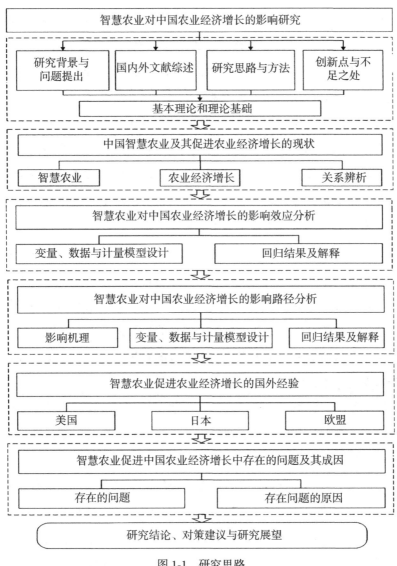

图 1-1　研究思路

1.2.2　研究内容

基于本书研究背景和分析框架，全文包括 8 章：

第 1 章为绪论。首先在对本书选取智慧农业快速发展与促进农业经济增长这一选题背景进行分析的基础上，全面地介绍了研究我国智慧农业的经济增长效应的目的与意义。然后基于对国内外有关智慧农业发展现状、模式以及对农业发展的影响等方面现有研究的系统梳理，并对其进行了总体评述，由此归纳了本书旨在突破的关键科学问题和详细的研究框架。在此基础上，详细论证了本书的创新点与不足之处。

第 2 章为基本理论与理论基础。本章首先对智慧农业和农业经济增长等重要概念在本书中的具体含义进行了界定，并在对马克思恩格斯的农业现代化理论、习近平新发展理论、技术进步理论、经济增长理论等与本书密切相关的理论、学说进行详细阐述的基础上，系统分析了上述理论与本研究的关系及其对本研究的启示，确定了本书的理论基础。

第 3 章为中国智慧农业及其促进农业经济增长的现状。本章首先构建指标体系对中国智慧农业发展水平进行测算与讨论，并对各地区智慧农业发展水平进行差异分析；其次，对农业经济增长水平的总体情况与区域差异进行分析；最后，辨析智慧农业与农业经济增长的相互关系。

第 4 章为智慧农业对中国农业经济增长的影响效应分析。本章在现状研究的基础上，构建计量经济模型深入探讨智慧农业这一关键变量对农业经济增长的影响效应，并充分考虑不同区域智慧农业对农业经济增长影响的差异性特征，实证检验智慧农业对农业经济增长的影响效应与区域异质性，为本书的理论分析提供实证依据。

第 5 章为智慧农业对中国农业经济增长的影响路径分析。本章在综合分析第二章相关理论的基础上，从提高劳动生产率、升级产业结构、降低农业生产中的交易费用等方面详细探讨了智慧农业对中国农业经济增长的作用机理，阐明本书的现实依据；进而构建中介效应模型实证检验智慧农业影响农业经济增长的内在传导机制，实证检验智慧农业对农业经济增长的影响路径。

第6章为智慧农业促进农业经济增长的国外经验。本章以美国、日本、欧盟成员国等国家为例，对其智慧农业经济增长效应的发展现状、特征以及具体措施进行总结与归纳，解析其智慧农业发展模式，进而阐述了上述做法与经验对提升我国智慧农业经济增长效应的启示。

第7章智慧农业促进中国农业经济增长中存在问题及其成因。本章结合第六章国外经验的总结，深入探究了智慧农业在促进中国农业经济增长这一事实背后所蕴含着的问题及其成因。

第8章研究结论、对策建议与研究展望。本章归纳了前文中各个章节所得出的主要结论，根据研究结论提出有效利用智慧农业所带来的积极影响，促进农业经济增长的政策措施，并在此基础上对今后该领域研究可能深入的地方进行了展望。

1.2.3 研究方法

本书将智慧农业作为研究对象，把规范分析与实证分析相互融合起来，全面探讨了智慧农业的经济增长效应，使用了以下四类方法：

（1）文献研究法

大量收集了本领域的相关文献，对其进行仔细研读和归纳整理，充分掌握本领域现阶段的研究进展，以及相关文献的研究思路、先进方法和技术路线，并对目前已有的文献进行分门别类和文献综述，再据此构建本书的基本思路，进一步明晰所可能存在着的创新之处。在此基础上提炼出本书拟解决的关键问题和具有的创新点。广泛收集学术界的先进研究方法，熟练掌握这些方法的适用场景和限制条件，同时通过各种渠道查阅国家统计局、官方统计年鉴、网络数据资源等，对本研究的可行性进行分析，并对研究方案进行相应的调整。全方位考虑数据可得性、研究方法可用性、前期基础可支撑性等现实条件，将本研究与现有文献进行比较分析，提炼出本书在现有文献的基础上表现出的进步之处，并且选取合适的方法进行研究。

（2）理论研究法

本书以马克思政治经济学中著名的农业发展理论为基础，结合中国农业近年来的生产实践和发展历程，对中国智慧农业发展历程和现实状况以及其促进了农业经济增长的基本情况进行了深刻而系统性的梳理与分析，深刻剖析了智慧农业影响中国农业经济增长的内在机理，阐明劳动生产率、产业结构、交易费用对智慧农业影响农业经济增长的中介作用，为本书将智慧农业作为一个时代背景研究其对中国农业经济增长的影响提供了理论支撑。

（3）计量经济学方法

通过参考国际上现存的计量方法，围绕本书所要讨论的研究对象，选取适当的模型检验理论假说，并结合计量分析结果提出相应的对策与建议。具体来说，在考察智慧农业发展现状时，采用空间分析方法研究智慧农业的时空特征，并采用变异系数和泰尔指数研究智慧农业的空间差异与动态演变；在对智慧农业发展水平进行科学量化的时候，分别从智慧农业在基础、应用、销售三个方面构建指标体系，并使用熵权法对指标赋值；考察智慧农业经济增长效应的影响因素时，构建了多元线性回归模型进行实证分析；检验劳动生产率、产业结构、交易费用在智慧农业影响农业经济增长中的中介作用时，构建了中介效应模型，并使用 Bootstrap 方法进行稳健性检验；为检验智慧农业发展水平可能与农业经济增长水平存在互为因果关系而导致内生性问题，利用智慧农业指标的滞后项作为本研究中的工具变量，通过两阶段最小二乘法（IV-2SLS）来消除内生性的影响。

（4）比较分析和归纳演绎法

首先，在深入分析智慧农业的发展现状及其时空差异的基础上，探讨智慧农业的动态演变规律。运用泰尔指数来测算中国智慧农业的空间差异时，并将其分解为各区域内部智慧农业水平的差异和各区域之间的差异。其次，在研究智慧农业对农业经济增长的影响作用时，本研究将从区域差异的视角出发进行深入探究，重点探讨智慧农业对农业经济增长的影响机理。最后，在比较分析国外智慧农业如何有效促进农业经济增长的已有经验的基础上，充分考虑中国农业当前的生产特征和经济发展状况，构建推动和实现我国智慧农业不断发展，有效促进农业发展和经济增长的对策建议。

1.3 国内外相关研究综述

1.3.1 智慧农业的相关研究

1.3.1.1 智慧农业的起源与发展

智慧农业从本质上来说是农业现代化发展到一定水平后的必然产物。追溯其根源，英国作为世界工业革命的发源地，不仅是第一个工业大国，还第一个将现代化的设备应用于农业生产，并被认为是"农业现代化发展的先驱"。舒尔茨(Schultz，1964)的农业现代化理论系统地研究了传统农业往现代农业的转型，并于其所著的《改造传统农业》中详细地阐述了发展中国家想要发展农业现代化所需要具备的基本条件及其实践方案，又先后总结了有益于农业现代化建设的发展思路，譬如，积极对农户实施宣传和技能培训，加大对农民的人力培养投入；发展家庭农场模式、变革传统土地政策、完善市场化体制；强化投资以实现现代农业要素发展。之后涉及农业现代化领域比较有影响的是美国经济史学家罗斯托(Rostow，1960)所提出的发展阶段理论，重点剖析了在经济发展相对落后时实现农业发展的现实价值。在此时期，西方经济学家主要围绕着农业如何实现现代化这一难题分别展开了讨论，大多数学者均发现实现农业现代化必然要以农村现代化为基础，可以说两者是息息相关的。以法国的《农业现代化法》这部法律为例，其中就列举了大量的农业现代化的章程。智慧农业是农业与现代科学技术相结合的重要体现，主要表现为以通信技术在农业生产应用(朱兴荣，2013)。阮青等(2013)则发现，智慧农业不仅能够变革国家或地区的经济发展方式，更有助于农业经济的快速

9

提升。杨大蓉(2014)认为，智慧农业的发展能够推动农业生产效率提升，将成为未来农业转型的发展方向。智慧农业能够通过现代通信技术的应用，实现打通不同生产环节的数据，最终完成农业生产的智能化。谢幸杰等(2015)指出，在农业中广泛采用现代通信设备，会给农业快速发展带来便捷且高效的参考和借鉴。智慧农业既体现为农业现代化的技术核心，也将是传统农业发展的高级形态。赵恒(2016)强调智慧农业是指将熟练应用现代信息设备的使用方法，有效采用物联网、云计算等数字化技术，对农业生产实施全产业链环节智慧化种植和养殖，进而推动农产品质量提升，最终优化广大农民的生产能力和生活质量，推动农村共同富裕。吴瑛莉(2016)认为，智慧农业指将物联网作为基础，现代通信技术与农业生产的深度融合，进而实现现代通信技术的有效应用。

1.3.1.2　智慧农业的评价方法

波拉特(Borat，1997)所发明的波拉特法是第一个测度信息化水平的手段，其主要思想是以经济学视角来衡量信息化进展，为科学测量智慧农业发展水平奠定了基础。卡罗琳(Caroline，2006)比较了不同个体之间的信息交流方式的差异化特征，深入分析显示因为不同个体位于不同的社会网络节点上，进而带来其在信息交流过程中的差异性，因此，需结合信息流通的特征来评价其流畅程度。诺伯特(Nobert，1948)认为"信息并非物质形式的，也非能量形式的，它本质上即为信息"，信息实际上是和能源、物质等实体一样的生产要素。克劳德(Claude，1948)经过严密的公式推导来讨论物质、能源与信息的动态关联和相互作用，使其研究成为信息化领域的关键基础。

国内学者们对于不同产业的智慧化程度具有不同的测度方法。一方面，构建指标体系测算智慧农业发展水平。崔少宁(2020)指出，智慧农业发展水平的测算需要充分考虑在农业生产过程中使用卫星导航、物联网、大数据等智慧农业技术的面积占比，并提出在农业生产的不同阶段，通过测度出采用上述技术进行操作的面积占总耕地面积的比值，加上通过确定各项的权重来最终得到智慧农业发展水平。袁晓庆等(2015)运用主成分分析法对我国农业信息化水平进行评估最终发现我国东部地区农业信息化水平明显高于西部地区。沈剑波等(2019)则从农业基础设施建设水平、农业信息技术运用程度、农业人力资源状况、农业政策和信息化发展环境5个方面构建农业信息化评价指标体系并运用层次分析法对指标体系进行权重计算。董鸿鹏和吕杰(2014)对农业信息化水平测度的指标体系主要包括农业信息的资源开发应用、基础设施、创新技术应用、人才与外部环境四大类。另一方面,运用工业信息测度法评价农业智慧化水平。林海英等(2018)运用综合指数法对农业信息化水平进行评估。丁孟春等(2016)运用波拉特法测算吉林省2004—2014年农业信息化水平并提出提升对策。美国经济学家马克卢普(Machlup et al.,1962)指出针对信息经济科学的评价手段,这是迄今为止对信息化水平进行评价的较为早期的方法(马克卢普,1962;波拉特,1977)。国内有关智慧农业的测算可追溯2001年由信息产业部门所推出的信息化指标体系。之后,学术界采取各种各样的手段来测度农业信息化水平,并对可能影响其提升的可能因素作出了分析(Hu et al.,2005;Rezaei et al.,2008;Tsitsika and Maravelias,2010;Chen and Chen,2002;刘玮等,2014;刘世洪和许世卫,2008;黄婷婷和李德华,2008;高雅和甘国辉,2009;李思,2011)。

构建指标体系测算智慧农业水平时,确定指标权重是其非常重要的环节。为了给指标准确赋权,国际上总共有十多类测算手段。总体来说,可分为两种:主观赋权法和客观赋权法。前者指根据定性的思路,由该领域的专业人员凭借自身长期从事该领域研究的经验进行评分,并以此获得各个指标的权重,进而通过指标体系求得最终结果。具体如:二项系数法(程明熙,1983)、层次分析法(高露雄等2011;王淑婧,2014)、专家调查法(Delphi法)(McMillan,2016)、环比评分法(陆明生,1986;陈志刚和周丹,2008)、序关系分析法(G1法)(郭亚军,2002)、最小平方法(陈挺,1997)等。后者客观赋权法的主要思想是根据对相关数据进行比较分析,来对指标进行赋权的方法。主要有主成分分析法(吕开宇等,2016;任俊霖等,2016;李跃艳等，2019）、熵权法（程启月，2010；魏敏和李书昊，2018；信桂新等，2017；袁久和和祁春节，2013；方创琳和 Yehua，2001；乔家君，2004；郭显光，1998；李雪铭和晋培育，2012；张挺等，2018）、因子分析法（张铁山和肖皓文，2015）、变异系数法（李晓倩和刘学录，2012；储莎和陈来，2011）、离差最大法（郭亚军，2002）等。其中熵权法作为客观赋权法，相对来说精度较高、客观性更强，能够得到较为客观的指标权重。

1.3.1.3　智慧农业发展模式的研究

希斯特勒（Sistler，1991）预测了未来农业的发展趋势，实现智能化机器的大规模使用是未来农业的发展方向，届时会是农业发达程度的评价标准。瑞安（Ryan，2007）分析了能够推动信息传递的各类组织所发挥的作用，包括政府、企业、公益组织等，基于它们的现实情况，找寻最有效的传递方式，并重点发展这种传递方式，对于信息传播能够起到巨大的促进作用。泰德（Ted，2009）根据其实践发现，智慧农业通过互联网和物联网等现代技术相融合，推动农业发展转型。在世界各国中，瑞士第一个发展了智慧农业，对其进行了大量的研发投入，于 1986 年设计了病虫害预警系统，并将其使用到了农业生产实践中。在此基础上，1998 年德国也开发出相似的智慧农业技术设备。1993—1994 年，由于现代农业的概念迅速传播，美国进行了智慧农业的研发试点，结合 GPS 卫星定位系统来作为施肥的辅助工具，能够在不降低产量的前提下减少化肥用量，有效节约了农民的生产成本，进而促进农业经济发展。这次针对智慧农业的实验获得了圆满的成功，促进了该模式的广泛应用和推广。此外，美国也基于上述研究，提出信息技术还存在优化农户生产决策，同时增加农业产出的潜力。哈里（Hari，2015）在比较分析发展中国家与发达国家农业发展的现实情况时，提出依赖信息技术能够有效突破农业发展瓶颈的措施体系，并指出了云计算技术的广泛应用可以在农业增长中带来举足轻重的促进效果。尼克（Nick，2013）分析了将互联网技术与农业温室相结合，能够有效提升光照的使用效率，减少水、化肥等生产要素的投入。阿多尼斯(Adornis，2015)在对生态环境影响农业生产进行了深入的研究后，发现在对温度、湿度、光照等生态环境进行实时监测后，能够消除突出难题。卡罗琳等(2017)根据对生态环境、社会经济发展以及农业发展现状进行了详细的分析，认为智慧农业发展模式应当综合考虑生态环境、社会经济发展以及农业发展现状等一系列因素。帕莎(Partha，2017)追溯了多样化的物联网应用，弄清如何处理农业物联网应用中存在的诸多问题，总结了推动智慧农业进程中如何处理物联网应用中现实问题的对策措施。阿米尼等(Amina et al.，2018)则是基于环境严重污染的现实情况，提出通过在农业生产中使用传感器的方法，事实证明该方法能大幅减少农业生产的污染排放。萨尔维尼等(Salvini et al.，2016)进行了深入探究，在考虑大气环境的基础上，探讨了角色扮演对农户参与智慧农业决策的影响。斯蒂芬妮等(Stefanie et al.，2016)分析了环境服务成本能不能作为促进智慧农业的支持措施，该方法有没有效果，需要在对投入和产出进行比较分析的前提下，考虑到实际情况的差异，才能够得出结论。阿斯利汗等(Aslihan et al.，2015)研究了赞比亚智慧农业发展的应用因素，比如休耕制度、轮作制度的影响，结果表明低频率的耕作和轮作对当地玉米产出影响不大，但对豆类作物的影响比较明显，能够增加产量，并且减少极端天气的影响。泰等(Tae et al.，2013)发明了农业知识云系统，这种系统能够为农户进行决策指导，即使是没有任何生产经验的农户，也能得到农业生产各个环节的信息和技术指导，由此一来农户完全能够轻松简单地培育任何作物。莫娜等(Mona et al.，2017)在探究了以绿色发展方式来解决农业碳排放过高、面源污染严重等难题。比较分析了多种应对措施，由此能够加强智慧农业发展的稳定性和可持续性。泰德(Ted，2009)指出在以前的农业往现代农业的不断接近中，智慧农业将成为实现农业现代化的关键一步。

1.3.1.4 智慧农业发展现状、问题及对策的研究

近年来，尽管我国智慧农业不断发展，但和现在工业中的智慧化程度比

起来，智慧农业依然较为落后(李裕瑞等，2014；尹鹏等，2015)。李裕瑞等(2014)认为，从区域协调发展的角度来看，智慧农业水平的落后是制约城乡统筹发展的重要因素。鞠晓晖(2016)表示农业科研的推广与使用应该与实际需要紧密结合在一起，才能够推动智慧农业技术更好地应用到农业生产实践中去。德国在经历了数年的研发后设计了"数字农业"项目，通过大数据平台与云计算的应用，充分发挥各自的优势，把农作物生长环境的监测数据传输至云端，再经过云计算，对监测数据进行整理和分析，经过处理的数据再反馈至机械上，依据这些数据来指挥农业机械进行农业生产作业。姬长英(1999)认为，广泛推行智慧农业不仅能够有效减少投入，还在绿色环保和减少资源消耗方面有重要作用，并为农作物生长环境提供保障，同时智能化设备仅在对农业生产环境进行监测后，能通过构建符合作物需求的定量系统来自发调整。侯秀芳和王栋(2018)认为，我国目前农业生产智能化水平不高、农业经营方式相对落后、农村信息基础设施不完善和农民传统农业思维亟须转变等挑战。郭守斌等(2021)的研究表明我国智慧农业发展存在缺乏高素质的农业生产管理人才、现代农业科研体系不健全、农业信息化程度相对落后、智慧农业基础设施落后、机械设备现代化程度低等问题。乔康等(2016)探讨了物联网的实践运用，主张将物联网技术广泛地使用在农业生产环节中，并搭建了智慧农产品销售平台。孙忠富等(2013)的研究则主要集中在介绍大数据的使用上，其介绍了农业大数据的进展历程，以及大数据对物联网等新兴信息技术的作用，此外，结合农业产业的现实情况，探究了大数据平台的需求环节、覆盖阶段以及重要性。文燕等(2016)采用大数据分析以厘清促进智慧农业进程的可行方案，这些方案将能够快速推动智慧农业的大面积覆盖。周斌(2018)在概括性地总结了中国智慧农业发展的格局之后，对现存的突出难题进行了深刻的反思，并提出了相应的政策措施。刘昊等(2016)也在分析了当前中国农业机械化水平的情况后，通过深度讨论智慧农机的应用领域和未来趋势，提出极具针对性的应对措施。韩明月(2016)探讨了构建物联网自动控制系统的可行性方法，使得远程操作和自动控制成为可能。赵恒

(2016)通过案例分析，指出了智慧农业发展的现实经验和重要意义，同时借鉴国际上智慧农业发展的成功例子和先进经验，为发展智慧农业带来了行之有效的案例和经验借鉴。吴瑛莉等(2016)分析了金华市农业智慧化进程，指出了一些严重的不足之处，据此构建了推动智慧农业发展的政策措施体系。夏露等(2017)则有针对性地分析了镇江市农业智慧化的现状与特征，通过对不足之处进行了探索后，提出了促进该市大力发展智慧农业的政策措施。胡亚兰和张荣(2017)探讨了智慧农业在未来中国经济增长中的关键作用，并指出在当前依然存在着高层次智慧农业人才不足、关键技术受制于人等严峻的问题，因而总结了强化人才培养、提升要素投入等方法来促进智慧农业加速覆盖。宋伟和吴限(2019)指出，应在智慧农业中大量应用大数据技术，努力提升信息化程度，推广与大数据技术深度融合的智慧农业，进而实现农产品有效供给。张滨丽和卞兴超(2019)分析了黑龙江的智慧农业进展状况，综合探讨了其实际效益，其结果显示出黑龙江省农业智慧化程度普遍不高，进而提出了相应的政策措施。龙江和靳永辉(2018)的研究表明，智慧农业是以后农业发展的重要趋势，然而目前表现出来成本过高、优秀人才缺乏和信息稳定性不高等现实难题，需要各级主体共同协作，谋求有效的解决方式。唐广元(2021)认为，在推动我国农业现代化转型过程中，智慧农业承担着重要的角色，但还存在研发资金不足、高水平人才缺乏和信息化建设进程滞后等问题，提出加大智慧农业科研投入、推动智慧农业信息化发展和挖掘综合人才等解决方案，推进智慧农业最终实现中国农业可持续发展。宋洪远(2020)认为，我国智慧农业发展存在整体规划缺乏、技术短板明显、数据采集和应用困难、科技投入和信息化水平不高、复合型高素质人才不足、农业劳动者从事智慧农业意愿不高、智慧农业发展受要素资源影响大、创新性农业商业模式匮乏等问题，应从顶层设计安排、制度机制设计、基础设施建设、科技研发投入、专业人才培养、政策体系构建等方面着手解决。侯秀芳和王栋(2017)表示应当推动实现农业发展模式的深刻变革，并据此总结出强化智慧农业的宏观设计，改善智慧农业的发展环境，实现农业发展和现代化科技的有机结合，加强电子商务在农业各领域中的广泛应用，提高从事智慧农业的劳动力的整体素质。刘海启（2017）指出，数字农业作为智慧农业进程中一种体现形式，将数字技术大规模融入农业生产的各个环节中，能够为农业发展提供独辟蹊径的发展路径，并在此基础上得到对我国未来农业发展的应对措施。

1.3.2 农业经济增长的相关研究

1.3.2.1 人力资本对农业经济增长的影响

新经济增长理论认为，经济增长的可持续性应由边际要素收益递增来实现。国际上大量学者对于人力资本影响经济增长展开了讨论。以围绕曼昆等（Mankiw et al.，1992）为核心的大量文献中，充分考虑了人力资本的影响，强调人力资本水平对于经济增长所能起到的重要效应。阿吉奥米尔贾纳基斯等（Agiomirgianakis et al，2002）也认为，高等教育带来的人力资本提升是现代国家经济持续增长中最重要的一个因素。国内学者多以内生增长模型作为理论依据，基于不同视角探讨人力资本对中国经济发展的重要贡献，结论是强化人力资本投入能够对我国经济发展发挥重要的推动作用，所得结论与曼昆等学者的一致（王金营，2001；孙敬水，董亚娟，2007）。

舒尔茨则进一步指出，在教育投入之外，健康投入也是提升人力资本的重要因素。正是基于这个思路，学者们开始将健康投资放到经济增长模型的框架里去。威尔（Weil，2007）结合宏微观数据的研究发现了改善健康水平能够缩小不同国家之间的经济差距。上述健康人力资本不仅会有正向影响，而且另一部分文献发现其正向影响并不明显，反而会带来消极影响（Bhargava et al.，2001）。刘国恩等（2004）也试图将人力资本带到经济模型里去，同时利用调查数据来探究健康水平对经济收入的影响作用，实践表明提升健康水平有利于增加个体收入，并有效促进效率提升。余长林（2006）也发现健康和教育人力资本投资两者之间具有一个平衡点，当达到某一阈值时，就可以有效推动经济增长。同时，还有人发现教育对国家或地区的经济发展也许会具有消极影响。比如，王弟海等(2008)指出由于家庭总收入固定，增加健康花费大概率会减少物质花费，并导致经济后退。

1.3.2.2 产业结构对经济增长的影响

最早研究并发现产业结构变动规律的是科林·克拉克。他在20世纪40年代提出，在GDP不断提升的背景下，劳动力会由农业流动到制造业，当人均收入进一步提高时，劳动力便向第三次产业移动。学者们普遍认为产业结构升级是促进经济增长的重要因素(彭冲等，2013)。钱纳里(1989)通过建立"多国模型"并对其进行分析后，发现产业结构调整是发达国家和发展中国家的关键差别所在，此外还是赶超发达国家的重要路径。潘德(Peneder，2002)认为，要素向高效率的部门转移将能够使生产效率全面提升，它所带来的"结构红利"能够维护经济发展的高效性和稳定性。而塔努维贾亚和坦加维鲁(Tanuwidjaja and Thangavelu，2007)在对日本TFP进行深入分析之后，指出产业结构调整对于效率提升的作用较大。法格伯格(Fagerberg，2000)在比较分析了不同国家产业结构调整能够有效提升各国的制造业生产率的效果，但研究进一步显示其效果并不明显。干春晖等(2011)在认同产业结构升级会显著影响经济增长的同时，还发现两者之间表现为显著的阶段性特点，其中产业结构合理化对于促进经济增长的效果保持不变，而产业结构高级化的影响效果存在波动。韩永辉等(2016)根据中国宏观统计数据进行分析，其结果显示：产业结构调整水平能够推动中国经济发展，然而其投入产出率会随产业结构的逐步调整、资本深化和人力投入的不断提升而表现为一种反"U形"的变化规律。张蕊等(2019)通过对不同阶段产业结构调整和经济发展两者之间的关联进行地区异质性分析后，结果显示，产业结构优化能够提升TFP进而推动经济发展，然而在不同地区间始终具有显著差别，具体而言，产业结构合理化可以有效推动东、西部实现经济发展，但产业结构高级化反而对东、西部的经济发展带来了显著的消极影响。王鹏与尤济红(2015)

在科学地评价了三大产业的人力资本素质和资本投入存量后，进而分析了各个要素的配置效率，发现从整体来看，产业自身的发展是中国经济发展的主要驱动力。郑万吉与叶阿忠(2015)也发现不同区域中的产业结构优化可以有效推动该地区的经济发展，但是在各区域之间仍会产生一定程度的"挤出"现象。

1.3.2.3 交易费用对经济增长的影响

1937年，科斯(Coase)在《企业的性质》一文中提出"价格这一机制自己就是需要投入的。依据价格机制发动社会化生产的第一显著的投入就是获取相对价格所产生的投入。因此，价格机制的投入部分必须涵盖在市场上所发生着的所有交易不得不产生的谈判与签订协议等过程所带来的投入。"且"构建一个机构并同意机构内的权威(通常是一个"企业家")来组织分配资源并以期来减少市场运行中所发生的成本。"1960年，科斯又在其所发表的《社会成本问题》一文中继续表明"在发生市场交易之前，需要积极地搜寻谁是交易的潜在对象，并且双方对其在交易中所提出的愿望和希望满足的条件应当各自明晰，包括通过谈判中讨价还价、合约细则的严格执行等方面"。继此之后，交易费用问题引起了学者们的广泛关注。夏杰长和刘诚(2017)通过研究审批改革对城市GDP的影响，得出行政审批改革可以通过减少企业交易费用而促进经济增长的结论。张忠根和黄祖辉(1995)在比较分析了交易费用和机会费用对于农业结构形式、制度规范和耕地规模等的作用后，又从如何减少交易费用的视角阐释了农业适当的耕地规模的好处。赵红军(2005)先后采用因子分析和主成分分析两种方法来测度市场交易的效率，通过对交易效率和经济增长两者之间做了简单的实证检验，实证显示交易效率和经济增长两者存在着显著相关关系，相较于增加投资规模和推动工业化等其他方法，提升交易效率将对经济增长发挥更为关键的推动作用。蔡荣和祁春节(2007)则同时从契约选取和交易成本的视角出发，探讨了农业产业化进程中组织形式变迁的动力机制和内在逻辑。金玉国和张娟(2009)在评估部分地区非市场交易费用和地区经济发展水平的基础上，得出两者呈现出负向影响的关系。骆永民(2008)在对内生增长模型进行扩充的基础上，将交易效率变量放入模型中，探讨了基础设施对经济发展的微观影响机制：一方面，基础设施作用于农户福利水平，另一方面，基础设施还通过提升交易效率进而促进农业产出与农户开销。张帅(2008)构建模型实证检验在不同区域的交易费用具有差异的情况下，地区经济发展水平是否会同样产生差异，并发现交易费用的降低能够带来分工演进的速率提升，进而减小不同地区间的经济水平差异。

1.3.3 智慧农业影响农业经济增长的相关研究

1.3.3.1 智慧农业影响农业经济增长的理论研究

现有研究对智慧农业与农业经济增长的关系进行了论述，形成以下观点：

一是智慧农业是推动农业现代化发展重要倍增器，人工智能可以看作是一种同劳动、资本相似的生产要素，能够单独参与生产，也能够和劳动、资本等生产要素相互配合地参与生产。人工智能够有效地提高传统要素的智慧化程度，进而推动生产力进步(张勇，2013；孟盈，2014)。在智慧农业不断地提升过程中，能够依据"索罗模型"来实现农业发展，例如，人工智能能够贯穿于整个农业产业链的发展过程中，不仅会增加同样作为投入要素的数据信息在农业中的应用程度，而且还能够通过提高各要素的配置水平进而实现经济发展，以最终实现农业信息对农业发展的促进效应。由 Solow 的看法可知，农户在农业生产中利用信息技术也具有"干中学"现象，随着农业生产的不断推进，相关的技术和知识将在不同生产主体之间产生外溢，这些知识和技术慢慢累积，使得农户的生产水平得以提升，在此背景下，信息也会跟着知识和技术同时不断积累，带来要素利用效率的提升。

二是随着人工智能和劳动融合程度的加深，能够全面推进劳动参与者、劳动使用的工具与经营管理等全方位的智慧化。然而事实上，人工智能对经济增长的促进效果不仅表现在农业生产过程中，还表现在经营管理和电子销售等环节，比如，不少农业生产新主体或个体农户通过网络营销平台和电商平台将所生产农产品销售到全国各地(钟文晶等，2021)，这种以生产—市场为依托的销售模式，能够有效缓解农业生产中的信息不完全，以及市场信息的滞后所带来的农产品市场的供需不平衡现象，还可以在减少要素浪费的同时，提升各种要素有效使用率，促使农业得到快速发展(宋洪远，2020)。人工智能与劳动者相互融合则表现为提升人力资本的技术研发水平和技术采用水平等个体能力，使劳动力同时具备了人工智能帮助下的技术研发和技术运用的能力：不仅能够持续推动利用先进技术进行研发创造，还能够有助于更加自如地采用新技术，并完全发挥其积极作用来提升生产能力。对于劳动工具实现智慧化改造能够把人工智能的特征融入劳动工具的传统特性中，随着人工智能不断向自动化、智能化的方向发展，会很大程度上提高劳动工具的使用效率，充分发挥它的作用效果。相较于普通的生产经营仅关注生产环节，智慧农业则覆盖于全产业链的各个环节，使得生产的方式和水平得到大幅改善，进而带来经营管理的科学性、准确性和适应性，智慧农业对农业经济增长作用明显(夏显力等，2019)。

三是作为智慧农业的关键特征，知识生产力能够有效推动生产力发展，主要体现在知识的不断积累和将创新外化成智慧生产力(肖峰和张坤晶，2014)。在智慧化的发展进程中，经济增长不像以往仅依赖于劳动产出，而是进一步依赖于知识积累和智慧化生产。随着智慧农业的不断发展，能够有效推动知识要素的相互融合，使得经济增长的各种驱动力量也慢慢向智慧化转变。在智慧农业快速发展的时期，对于智慧化技术的普及与应用将倒逼传统技术升级，而知识要素同时也在慢慢地代替传统的人力和资本要素，进而使得农业经济增长开始高度依赖于知识要素和智慧农业的发展。在人工智能高度发展的今天，将以人工智能为经济发展的重要基础，并以对传统资源能源进行高效利用为主要标志，以推动生产技能不断发展为突破方向，以实现经济的高速发展和绿色发展为最终目的(于法稳，2020)，智慧农业将慢慢变成促进现代农业发展的关键因素(温涛和陈一明,2020)。

四是鉴于与投资、税收具有相似的性质,人工智能也具有乘数效应,即加大对于人工智能的投资和广泛应用能够产生一连串的经济效应(杨玥,2013)。通常而言,人工智能还存在着非竞争性和公共物品的特征,这也表明随着信息的不断传递,技术也会同时产生传递和扩散,并被不同的使用主体之间相互"借用",这就导致了其他主体的"搭便车"行为,进而带来对于人工智能价值的深层次探索。这带来了人工智能资源能够在助推经济发展的过程中引发一系列的连锁效应,并最终实现经济发展的倍增现象。一般而言,技术扩散能够带来同类型技术要素在不同主体之间产生更高的价值。此外,同类型技术还能带来在技术效率、生产效率和经营效率等多方面的经济效应提升。换句话说,技术要素在向外不断传播和扩散的同时,能够引发各种各样直接或间接效应,这些经济效应造成了智慧农业的倍乘效果。与此同时,在人工智能发展水平不断提升的背景下,对于技术使用的覆盖面积也会随之扩大,进而带来这一乘数效应的持续增强。

五是人工智能够以农业作为其载体,在智慧化进程中成为生产力。智能化和农业两者的融合能够推动智慧农业发展,能够在农业生产各个环节的智能化进程中,同步提升劳动效率并推动农业经济增长。根据古典经济发展理论,不难看出智慧农业无论是在经济效益还是社会功能上都被深刻地理论解释了。而斯密等一系列学者均把促进经济发展的原因认为是资本投入的增加,而资本投入需要取决于储蓄量,所以储蓄率与投资率是能够推动经济增长的关键因素。索罗等学者得出了"外生的技术进步是国家或地区经济发展的关键"这一结论。阿罗 1962 年最先提出了"干中学效应"这一概念,从技术内生化的视角发现经济发展是由社会生产与物质资本积累所导致的知识和技术等要素的外溢效应。罗默(1986)在阿罗模型的基础上进一步进行了研究,并指出知识作为公共物品,存在正向的外部效应,也就是能够向外部环境流动,进而让知识、技术等要素具有边际效益不变或递增的现象,推动经济发展实现可持续增长。

1.3.3.2 智慧农业影响农业经济增长的实证研究

随着理论研究的不断丰富，智慧农业与农业经济关系的实证检验也逐渐增多。刘谊瑶(2021)的研究认为，农业信息化能够从促进农业产业结构转型、确保资源优化配置、优化服务体系等方面来促进农业经济增长。钱明华(2019)分析了农业机械智能化对农业发展的影响，并认为相较于传统农业机械，我国农业机械智能化在功能、结构、劳动效率以及安全性等方面具有明显优势，并且农业机械智能化的运用可以从推动技术有效转化、提高土地利用率、增强农作物抗害和抗旱能力等方面来促进农业发展。汪卫霞(2011)通过构建经济增长模型引入农村信息化作为技术变量，运用回归分析得出我国农业信息化对农业经济具有正向影响。白洁(2014)探索农业信息化与农业经济增长之间的关系得出两者长期均衡且提高信息化水平将促进农业经济的提升，为单向因果关系。苏海涛等(2018)认为人工智能通过提高要素使用效率，提升生产率、推动制造业向信息型转变、促进第三产业高级化、促进产业进步。关于智能化对于收入差距的影响作用，学者们有着截然相反的看法，绝大多数学者指出智能化确实会增加高素质劳动力和低素质劳动力的收入鸿沟。刘欢(2020)在其研究中指出，随着智能化装备在各行各业中的逐渐普及，其对社会劳动力就业规模的影响逐渐加大，进而造成了城乡收入差距的进一步扩大。刘军等(2021)发现，智能化发展将会使社会对不同素质劳动力的供应量和需求量发生改变，导致具有不同技能的劳动力之间存在着显著的收入差别。博格(Berg, 2018)指出从本质上来看，智能化是研发创新成果的具体表现形式，纵观历史长河，随着技术的进步能够增加更多的就业岗位，这种岗位增加效应远远大于因技术进步导致的低技能劳动力失业现象，而且技术变革还能推动工资从整体上获得提升。兰基奇等(Lankisch et al., 2019)同样也认为，人工智能的应用能够推动智能化制造业去替换那些从事常规生产劳动中的低素质劳动者，同时提升了高素质劳动力的效率，加速了技能溢价，使收入得到增加。在智能技术与产业深度融合发展的过程中，机械势必将大面积替代劳动，进而使社会降低了对低素质人力资本的需求，而提高对高素质人力资本的广泛需求，造成供需不匹配进而会加大收入差距。博格等（2016）指出，之所以智能机器人的普及将增加收入差距，是因为在智能机器人的不断发展和应用下，能够增加劳动力供应量，通过供需关系可知劳动力收入会降低；同时，当生产效率和高素质人力资本工资不断提升时，低素质人力资本的工资会相应降低。道斯等（Dauth et al.，2017）、王君等（2017）也同样发现在新兴技术的普及和广泛使用之下，不同素质人力资本的收入差别势必将会进一步扩大。张（Zhang，2019）认为在自动化技术影响不同类型劳动力的工资差异的过程中，会同时存在着置换效应和资本再分配效应。在机器人生产部门中，如果劳动力对资本的替代弹性过大或太小，都会造成资本再分配效应起主导作用，带来技能劳动与非技能劳动之间的工资差距越来越大。也有学者主张从时序变化的视角，来分析智能化技术对不同技能程度劳动者收入差距的影响作用。认为不同的阶段，两者之间的作用关系应存在显著差异：在发展初期，智能化技术替代了简单重复工作者的劳动，所冲击的是就业市场对于低技能劳动者的需求；而当发展到一定程度以后，高技能劳动者也将面临严峻的挑战，两类劳动者的收入差距反而得到了减少（Acemoglu and Restrepo，2017）。赫莫斯等（Hemous et al.，2015）在内生增长模型的基础之上，探讨了智能化发展对不同素质人力资本的需求以及对他们收入差别的影响，研究发现智能化对收入差距的影响具有差别性，可分为三个不同类型：第一种情况，在低素质人力资本的工资和智能化程度两者均很低时，劳动力收入占国民经济收入的比例比较稳定，不会发生变化；第二种情况，低素质人力资本工资和智能化两者均有所发展，社会对于低素质人力资本的需求下降，其以后的收入增长率会受到波及；第三种情况，当智能化投入变得稳定时，低素质人力资本工资反而会有所增长，但其增长率依然低于高素质人力资本。

1.3.4 文献评述

通过对既往文献的回顾可知，经过国内外大量学者长期的研究与探索，无论是在智慧农业现状水平还是智慧农业和农业经济增长相关关系的研究领域，在理论与实践上都已获得了较大的发展与突破，形成了丰富的成果，为研究智慧农业对我国农业经济增长的影响提供了良好的借鉴。其中，对我国智慧农业发展现状的研究在内容上主要可以分为两块，一是侧重于定性分析我国智慧农业发展的现状、问题及对策；二是基于不同方法定量测算我国智慧农业发展水平。由此可见，智慧农业对现代农业发展的巨大影响已然被学术界众多学者们普遍接受，但仍需进一步探索智慧农业对于农业发展影响作用中的直接和间接影响，才能有助于进一步揭示智慧农业发展的真实效果。当前，探讨智慧农业对我国农业经济增长影响的研究日益丰富，却仍有值得提升之处。体现于以下三个方面：

(1)在研究广度方面，已有文献大多基于定性分析，探讨我国智慧农业发展现状、问题及对策，较少构建指标体系来定量分析我国智慧农业对农业发展的影响。定性分析我国智慧农业发展现状固然重要，但分别从智慧农业基础、智慧农业应用、智慧农业销售等涵盖农业全产业链的各个环节选择指标构建指标体系，并采用熵值法测度全国及各省份智慧农业发展水平能够更为客观、真实地反映我国智慧农业发展现状。事实上，由于智慧农业在我国提出较晚，目前仍是一个较新的议题，对其发展现状的定量分析尚未有成熟的评价体系，本书试图在这一领域有所突破。

(2)从研究深度上看，现有关于智慧农业对农业经济增长影响的研究大多从前者对后者的直接影响入手，而关于探究智慧农业对农业经济增长影响机理的文献却比较少见。然而实际上，智慧农业影响农业经济增长的内在机理是较为复杂的，因此，需要在准确科学地衡量智慧农业对于农业经济增长直接影响作用的基础之上，进一步深入挖掘其内在的作用机制。

(3)从研究视角上看，现有研究多是以全国整体角度对智慧农业与农业经济增长的相关问题作为切入点，很少意识到当前中国各区域之间经济格局差异的现状，即无论是中国东部地区与西部地区，还是中国南部地区和北部地区的经济发展或农业生产现状都具有显著的区别，因此，在对智慧农业影响农业经济增长进行研究和分析的时候，切不能过于笼统，需要强调中国不同区域之间差异化比较。

1.4　创新点与不足之处

1.4.1　创新点

本书的创新点主要体现在四个方面：

一是揭示了智慧农业促进农业经济增长的机理，有助于为智慧农业促进农业经济增长提供理论指导。现有研究多是从宏观层面对信息化技术应用与农业经济增长的相关关系进行实证检验，较少深入分析智慧农业促进农业经济增长的内在机理。本研究在马克思恩格斯的农业现代化理论、习近平新发展理论、技术进步理论和经济增长理论等理论的指导下，结合文献综述，创新性地提出了智慧农业通过提高农业劳动生产率、升级农业产业结构、降低交易成本等路径促进农业经济增长的机理假设，然后通过实证研究证实了这些机理假设，揭示智慧农业促进农业经济增长的机理，理论价值和现实指导意义较强。

二是运用多种计量经济学分析方法，全面深入地研究了智慧农业发展的经济增长效应。数据与方法的选择是长期以来技术进步驱动农业经济增长领域研究关注的重点内容。本研究围绕研究目标，综合运用多种计量经济模型，实证分析智慧农业对农业经济增长的机理假设，在研究方法与变量选择上具有创新性。首先，采用熵值法量化分析中国各地区智慧农业发展水平，并利用空间分析技术研究其空间差异特征，为准确把握智慧农业发展的现状水平提供实证证据；其次，构建多元线性回归模型与中介效应模型，对智慧农业的经济增长效应及其形成路径进行实证检验，为增强研究结果的稳健性，采用了 Bootstrap 方法、工具变量最小二乘法（IV-2SLS）等方法进行了多次估计，提高了研究结果的可靠性。本研究在一定程度上创新了智慧农业与农业经济增长领域的研究方法，可以为该领域的后续研究提供有价值的参考。

三是将智慧农业与农业经济增长纳入同一分析框架，探讨两者的关系问题，在视角上与现有文献有所区别。现有研究较少基于智慧农业的角度探讨农业经济增长效果，进一步辨析其区域异质性的研究则更为鲜见。本研究将智慧农业与农业经济增长纳入同一分析框架，探讨智慧农业对农业经济增长的影响效应，并比较其区域差异，研究视角与以往研究有所不同。

四是构建智慧农业促进中国农业经济增长的政策体系，是对已有研究的有效拓展。本研究基于智慧农业对农业经济增长的影响效应与影响路径的实证分析结果，结合国内外智慧农业促进农业经济增长的典型做法和成功经验，探寻不同地区智慧农业促进农业经济增长的可行方案，进而从人才培养、研发投入、基础设施建设、区域协调发展等方面构建智慧农业促进中国农业发展的政策措施体系，不仅是对现有研究的有效拓展，也能够为政府部门有效利用智慧农业的积极影响，加快推进我国农业经济快速发展提供科学依据。

1.4.2　不足之处

作者自始至终以增加研究的科学性与完整性为目标，然而由于所研究问题较为复杂，受制于数据、方法与作者科研能力等方面的局限，本书仍有些许不足之处。比如，本书在构建宏观层面理论分析框架的基础上，尝试揭示智慧农业影响农业经济增长的内在机理，进而分析了智慧农业推动农业经济增长的时间趋势和空间差异特征，但受制于数据的限制，研究时段仅考察了2011—2019 年，缺少更长期的实证检验。

2 基本理论和理论基础

本章首先对智慧农业和农业经济增长等重要概念在本书中的具体含义进行了界定，并在对马克思恩格斯的农业现代化理论、习近平新发展理论、技术进步理论、经济增长理论等与本书密切相关的理论、学说进行详细阐述的基础上，系统分析了上述理论与本研究的关系及其对本研究的启示。具体来说，本章主要包含两方面内容，一是具体阐述了智慧农业、农业经济增长等本书研究中所涉及的相关概念的内涵与外延；二是根据研究需要将一系列理论进行系统的分析，最后结合各理论与本书的关系，确定本书的理论基础。

2.1 基本概念

2.1.1 智慧农业

鉴于提出"智慧农业"的时间较短，当前并未形成一个统一且被学者们普遍接受的概念，但从现有文献上看，将智慧农业看作是农业发展进入一个较高级的发展阶段，在农业信息化和现代化水平达到一定程度后所提出的全新概念（王昊，2015）。换句话说，智慧农业可被视为是与传统农业迥然不同的新型生产方式，由于传统农业更多的是依赖于人力劳动上的大量投入，在生产过程中会由于信息沟通不畅而导致很多问题，例如生产效率低下（崔丽和傅建辉，2006）。而智慧农业则是农业与人工智能相结合的全新农业生产模式,高科技应用于从田间到地头的生产到农产品的加工、销售等各个环节(孙刚等,2019),比如农业生产过程中能够比较精确地定位各个阶段所需要的数据,实现精准农业;对农作物进行实时监控,能够及时发现缺水、病害、虫害等问题,并快速地采取相应对策来解决这些问题;农产品能够采用网上销售模式,拓宽销售渠道(张悟移等,2021);消费者可以根据农产品溯源功能对农产品的生产过程进行溯源(成志平,2019),确保农产品食用安全等。智慧农业突破了传统农业的局限,实现农业产量增多、收入提高、产品质量可靠、竞争力增强等一系列有益于社会经济发展的效果(李周等,2021)。

从理论上看,智慧农业与农业信息化、农业现代化等概念有所不同。智慧农业在生产的产前、产中以及产后等诸多环节均将人工智能和高科技技术融入其中(宋展等,2018;张在一和毛学峰,2020),不仅使农业生产中的劳动要素得到了释放,还有助于精确地计算农业劳动时间和各要素的投入比重,在农业生产时,根据农作物的生长规律,进行严格的施肥、打药等种植培育工作,在收获环节也能够根据对农产品的全面监控,实现快速识别,将农产品进行精准分类,挑选出已经成熟的产品进行采摘,提高农产品收获的工作效率。与此同时,智慧农业发展也能够在摘选的过程中运用先进的生物技术对农产品的品种进行优化,提高下一代产品的质量水平,降低传统人工育种所带来的农产品质量损失。在农业生产组织层面,物联网、大数据等技术模式也得到广泛应用,对土壤水分和肥力等方面的状态实施精确分析,不仅能有效地节约生产成本,也能改善由于生产要素投入过量而造成的环境损失;农业管理部门也可以根据大数据平台监测获得的数据对农业生产合理组织与管理,针对市场变化,及时调整不同品种的农产品供给和相应的农业支持政策,并监督政策执行情况,有利于帮助农业生产者实现高效生产与精准脱贫双成就。智慧农业还可以有效提升农业科技水平,尤其是对于涉农科技工作者的科技创新能力具有较强的促进作用,智慧农业不仅有利于农业科技工作者能精准获得第一手农业资料,提高科研效率,也能够为科技工作者提供技术交流平台，促进技术扩散，提升农业科技创新能力。智慧农业将物联网、大数据、云计算等高新技术贯穿于农业生产，借助各类传感机器和各种类型的通信设备来进行快速、准确的定位，准确监测气候、土壤、降水、农作物生长的相关数据；同时依靠大数据平台来预测更为科学的生产生活模式（余祁暐等，2019）。总的来说，智慧农业实际上要以各种类型新型智能技术、设备在农业产业发展中的应用为手段，目的在于为农业发展提供各种各样、全方位的驱动力。

因此，智慧农业可视为是移动互联网、大数据技术等多种现代信息技术发展到一定程度后的必然产物，其本质是现代技术体系在农业产前、产中和产后各个环节全产业链上深刻体现，更是信息技术与农业全方位的深度整合与重组（李道亮等，2015）。智慧农业是农业发展的先进阶段，从具体类型上看，智慧农业包括生产环节上的网络控制系统、智能化的专家咨询系统和产品的溯源系统等，能够推动农业生产实现信息化、自动化、数字化、高效化、绿色化和现代化的农业产业系统。在传统农业生产模式下无法解决当前所面临的诸多问题的前提下，智慧农业能够凭借其先进的现代信息技术再造农业生产全过程，给农业发展带来新的机遇（张叶，2015）。借助智慧农业的快速发展与应用可以从生产、物流、储藏、销售等环节来全面推动传统农业产业链转型与升级，提高整个产业链的效率，推动产业结构调整与升级，最终克服传统农业中所暴露的种种弊端，形成新型农业发展方式（汪浩等，2017）。通常来说，智慧农业概念包括以下四个方面：

一是智慧化生产。主要是在农业生产的过程中通过系统应用现代信息技术，全面监测农业生产过程中的施肥、打药、除草等各个环节，根据收集到的各类数据对农业生产进行智能控制，从而提高单位土地的农产品产出率、生产要素的利用效率和劳动者的生产能力，采用智慧化技术监督与控制农业生产的全过程，是解决在农业发展中所暴露出来的诸多问题的重要方法。例如：在农业种植业中，利用智慧农业技术能够实现对农作物种植的精确规划、集约利用和可持续发展；利用智能技术对设备设施进行改造，实现高效、优质的生产模式；利用智能技术进行科学化管理种养过程，达到合理利用各种资源、提高各类农业要素的利用效率，进而达到提高农产品质量和生态环境的目标(郭雅葳，2019；李晓微，2021；陈一飞等，2014)。

二是智慧化管理。在农业管理中实现智慧化一般是采用移动互联网、大数据、云计算等现代信息技术，促进农、林、牧、渔各个部门中的生产组织，加强农业抗灾应急指挥、强化农产品质量安全体系建设，努力提高农业主管部门在农业生产决策、生产资源配置、上下产业链协同、不同组织指挥调度和各环节信息反馈等方面的管理能力，推动"农业管理高效和透明"提高农业各环节管理组织的智慧化水平(刘家玉等，2013；于宏源和蒋琪，2012；张军，2020；赵曦阳等，2012；贺泽华，2019)。

三是智慧化经营。这一概念指的是将智慧化技术广泛地使用在农业经营管理的过程中。实现线上经营与管理一体化的发展模式，融合销售、采购和数字化付款等业务一体化方式，能够有效改善产品过剩、滞销等突出问题。不断完善监督机制，主要涉及产品质量和市场供需情况的监督，在经营过程中减少信息不对称，并最终建立制度完备、体系完善的产品供给模式(黄平等，2018)。

四是智慧化服务。所谓智慧服务，指的就是通过先进的服务方式让众多购买者充分知晓市场信息，了解市场中新的农产品品种，明晰产品的供需及价格变化等，并能随时获取农产品的地理分布，产品特征等，实现在农业产业中的生产、营销、运输和购买者之间的高度协调与联系，从而利用营销平台使身处产业链中的各类主体能够及时了解市场动态，并最终让从业人员以及消费主体的生产生活更加方便快捷和简单高效(刘乾凝，2018；匡昭敏等，2016)。

2.1.2　农业经济增长

经济增长(economic growth)，通常是指在某一个相对较长的时期之内，一个国家或区域的人均生产水平(或收益水平)不断提高(陈彦斌和林晨，

2019)。尽管学界对于经济增长的理解和界定存在着不同程度的差别，但基本上都是从以下几种思路来分析：一是从生产出的价值切入，将经济增长定义为在一段时期的时间跨度中一个国家生产总值或人均生产总值的连续增加；二是从产出数量的角度出发，将其定义在一段时期内一个区域为其全部居民提供各种产品的水平连续提高的状态；三是从效率的角度来看，将经济增长理解为在一段时间内一个区域全要素生产率的不断提高；四是从国民或居民收入的角度而言，可以将经济增长定义为在一定的时间跨度内，一个区域居民人均收入水平得以不断提高的状况。

在农业领域的研究中，各位学者对农业经济增长这一概念的测度方式也不尽相同，一般从包括农业总产值（吴娟和陈欣，2010；贾卫国，2010；丁孟春等，2016）、农产品生产数量（陆美娟，2009）、农业领域的全要素生产率（郭素芳，刘琳琳，2017；罗浩轩，2017）等方面分别展开。根据现有研究对于农业增长的测度的一般方法，本研究选择从农业生产总值的视角出发，将农业经济增长定义为，在一定时期内，某个区域内农林牧渔业产出产品或提供生产服务增加的价值，并以农林牧渔业增加值来表征农业经济增长。

2.2 理论基础

2.2.1 马克思恩格斯的农业现代化理论

马克思和恩格斯在研究和分析了从 15 世纪到 19 世纪近 400 年，英、美等主要资本主义国家社会经济变化中所体现的具体形态，包括了对这些国家发展中的农业生产现代化进程的详尽分析，主要有：

（1）马克思认为农业现代化进程是商品经济在农业领域中逐渐形成的过程。由于传统的农业社会是属于自然经济的社会形态，生产更多的是为了满足自身需求。在这样的社会中，基础性的生产部门和核心产业就必然只能是农业，但它仅仅只能为生产者和土地所有者提供生活必需品，而传统的以家庭生产为主的手工业只能沦为副业。这就表明传统农业社会具有以下几个特点：产品流通十分有限、市场化水平极为低下、社会生产力水平也相对较低，仅仅只能满足自身需求。而到了产业革命发生以后，资本主义商品经济的迅速发展深刻影响着农业的发展，极大地推动了农业生产力提高，使农业现代化成为可能。这也同样促进了农业领域的生产专业化分工，带来以农产品加工业为代表的农业相关产业快速发展，农产品市场化发展迅速，市场竞争大大加剧，市场范围也不断扩大，逐步形成了农产品国际市场。由此可见，农业现代化、农产品市场化是相互交织、协同发展的一个发展过程。

(2)在农业领域实现工业化是促进农业生产技术先进化的关键环节。通常来说，产业革命的源头应该是在城市工业部门中发生，在机器等先进工具大量应用于工业领域后，实现了工业生产方式和组织模式的变革，极大地推动了生产效率的提升，工业的快速发展，使得先进的生产工具逐步开始推广应用于农业领域，进而引发了农业生产的革命。在农业中，先进工具与机器的广泛应用会致力于消灭传统意义上的"旧农民"，并以雇佣工人来取代，大工业发展起到了最有效的作用。其中旧时代的低效率生产方式，被更高级、更适应新时代的生产方式取代了。马克思的学说中将由农业领域的资本家所发动的机械化大生产运动以及由于机器等新生产工具应用所引发的农业生产关系的深刻变革称为由资产阶级发动的"农业革命"。其中，生产环节的机械化普及、育种环节的科学化以及化学肥料的广泛使用是这场革命的重要特征。农业现代化发展道路也是农业实现先进技术在生产环节的广泛应用的过程，将带来品种改良、技术改善和效率水平的大幅提升。

(3)农业中的资本化和企业化经营使得资本主义国家中的农业生产方式发生了巨大改变，现代化的经营模式逐步得到确立。马克思在研究英国经济发展过程的基础上，分析了农业资本的原始积累，认为在农产品的商品化过程中，农业资产阶级被成功塑造。他们由当初的土地等生产资料所有者摇身一变成为租赁土地的经营者，通过大量持有土地，进行农业商品化经营。他们在利润的驱使下，会尽可能地扩大农产品产量，提高产品质量，并努力在生产过程中降低各种成本。这时，农业资本家所想的办法就是尽可能地去提高劳动者的生产率，以便更多地获取剩余价值，具体包括更高效地实现在生产过程中的协作化、机械化以及现代化的管理。英国之所以成为农业革命的先行者，得益于农业资本化以及现代化的经营方式在农业领域的确立，令其在生产效率以及产品质量上均得到较大提高，人口变化已经不能对农业产生明显影响，农业资本家也在这一过程中完成了资本的大量积累，获得了巨额财富。

马克思和恩格斯的农业现代化理论指出实现工业化是推动农业发展方式变革，更新生产技术手段，并使其朝着现代农业方向前进的必然途径。而该思路是依靠对于在农业生产领域中实现工业化来达到目标的，而现代化技术的应用、农业管理水平的提高是提升劳动生产率的有效途径，这揭示出技术进步对于农业经济增长产生重要的影响作用，而作为农业发展的更高级阶段，智慧农业将先进的技术与农业相融合，包括云计算、现代信息技术的广泛应用等，代表了最为先进的农业生产模式，因而对农业经济增长具有相当重要的作用。

2.2.2　习近平新发展理论

进入 21 世纪，以习近平同志为核心的党中央领导集体提出了全新发展理论[①]。新发展理论是党治国理政的新思想和新指南，也是对中国未来发展认识的高度概括和重要体现。创新发展是现阶段步入新时代以来，促进国家经济、社会发展的因素中最为关键的一个。它不仅是指科学技术的创新，也不仅是产品的创新，是应当包含思维、政策、文化等全方位的协同创新，在这些内容里面，科技创新就是最为重要的一个环节。只要科技创新水平得到了提升，其他各个方面都会随之得到创新，并且促进经济社会的发展。

习近平新发展理论是引领我国在新时期落实创新驱动发展战略的指南

---

① 党的十八届五中全会新理念、新思想、新战略［E/OL］. http：//theory. people. com. cn/n/2015/1106/c40531-27785282. html.

针，这是从我国社会主义改革发展实践中总结提出的创造性发展理念，为新形势下中国特色社会主义道路发展提供了科学借鉴与现实路径。党的十八大后，党中央尤其注重农业科技创新，以创新驱动农业高质量发展。习近平多次指出，要促进农业产业又快又好发展，就需要推动现代农业建设，通过技术变革和研发活动来改造生产力。同时考虑到中国国情，农业发展还需要根据中国特点开辟一条适合中国的新时期发展之路。习近平总书记多次赴全国各地进行实地考察，掌握各地区的农业技术推广应用的现实情况。在此期间，习近平总书记立足于国家发展战略，将我国农业发展的总体要求与各地区农业生产的现实状况相结合，对落实创新驱动农业发展、深化农业与农村改革、现代农业发展等方面作出了重要的指向和要求。

"依靠科技进步，走中国特色现代化农业道路"是习近平总书记"三农观"的核心内容。习近平总书记曾经多次提到，农业发展是中国经济发展的重要一环，推动乡村振兴正是为了使农业产业更好地发展并实现现代化，而实现现代化必须要首先提升科技水平。实现农业与农村可持续发展的关键是农业发展的全方位变革，包括发展思维、发展模式、发展技术等一系列的改革，而且科技水平的提升至关重要，因此要重视和依靠农业科技进步，走内涵式发展道路。2014 年 12 月 13 日，他在江苏考察新型农业发展进程后指出，发展现代农业有助于改善农户收入水平，只要坚持不懈地发展现代农业，农业能够带来更多的好处。同时，习近平总书记也深刻认识到提高农民素质对于实现农业技术进步的重要作用，早在 2013 年 12 月，习近平就重点强调了人力资本水平的重要性，并提出要着力培养高素质的农业劳动力，并且将这一项任务作为我国人才培养的关键一环以保障农业的高质量发展。

习近平新发展理论提出我国农业发展的关键在科技创新，而"智慧农业"作为先进技术的代表，利用多种现代化信息技术应用于农业生产的各个环节，对农业生产和农业经济增长起到了重要的促进作用。因此，加快智慧农业发展，努力实现我国农业现代化是进一步提升农业经济增长水平的有效途径，习近平总书记的新发展理论也为下文中探讨怎样有效发挥智慧农业的积极作用推动农业经济增长提供了理论支撑和现实依据。

2.2.3 技术进步理论

由现代经济学中的技术进步理论可以发现，生产要素的稀缺性是技术进步的重要动力，即农业生产要素边际产出效率取决于农业要素价格的相对变化，这也决定了区域技术进步的发展目标（曹博和赵芝俊，2017；洪良荣，1989）。其中，取得一定成果和学术影响力较大的理论学说主要有：希克斯的理论和"速水—拉坦"的理论。

2.2.3.1 "希克斯—阿马德—宾斯旺格"诱致性技术进步理论

希克斯（Hicks，1932）于他的著作《工资理论》中第一个创造了"诱致性发明"（induced invention）这一概念，在此基础上，他认为各种生产要素会根据其稀缺情况呈现出不同的价格，而这种价格的变化会影响技术进步的方向。具体来讲，希克斯强调如果资本与劳动的比例没有发生改变，而技术的进步能够同样程度地提高资金和劳动的单位产出，也就是说，资本与劳动的产出水平没有发生相对变化，技术使得资金和劳动投入同比例的变化，则将此种技术进步叫作"中性的"；如果某一种技术改革能够有效地增加单位资本投入带来的产出量，因此导致劳动资源比先前投入得更加多了，那么，在需求的指引下，技术进步将会进一步偏向于节约劳动的方向，这时可将其称为"节约劳动型技术进步"，反过来对于节约资本型技术进步也是一样。但是，由于没有相应的实证依据，他所发现的"诱致性技术进步"这个理念始终没有得到广泛的认可。之后，在 1960 年以来，阿马德（Ahmad，1966）在前人研究的基础上，进一步利用创新曲线设立出一个原始模型才使得这一理论开始逐步得到推广。其后，宾斯旺格（Binswanger，1974），进一步提出了一个技术变迁诱导模型，对要素价格驱动技术变革进行了实证检验，进而也弥补了阿马德模型的缺陷。

2.2.3.2 "速水—拉坦"诱致性技术进步理论

速水佑次郎和拉坦在前人的研究基础上对诱导性理论模型进行了下一步完善，使这个理论得到了更广泛的理解。同时，他们还利用美国、日本粮食生产中机械化水平的相关数据作为基础进行实证分析。他们的主要结论可以概括为：技术进步从本质上来说就是生产环节中各要素边际产出变化的现实体现，也就是说技术进步基本正因为资源价格发生变化引起的，进而跟随技术进步变化的一种经济现象（Hayami and Ruttan，1970）。

由于以人工智能为核心的智慧农业能够部分代替人类劳动，可以将其视为节约劳动型技术进步，能够增加每单位资本投入带来的农业产出，于是便让劳动要素相对传统发展模式来说更加丰富了，节约的劳动要素可以投入其他生产环节，提高经济产出。该理论揭示了智慧农业通过提高劳动生产率来促进农业经济增长的作用机理。

2.2.4 经济增长理论

2.2.4.1 古典增长理论

古典经济理论在很早的时候就已经对发展规律做出了一系列论述。比较著名的代表人物，包括亚当·斯密、大卫·李嘉图，基本均主张经济发展和人力、财力等要素间存在密切的联系。这些学者均指出，"剩余"的发生会推动资本的聚集，而这一聚集能够提升人力的需求量，进而就从整体上对区域内的就业与生产规模起到了重要的促进作用。同时，反过来看，就生产和就业规模的扩大所带来的一个效果是经济剩余的扩大；这样周而复始地重复这样一个过程，经济水平也就会持续地提高。

2.2.4.2 新古典增长理论

以索洛（Solow，1956）为代表的新古典经济理论认为技术是外生的，是和资本、劳动等不同的一大要素，而这一要素却能够明显推动经济发展。纵观这些典型的框架，大致分为以下三类：

（1）索洛模型

在这一个框架里，Solow 将推动经济增长的主要因素归纳成了 3 个方面：即资本、劳动和知识。并作出了前提假设：一是资本和劳动遵循着规模报酬不变的规律，其暗含的前提是除了资金和劳动以外其他方面的投入是可以不做重点考虑的；二是知识和技术属于外生变量，并随着技术进步，主要带来的是劳动生产率的提高；三是经济产出能够分别用来消费和再投入，且总产出中用于进一步再投入部分的是外生的且比例是保持不变的。在这一部分中的边际收益能够得到相同比例的要素，此外剩下的要素则需要以一定的比例扣除相应的损耗。索洛模型的主要观点可以总结如下：第一，经济发展到一定的时期都将集中到某一水平上以不变的速率增长，且一直在达到该平衡点的过程中，因此，经济增长只能够由外生的技术进步这一变量来实现；而其他指标只有一定影响却不能起到决定性作用，特别是古典经济模型所认为的资本要素差异难以合理解释各个国家的经济增长与跨国收入差别，因而索洛模型不仅是对传统分析框架高估资本作用的否定，也是对经济发展源泉的有效探索。

（2）拉母赛—喀司—库浦蔓司模型

上述 Solow 模型从整体更加宏观的视角对经济发展的源泉进行了探索，而拉姆塞—卡斯—库普曼斯则进一步在微观层面对索洛模型进行了拓展，认为经济增长主要由经济系统中个体的决策而决定。该模型一部分假设和前提与索洛模型相同，同样强调了知识和技术的外生性，但是在分析资本要素时认为资本变化主要来自消费者和生产者对更高收益追求的共同影响。由此可见，储蓄率已然成为可控的因素。这一理论的主要观点包括，首先，就算这里的储蓄率是不可控的，作为外生变量的技术水平同样可以成为经济长期发展的根本动力；其次，由该模型结果可知，资本水平高于最优水平的增长率是根本不可能有的，这也是其与索洛模型在分析结果上主要区别。那么，该模型的主要贡献就是从微观层面证明了索洛理论的正确性，并且提出储蓄率不是外生这一假定条件。

(3)世代交叠模型

它也被称作为戴蒙德模型。这一模型在索洛增长理论的基础上将人力资本水平的因素考虑到模型中，重点强调的是人口新老交替所带来的人力资本水平变化会影响经济增长。但该模型还是持有技术外生的观点，并且仍然认为技术进步是促进经济增长的主要动力。除此之外，这一模型还认为，在各种因素都一样的国家或地区间，它们的经济发展速度也许会随着时间的推移而集中到不一致的增长水平上，这一现象是由于不同地区具有差异化的资源禀赋，也就是从一开始的发展条件就具有差别。

2.2.4.3 内生增长理论

内生增长理论与新古典理论最主要的区别在于将技术进步看作为内生变量，试图探明索洛模型中表示技术进步水平的"索洛余值"的内在含义。因而，内生增长理论对于技术进步的来源进行了深入探讨，这也是该理论研究的核心问题。其基本观点是内生性的技术进步是促进经济发展的最为重要的因素。在内生增长理论中较为典型的有以下三类：

(1)"干中学"模型

由美国学者阿罗（Arrow，1962）提出，阿罗基于 C-D 生产函数，从经济收益的视角切入，通过数理推导，对传统生产函数模型进行了拓展，推导得出了一个具有规模报酬递增规律的拓展型生产函数模型，他强调由于生产者会通过不断地吸收新的知识与技术而实现技术水平的提高，因而可以参照资本累积来表示技术进步，也就是能够通过物质资本变化来体现学习和经验积累，进而提出了"干中学"的理论分析框架。这一框架显示，技术是存在着外溢性的，因为其他生产者能够采用学习和仿照的方式来获取某种新的知识或者工艺，因此在一个国家或者地区内，由一部分生产者通过加大投入所实现的技术进步能够最终促进整个行业或者区域的经济增长，并成为经济永续增长的核心动力。理论的主要贡献是建立了资本要素与技术进步之间所存在着的内在联系，表明技术水平不是外生给定的，而是可能随着资本要素的变化而呈现动态变化。

（2）罗默模型

罗默对于内生增长理论的贡献主要在于对技术的有效界定，罗默在其著作中首次提出"知识"这个词语可以用来形容技术，并指出技术是一种知识或者技能，只有通过这些技术的应用，生产要素才可以成为现实物品。技术进步就是知识不断增加的一个结果，而知识的不断获取主要依赖于一个区域内部分生产者投入的增长。与此同时，由于知识存在较强的溢出效应，于是同一个区域中的其他的生产主体就必然会利用不断学习与仿照去获得相应的知识和技能，这样知识的不断扩散就会带来技术的整体进步，并能使生产中的资本投入产生规模报酬增加，进而实现经济体的经济水平永续提高。和阿罗的想法类似，罗默同样发现技术进步和资本积累两者具有很大的关联。而两者的主要区别在于，罗默模型进一步分析了劳动力素质对技术进步的重要影响，可是由于研究并不全面，因而罗默虽然意识到了劳动力素质的影响，但却得出其与技术进步存在负相关关系的结果。

（3）卢卡斯模型

卢卡斯模型基于内生增长理论对人力资本与技术进步的关系做了进一步的研究。卢卡斯在借鉴舒尔茨（Schultz，1960）等经济学家在人力资本领域研究结论的基础上，对人力资本的技术进步效应进行了系统分析，并在模型中采用了人力资本水平表示了技术进步水平，同时也实证研究了人力资本水平的提高及其所产生的外部效应对于经济增长的重要作用，这也是继索洛提出物资资本积累促进技术进步与经济增长后，内生增长理论的又一次突破。更加可贵的是，卢卡斯还进一步解释了人力资本提高的源泉，强调经过专业性较强的教育或社会实践学习而具有更高人力资本水平的劳动力能够有效地促进技术水平的提高。

内生经济增长理论为发展智慧农业的重要意义以及利用智慧农业驱动农

业经济增长提供了较为深刻的理论依据。究其本质，智慧农业实质上就是将现代化的信息技术、生产管理方式等应用于农业生产的各个环节中，是技术进步发展到一定阶段的必然产物，同时在生产实践过程中进行知识的学习与积累，使得技术和知识在农业生产、管理、物流、销售等一系列过程中能够不断内生化，通过改善资本与劳动的利用效率来推动农业经济的不断发展。

3 中国智慧农业及其促进农业经济增长的现状

步入 21 世纪以来，中国政府制定了许多旨在推进智慧农业发展的政策。那么，现阶段我国智慧农业发展与农业经济增长表现为怎样的现实特征？智慧农业有没有推动农业经济增长？本章即将对上述问题进行初步的解释。基于前文的理论梳理，本章将进一步对中国智慧农业发展与农业经济增长现状进行全面分析，并深入探讨智慧农业促进中国农业经济发展的现状。具体而言，首先，构建指标体系对中国智慧农业发展水平进行现状分析，并对各地区智慧农业发展水平进行差异分析；其次，对农业经济增长水平的总体情况与区域差异进行分析；最后，采用适当的计量经济方法来辨析智慧农业与农业经济增长两者之间的相关关系。

3.1 中国智慧农业发展现状

3.1.1 中国智慧农业发展的总体情况

3.1.1.1 智慧农业发展水平测算

（1）指标体系构建的思路
在系统分析了智慧农业建设内涵、特征及其构成之后，我们将建立指标体系对"智慧农业发展水平"进行测算。智慧农业涵盖了多方面的内容，而仅简单地结合大量指标想要来构建适合各种场景的指标体系显然是不实际的。因此，考虑在多个候选指标中，建立一套标准来动态选入合乎标准或剔除不合标准的指标，进而构建科学、灵活、针对性更强的指标体系，旨在解决智慧农业发展水平评价中的复杂性与差异性矛盾。建设与发展智慧农业将会经历不同的阶段，先后包括：发展基础、应用环节、销售环节等，其目标是实现以应用型新技术为特色的增长模式。鉴于此，选取智慧农业基础、智慧农业应用、智慧农业销售三个指标作为一级指标。同时，选取二级指标应遵循全面详尽的原则，应当充分考虑智慧农业发展的不同环节。根据文献梳理、比较分析等方法的应用，能够找到相关评价指标的参考和借鉴。同时结合我国智慧农业发展真实水平、建设基础及主要问题，逐步选择具有代表性，且能广泛应用的指标。

(2) 指标体系构建的原则

科学性与客观性。体系中的指标从筛选、测算到评估环节，以及指标名称的选取和权重确定，都必须参考和借鉴科学理论的完整和正确，首先基于对评价对象进行细致分析，进而保证构建过程满足科学性和合理性的要求，能够真实客观地测算智慧农业的发展水平，能够为智慧农业建设和区域农业发展提供令人信服的依据。科学性能够在一定程度上有效确保了客观性，即在选择评价指标的过程中对于指标的估算应当采用科学的方法，尤其是在指标的赋权上要依照客观标准，不能只凭借自身的主观想法来随意赋权；对于指标的解释更是应当有所依据，需要在大量的数据分析和理论说明的基础上对其进行解释，绝对不能仅凭主观猜测。因此，指标体系需要尽量全面地展示智慧农业发展的不同方面。

可操作性与动态性。由于智慧农业发展水平的评价体系指标较为复杂烦琐，而且可能存在数据不可获得的情况，都将对实际使用和体系构建造成不同程度的阻碍，最终导致应用性较差。如果要构建一个具备应用价值的智慧农业发展水平评价体系，首先必须确保指标数据的可获得性，同时还应当便于和其他指标之间具有可比性，且具有较高的代表性，指标解释没有任何歧义。有效的指标评价体系需要能够体现评价对象的全方位特征，同时也不是静止不变的，当评价对象发生变化，指标体系需要随时作出调整，必须要能够体现评价对象的变化特征。因此，智慧农业的指标评价体系需要综合体现影响地域智慧农业建设基础、应用现状及成效的各种要素。

代表性与简洁性。智慧农业建设评价指标应根据智慧农业的功能定位，尽可能选取具有代表性的指标。在确保全面反映智慧农业发展水平的前提下，指标体系应尽量简洁。一味地贪全求大，甚至去盲目地堆砌指标，更容易带来数据处理的困难，计算过程也容易出错，以及个别数据缺失等一系列的问题。所以，最终确定的各指标是既具有代表性，又尽可能简洁的最优结果。

导向性与前瞻性。由于测算智慧农业发展水平的目的既是发现不同地区智慧农业发展水平上的差异，还要能够通过客观地评价发现我国智慧农业发展在促进农业经济增长中存在的现实问题，并且通过深入分析探寻解决这些问题的方法。智慧农业的发展目标是动态变化的，探索智慧农业建设的途径也不可能是统一不变的，智慧农业的发展模式更不会是刻板僵化的。因此，智慧农业的评价既要能综合评价我国各地区智慧农业发展的水平，也能发现其中存在的问题，引导智慧农业更好、更快地发展。前瞻性是指在指标设立的过程中要极力将视野扩大到国际范围，随时参考发达国家的成功经验，同时结合我国当前经济发展中的具体情况，应用到智慧农业发展水平评价中去。

(3)智慧农业发展水平评价指标体系的具体内容

本书研究目标在于考察我国智慧农业对农业经济增长的影响效应，首先需要定量测度我国智慧农业发展水平。然而，当前的学术界暂未形成统一测度方法，但普遍认为智慧农业通过使云计算、大数据、物联网和农业生产深度融合，能够覆盖到农业全产业链，包括农业生产、加工、销售等每一个环节，能够提升要素的配置效率，充分发挥智慧农业技术的作用效果(吴瑛莉，

2016；宋洪远，2021），因此智慧农业指标体系包含基础设施、应用和销售等涵盖农业全产业链的各环节。本书在参考现有关于智慧农业发展水平测度的相关研究（崔凯，2020；冉红伟，2019；崔少宁，2020；刘军等，2021）的基础上，依据指标体系构建的科学性、客观性、可操作性、动态性等原则，对国内外相关文献进行了梳理、比较与综合分析，同时结合智慧农业的概念内涵，依据《2019全国县域数字农业农村发展水平评价报告》和《中国数字乡村发展报告（2019）》里所使用的相关指标，对各项指标进行了频次分析，在普遍认可即采用率高的指标中进行科学筛选。最终，本书构建了一个较为完善且可靠，同时具备可操作性的测量智慧农业发展水平的指标体系。

以智慧农业的内涵与外延为基础，智慧农业发展水平的评价指标体系理应涵盖智慧农业的基础、应用、销售三个部分。第一，智慧农业基础是智慧农业实现水平提升的重要根基，主要反映不同农村地区的信息技术覆盖程度，例如农村宽带接入用户、农村移动电话普及率等。第二，智慧农业应用是核心内容，是衡量智慧农业建设是否发挥实际作用的体现，此处选取农业智慧化规模来表征。第三，智慧农业销售是智慧农业高质量发展的不竭动力，包括电子商务发展情况。第四，遵循前文所提到的八大原则，构建由智慧农业基础、智慧农业应用、智慧农业销售3个层次6项指标组成的中国智慧农业评价指标体系（详见表3-1）。

表 3-1　　　　　　　　　　　智慧农业指标体系构建

综合指标	一级指标	二级指标	指标解释	作用方向
智慧农业	智慧农业基础设施	农村宽带接入用户（万户）	互联网宽带接入用户数指报告期末在电信企业登记注册，接入中国互联网的用户	+
		农村移动电话普及率（%）	农村居民平均每百户年移动电话拥有量	+

综合指标	一级指标	二级指标	指标解释	作用方向
智慧农业	智慧农业应用	农业智慧化规模	农业生产中智慧化技术应用规模占比	+
	智慧农业售销	电子商务销售额（亿元）	企业电子商务销售总额	+
		电子商务采购额（亿元）	企业电子商务采购总额	+
		有电子商务交易活动企业占总企业数比重（%）	有电子商务交易活动企业数/总企业数	+

3.1.1.2 数据来源与研究方法

（1）数据来源

本研究使用的相关数据从相应年份的《中国统计年鉴》《中国农村统计年鉴》以及各地区相关统计年鉴、阿里研究院的历年报告等处获取。其中，农业智慧化规模则参考康铁祥（2008）、许宪春和张美慧（2020）、慕娟和马立平（2021）的研究，一开始结合投入产出表中的数据求出农业智慧化增加值的调整指数，进而通过详尽地计算得出农业部门智慧化活动中的增加值，并用它来表示农业智慧化技术的应用规模，具体计算方法为：

$$\gamma = \frac{I_d}{I}, \ A_d = \gamma \cdot A \tag{3-1}$$

式（3-1）中，γ 是农业智慧化的调节系数，I_d 代表农业智慧化产品和服务的中间投入，I 是第一产业部门的总中间投入，A_d 则为智慧农业活动的增加值，A 为农业增加值。

（2）研究方法

熵值法。各指标权重的科学设定，对评价智慧农业发展水平起着至关重要的作用。本研究选用熵值法对各指标进行赋权，具体计算方法如下：

第一，通过阈值法使数据变为标准形式。依据标准化处理后所得到的数

据值 x'_{ij} 来替换 x_{ij}。

$$x'_{ij} = \frac{(x_{ij} - \bar{x}_j)}{S_j}, \quad (1 \leqslant i \leqslant m, \ 1 \leqslant j \leqslant n) \tag{3-2}$$

式(3-2)中, $\bar{x}_j = \frac{1}{m}\sum_{i=1}^{m} x_{ij}$ 表示均值, $S_j = \sqrt{\frac{1}{m-1}\sum_{i=1}^{m}(x_{ij} - \bar{x}_j)^2}$ 则是标准差。处理后得到的 x'_{ij} 可能包含负数和0, 因此将其在坐标轴上进行平行移动后得到消除了负数和0的新值, 此时得到的数据是 x''_{ij}, 其中不包括负数和0, $x''_{ij} = N + x'_{ij}$ 中的 N 代表的是平移距离。而且此方法对数据进行标准化处理没有添加主观变量, 因而是非常客观的。

第二, 对第 j 项的指标 x''_{ij} 采取同度量化, 测算出比例 y_{ij}。

$$y_{ij} = \frac{x''_{ij}}{\sum_{i=1}^{m} x''_{ij}} \tag{3-3}$$

第三, 求得信息熵 e_j,

$$e_j = -k\sum_{i=1}^{m} y_{ij}\ln y_{ij} \tag{3-4}$$

式(3-4)中, $k = \frac{1}{\ln m}$, $k > 0$, $0 \leqslant e_j \leqslant 1$。

第四, 测算出第 j 个指标的信息熵冗余度 d_j, 也就是指标差异性系数。第 j 项指标值 y_{ij} 的 d_j 越高, 说明 e_j 越低, 这一指标的权重就越高; 相反则越低。

$$d_j = 1 - e_j \tag{3-5}$$

第五, 求权重 W_j:

$$W_j = \frac{d_j}{\sum_{j=1}^{n} d_j} \tag{3-6}$$

第六, 测算不同区域的智慧农业发展水平 P:

$$P = \sum W_j X_{ij} \tag{3-7}$$

式(3-7)中, X_{ij} 是标准化后的 x_{ij}, 由于这些指标可能在量纲上有所差异,导致各个指标之间不能放在一起计算，所以在计算权重之前要标准化这些指标，这样才能得到具有现实意义的得分，以对各省份智慧农业发展水平评价结果进行对比分析。

变异系数。本研究选用变异系数法探究智慧农业发展水平的空间差异，通过变异系数法对智慧农业发展水平的区域差异进行评价的测算，公式表示为：

$$\mathrm{CV}_t = \sqrt{\sum_{i=1}^{n} (Y_{it} - \overline{Y_t})^2 / n} / \overline{Y_t} \tag{3-8}$$

式(3-8)中，CV 是变异系数，Y_t 是第 t 年不同区域的智慧农业发展水平，$\overline{Y_t}$ 为第 t 年各省智慧农业发展水平平均值，$\sqrt{\sum_{i=1}^{n} (Y_{it} - \overline{Y_t})^2 / n}$ 为第 t 年各省智慧农业发展水平的标准差。

泰尔指数。本研究选择泰尔指数测度智慧农业发展水平的区域差异来源，地区间智慧农业发展水平空间差异的泰尔指数(T)的计算公式为：

$$T = \sum_{p=1}^{n} \left[\left(\frac{1}{n} \right) \times \left(\frac{y_p}{\mu_y} \right) \times \ln\left(\frac{y_p}{\mu_y} \right) \right] \tag{3-9}$$

式(3-9)中，n 为研究省份(自治区)的个数，y_p 为 p 省的智慧农业发展水平，y 为智慧农业发展水平平均值。T 是单调增长的变量，取值$[0, \ln n]$，随着 T 大小的变化，说明区域差异也在同步变动，且两者同方向变化。若 $T=0$，那么各个省(自治区)智慧农业发展水平相同，即智慧农业发展水平不存在区域差异；若 $T=\ln n$，说明这个地区智慧农业发展水平差异明显。

根据中国四大经济分区，智慧农业发展水平的空间差异可以分解为四大区域之间和四大区域内部两个部分。我国四个地区智慧农业发展水平差距的泰尔指数能够看作是区域间(T_{br})和区域内(T_{wr})两个部分泰尔指数的加总，即总的泰尔指数等于区域内和区域间泰尔指数的和，公式为：

$$T = T_{br} + T_{wr} \tag{3-10}$$

式(3-10)中，区域间差异 T_{br} 的计算公式为：

$$T_{br} = \sum_{i=1}^{m} \left[\left(\frac{p_i}{P} \right) \times \left(\frac{y_i}{\mu} \right) \times \ln\left(\frac{y_i}{\mu} \right) \right] \tag{3-11}$$

式(3-11)中，m 是地区个数；P_i 是地区 i 所包含的省份个数；P 是全部研究省份的个数；y_i 为地区 i 智慧农业发展水平的平均值；μ 为智慧农业发展水平的均值。

（4）智慧农业发展水平分析

基于前文所构建的指标体系，利用熵权法，将中国分为东部、中部、西部和东北等四个地区，测算出 2011—2019 年中国各省份（由于数据缺失，中国香港、澳门地区和台湾地区不在研究范围之内）智慧农业发展水平及排名；并进一步参照我国四大经济分区，测算出从相应年份四大地区智慧农业发展水平。具体结果如表 3-2 所示：

表 3-2 　　　　　　　　　　　智慧农业发展水平测算结果

年份 省份	2011	2012	2013	2014	2015	2016	2017	2018	2019	均值	综合排名
北京	0.038	0.041	0.046	0.058	0.066	0.067	0.081	0.080	0.098	0.064	5
天津	0.012	0.013	0.013	0.017	0.021	0.019	0.018	0.020	0.022	0.017	22
河北	0.037	0.034	0.037	0.037	0.034	0.037	0.042	0.042	0.043	0.038	11
山东	0.068	0.073	0.073	0.068	0.065	0.082	0.091	0.105	0.090	0.079	3
上海	0.022	0.024	0.028	0.051	0.053	0.061	0.061	0.066	0.076	0.049	7
江苏	0.088	0.096	0.098	0.100	0.102	0.096	0.095	0.101	0.107	0.098	2
浙江	0.075	0.076	0.078	0.069	0.069	0.069	0.068	0.075	0.083	0.073	4
福建	0.035	0.036	0.038	0.043	0.043	0.044	0.046	0.049	0.057	0.043	9
广东	0.093	0.099	0.103	0.110	0.117	0.128	0.136	0.151	0.177	0.124	1
海南	0.010	0.011	0.011	0.012	0.013	0.014	0.014	0.014	0.015	0.013	28
东部均值	0.048	0.050	0.052	0.056	0.058	0.062	0.065	0.070	0.077	0.060	
安徽	0.043	0.038	0.036	0.038	0.042	0.042	0.042	0.049	0.052	0.042	10
山西	0.020	0.020	0.017	0.017	0.018	0.017	0.018	0.021	0.021	0.019	20
江西	0.023	0.023	0.024	0.025	0.030	0.030	0.032	0.035	0.037	0.029	15

年份 省份	2011	2012	2013	2014	2015	2016	2017	2018	2019	均值	综合 排名
河南	0.040	0.042	0.043	0.045	0.046	0.047	0.047	0.051	0.050	0.046	8
湖北	0.031	0.033	0.033	0.035	0.036	0.037	0.038	0.041	0.046	0.037	12
湖南	0.029	0.029	0.030	0.031	0.032	0.035	0.039	0.046	0.048	0.036	13
中部 均值	0.031	0.031	0.030	0.032	0.034	0.035	0.036	0.040	0.043	0.035	
广西	0.023	0.022	0.021	0.021	0.022	0.023	0.024	0.027	0.032	0.024	18
内蒙古	0.010	0.010	0.010	0.013	0.017	0.013	0.017	0.018	0.019	0.014	27
重庆	0.014	0.019	0.019	0.023	0.025	0.028	0.032	0.033	0.035	0.025	16
四川	0.036	0.035	0.035	0.040	0.050	0.062	0.072	0.078	0.089	0.055	6
贵州	0.014	0.013	0.013	0.016	0.017	0.020	0.019	0.020	0.019	0.017	26
云南	0.020	0.019	0.019	0.020	0.021	0.020	0.020	0.023	0.025	0.021	19
西藏	0.007	0.006	0.006	0.009	0.007	0.007	0.008	0.008	0.008	0.008	30
陕西	0.022	0.022	0.022	0.018	0.023	0.027	0.028	0.029	0.031	0.025	17
甘肃	0.015	0.014	0.014	0.017	0.015	0.016	0.020	0.021	0.022	0.017	23
青海	0.001	0.001	0.001	0.008	0.009	0.011	0.009	0.010	0.010	0.007	31
宁夏	0.006	0.009	0.009	0.009	0.009	0.007	0.010	0.010	0.010	0.009	29
新疆	0.015	0.015	0.015	0.014	0.018	0.017	0.018	0.019	0.021	0.017	24
西部 均值	0.015	0.015	0.015	0.017	0.020	0.021	0.023	0.025	0.027	0.020	
辽宁	0.035	0.035	0.036	0.038	0.027	0.027	0.026	0.030	0.029	0.032	14
吉林	0.017	0.017	0.017	0.018	0.017	0.017	0.017	0.017	0.016	0.017	25
黑龙江	0.020	0.020	0.019	0.017	0.016	0.015	0.016	0.017	0.018	0.018	21
东北 均值	0.024	0.024	0.024	0.024	0.020	0.019	0.020	0.021	0.021	0.022	
全国 均值	0.326	0.333	0.333	0.347	0.355	0.360	0.375	0.390	0.408	0.358	

(5)智慧农业发展水平的时空分析

2011—2019 年中国智慧农业平均水平的时序变化，如图 3-1 显示，我国智慧农业发展水平整体表现为上升态势，由 2011 年 0.030 增至 2019 年 0.046，年均增长 5.52%。

图 3-1　2011—2019 年中国智慧农业发展水平及增长率变化趋势

数据来源：智慧农业发展水平测算结果

对于年均增幅的变化规律而言，增长率呈波动上升趋势，年均增幅提升最快的时间段是 2017—2018 年，高达 8.58%，增长速度最慢的年份为 2012—2013 年，增长率为 1.87%①。总体上看，我国智慧农业发展水平整体呈持续上升态势，且增长速率波动上升。可能的原因是，2011 年国家相关政策的相继出台使得智慧农业得到广泛关注和大力推广，为农业发展指明了方向。基于当前智慧农业发展水平的变化趋势可以判断，未来几年中国智慧农业发展水平将会保持持续上升的态势。

从智慧农业进程的增长速率上看，2011—2019 年，全国增长速率波动上升，在 2018 年达到研究期内最高的增长速率。分阶段来看，2012—2013 年、

---

① 数据由前文计算所得。

2014—2016 年、2018—2019 年，增长速率有所下降，且下降速率最快的年份为 2014—2015 年，年均下降 3.63%；而 2013—2014 年、2015—2018 年，增长速率有所上升，且上升速率最快的年份为 2013—2014 年，年均增长 5.82%。

从区域层面看（见图 3-2），2011—2019 年，东部、中部、西部、东北地区智慧农业发展水平综合估计值分别为 0.060、0.035、0.020 和 0.022。对四大区域间的智慧农业发展水平由高到低分别为东部地区>中部地区>东北地区>西部地区；相较于 2011 年，除东北地区之外，其余地区智慧农业发展水平均呈上升趋势，年均增幅从大到小排序依次为西部地区>东部地区>中部地区，分别增长 7.50%、6.11%、4.06%。通过对区域内部进行比较，在东部地区，广东省的智慧农业发展水平最高，海南省最低；在中部地区，河南省智慧农业的发展水平最高，山西省却最低；而西部地区中的四川省的智慧农业发展水平较高，青海较低；在东北地区，辽宁省的智慧农业发展水平较高，吉林较低。

图 3-2 2011—2019 年四大区域智慧农业发展水平变化趋势

数据来源：智慧农业发展水平测算结果

从市级层面看，2011—2019 年，不同省份的智慧农业发展水平差异明显。其中广东、江苏、山东、浙江、北京、四川、上海等处于前 7 位，智慧农业发展水平综合估计值分别为 0.124、0.098、0.079、0.073、0.064、0.055、0.049；青海、西藏、宁夏、海南、内蒙古、贵州、吉林则依次排在后 7 位，智慧农业发展水平的综合估计值分别为 0.007、0.008、0.009、0.013、0.014、0.017、0.017。就增长幅度而言，除辽宁、吉林和黑龙江智慧农业发展水平则有所下降以外，其余省份均为上升。与 2011 年相比，2019 年青海、上海、北京年均增长率最大，分别达到 31.41%、16.84%、12.56%；而山西、浙江、西藏年均增长率最小，分别为 0.90%、1.27%、1.58%。说明各区域内不同省份的智慧农业发展水平同样存在差异。

综合来说，智慧农业发展水平相对较高的省份大多是东部地区的省份，而发展水平落后的省份大多在西部地区和东北地区，区域间具有明显差异；各区域内不同省份的发展水平也表现出较大的差异，表现出区域内发展不均衡的现象。为更加直观地揭示出我国智慧农业发展水平的现实格局，本书将进一步对智慧农业发展水平的区域差异进行测算。

3.1.2　中国智慧农业发展的区域差异

运用变异系数、泰尔指数测算中国智慧农业发展水平总体差异。由表 3-3 和图 3-3 可知，中国智慧农业发展水平的整体区域差异经历了波动上升的过程，且 2 种度量指标所得结果的总体差异变化规律相似，表明使用这两种方法得到的结论具有稳健性。

总体来看，2011—2019 年，变异系数所测量的中国智慧农业发展水平总体差异从 2011 年的 0.767 上升至 2019 年的 0.805，年均增长 0.59%。其中，2011—2013 年中国智慧农业发展水平总体差异呈持续上升态势，年均增长 2.15%；2013—2015 年中国智慧农业发展水平总体差异有所减小，降幅为 3.70%；2015—2019 年中国智慧农业发展水平总体差异继续上升，年均增长 2.03%。2011—2019 年，泰尔指数所测量的中国智慧农业发展水平总体差异从 2011 年的 0.342 上升至 2019 年的 0.344，年均增长 0.89%。具体而言，2011—2013 年中国智慧农业发展水平总体差异呈持续上升态势，年均增长

3.22%；2013—2015 年中国智慧农业发展水平总体差异有所减小，降幅为
7.81%；2015—2016 年中国智慧农业发展水平总体差异继续上升，年均增长
8.64%；2016—2017 年中国智慧农业发展水平总体差异有所回落，降幅为
5.25%；2017—2019 年中国智慧农业发展水平总体差异继续上升，年均增长
3.94%。无论采用变异系数还是泰尔指数所测算的中国智慧农业发展水平总
体差异均呈相似的波动上升趋势。

表 3-3　　　**2011—2019 年中国智慧农业发展水平及增长率变化趋势**

年份	2011	2012	2013	2014	2015	2016	2017	2018	2019
变异系数	0.767	0.791	0.801	0.750	0.743	0.765	0.765	0.776	0.805
泰尔指数	0.342	0.356	0.364	0.312	0.309	0.336	0.318	0.330	0.344

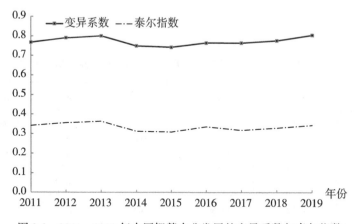

图 3-3　2011—2019 年中国智慧农业发展的变异系数与泰尔指数

数据来源：由公式(3-8)(3-9)计算所得

　　进一步通过泰尔指数来进行评估，可以将 2011—2019 年中国智慧农业
发展水平地区差异的组成部分以及每部分组成的贡献比例进行剥离（见表
3-4）。将地区间泰尔指数和地区内泰尔指数进行比较便可发现，地区内的差

异是产生中国智慧农业发展水平差异的主导因素。地区内泰尔指数的均值为 0.217，最低值为 0.191，最高值为 0.053，贡献率均在 60% 以上；地区间泰尔指数的均值为 0.117，最低值为 0.110，最高值为 0.126，贡献率在 30% 以上。从变动趋势来看，地区内差异在研究期内下降了 0.007，地区间差异上升了 0.010，而地区间和地区内差异贡献率分别下降和上升了 2.60 %，逐年变动的趋势与总体差异相似。

由此可见，中国智慧农业发展水平的区域差距在不断上升，主要源于区域内差异。对区域内差异而言，其对总体差异的贡献呈下降趋势；反观区域间差异，虽然贡献比重较低，但在考察期内呈上升趋势，部分原因是区域间通过要素流动、跨地区合作等作用的发挥，逐步缩小了区域间的差异，而区域内差异表现出较强的贡献度，则表明相邻地区的智慧农业发展水平差距较大，高值地区对周边的带动效应不足，但由于拥有相似的发展条件，虽然区域内部各州市表现出较大的水平差异，但相邻地区的差异缩小将会是长期的趋势。

表 3-4　2011—2019 年中国智慧农业发展水平的泰尔指数及其贡献度（%）

年份	区域间差异	贡献度	区域内差异	贡献度	总差异
2011	0.110	32.28	0.231	67.72	0.342
2012	0.117	32.95	0.239	67.05	0.356
2013	0.126	34.71	0.238	65.29	0.364
2014	0.122	38.97	0.191	61.03	0.312
2015	0.115	37.18	0.194	62.82	0.309
2016	0.119	35.44	0.217	64.56	0.336
2017	0.114	35.83	0.204	64.17	0.318
2018	0.113	34.21	0.217	65.79	0.330
2019	0.120	34.88	0.224	65.12	0.344

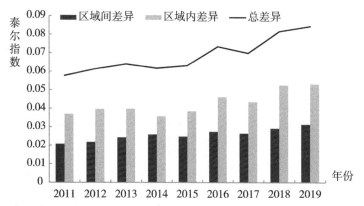

图 3-4   2011—2019 年中国智慧农业发展水平的泰尔指数变化趋势

数据来源：由公式(3-9)~(3-11)计算所得

由于区域内差异对总体差异贡献明显，研究运用变异系数，进一步分解出各区域内差异的变动情况(见图 3-5)。由变异系数计算结果可知，中国四大区域智慧农业发展水平的区域内差异均值由大到小分别是西部、东部、东北和中部，变异系数均值分别为 0.622、0.554、0.308 和 0.257。从变动规律来看，除西部地区的变异系数上升 3.38%以外，其余地区在研究年份均表现出不同程度的差异下降，下降幅度由大到小分别为东北、中部和东部省份，分别下降了 2.38%、0.79%和 0.62%。

就变动规律而言，西部和东部省份智慧农业发展水平的地区内差异在研究期内排名靠前；研究期间，西部地区智慧农业发展水平的区域内差异由第二位上升至第一位，同时东部地区智慧农业发展水平的区域内差异由第一位下降至第二位；而东北地区智慧农业发展水平的区域内差异在 2014 年发生下降后排名至第三位；中部地区智慧农业发展水平的区域内差异变化较为平稳，始终保持在较低水平。研究期末，智慧农业发展水平的地区差异排名靠前的是西部地区，然后是中部地区、东北地区，而东部地区的变异系数排名最后，地区差异在四个区域中属于最小。进一步地，分析四大区域 2011—2019 年智慧农业发展水平空间差异的演变规律。

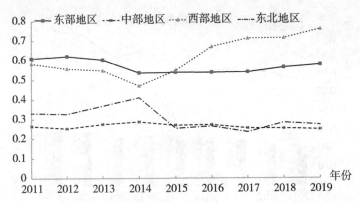

图 3-5 2011—2019 年四大区域智慧农业发展水平的变异系数变化趋势

数据来源：由公式(3-8)计算所得

2011—2019 年，东部省份智慧农业发展水平的区域内差异波动明显，变异系数由 2011 年的 0.610 波动减少至 2019 年的 0.580，年均下降 0.62%，最大值 0.622(2012 年)，最小值为 0.538(2014 年)。将研究时段进行划分，根据东部地区区域内差异的变化规律，可以把研究时段分成三个阶段：第一个是上升阶段(2011—2012 年)，在这两年内智慧农业发展水平的区域差异有所上升，年均提高 1.96%；第 2 阶段属于下降时期，由 2012 年开始并于 2014 年结束，在该阶段里，智慧农业发展水平的空间差异有所下降，出现了智慧农业发展水平空间差异的最小值(变异系数 0.538)，年均下降 7.02%；第 3 阶段为 2014—2019 年，为平稳上升阶段，智慧农业发展水平的空间差异持续上升，年均上升 1.54%。中部地区智慧农业发展水平的空间差异变化较为平稳，变异系数由 2011 年的 0.266 变化下降至 2019 年的 0.250，年均下降 0.79%，最大值为 0.288(2014 年)，最小值为 0.250(2019 年)。西部地区省份智慧农业发展水平的空间差异在研究期内，变异系数由 2011 年的 0.583 波动上升至 2019 年的 0.761，年均增长 3.38%，最大值为 0.761 (2019 年)，最小值为 0.471(2014 年)。分时期来看，按照西部地区区域内差异的变动趋势能够将其分为两个时期：首先是下降时期(2011—2014 年)，在这一阶段里，智慧农业发展水平的空间差异大幅下降，年均下降 6.86%；然后为快速上升时期(2014—2019 年)，年均增幅高达 10.05%。在此区域差异高速增长的状态之下，西部地区智慧农业发展水平的空间差异由四大区域的第二位上升至第一位，且远高于其他地区。东北地区智慧农业发展水平的空间差异在研究期内波动下降，变异系数由 2011 年的 0.331 下降至 2019 年的 0.273，年均下降 2.38%。分阶段来看，2011—2014 年、2017—2018 年智慧农业发展水平的空间差异扩大；2014—2015 年智慧农业发展水平的空间差异大幅下降缩小，年均下降 38.18%，变异系数下降至 2015 年的 0.254。

3.2 中国农业经济增长的现状

3.2.1 中国农业经济增长的总体情况

图 3-6 报告了 2002—2019 年中国农林牧渔业增加值及提升幅度。由图 3-6 可见，研究期内除 2016—2017 年以外，全国平均农林牧渔业增加值呈持续增长态势，由 2002 年的 522.32 亿元增加至 2019 年的 2373.13 亿元，年均增长 9.31%。从增长率来看，研究期内全国平均农林牧渔业增加值始终保持增长趋势，增长幅度波动明显：2003—2004 年，全国平均农林牧渔业增加值的增长率显著上升，并在 2004 年达到研究期内的最大值 21.75%；2004—2006年，全国平均农林牧渔业增加值的增长率出现大幅回落；2006—2007 年，全国平均农林牧渔业增加值的增长率有所回升，达到 2007 年的 18.49%；2007—2009 年，全国平均农林牧渔业增加值的增长率在一个平缓下降(17.05%)之后出现急速降低(5.21%)；2009—2011 年，农林牧渔业增加值的平均增长率为 16.06%；2011—2017 年，除了 2015—2016 年有小幅上升以外，其余年份农林牧渔业增加值的增长率均呈下降趋势，且在 2017 年达到研究期内的最小值-1.98%，这也是研究期内唯一一个农林牧渔业增加值有所下降的年份；2017—2020 年，农林牧渔业增加值的增长率呈现增长态势，

达到 2019 年的 8.89%。

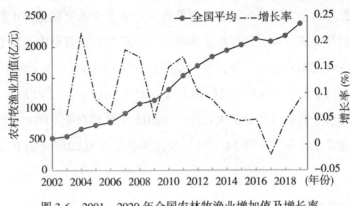

图 3-6 2001—2020 年全国农林牧渔业增加值及增长率

数据来源：国家统计局网站

图 3-7 报告了 2002—2019 年中国四大地区农林牧渔业增加值。由图可见，研究期内，四大区域农林牧渔业增加值均持续增加，从四大区域对比来看，农林牧渔业增加值由高到低依次为中部地区>东部地区>东北地区>西部地区，均值分别为 1929.23、1550.91、1476.49 和 1033.64。从研究期内的变化趋势来看，中部地区农林牧渔业增加值在四大区域中排名第一，由 2001 年的 1151.43 亿元增加至 2020 年的 6034.91 亿元，年均增长 8.64%。东部地区农林牧渔业增加值 2002—2011 年在四大区域中排名第二，东北地区次之；2011—2015 年，东北地区赶超东部地区，成为四大区域中农林牧渔业增加值第二名，东部地区位列第三；2015—2019 年，东部地区超过东北地区，重新上升至第二位，而东北地区则排名第三。西部地区农林牧渔业增加值在四大区域中始终排名靠后，由 2002 年的 335.81 亿元提升至 2020 年的 1935.68 亿元，每年平均提升了 10.85%。从整体增长率来看，四大区域农林牧渔业增加值的增长速度由快到慢依次为：西部地区>东北地区>中部地区>东部地区。

从四大区域增长率变化趋势来看（见图 3-8），四大区域农林牧渔业增加值的增长率呈波动变化趋势，且与全国整体水平变动趋势较为一致。除 2016

年东北地区农林牧渔业增加值为负增长，2017年东部、中部、东北地区均为负增长以外，其余年份农林牧渔业增加值均有所增加。2004年中部地区农林牧渔业增加值的增长率在研究期内为最高(26.66%)，2017年东北地区农林牧渔业增加值增长率最低(-6.12%)。

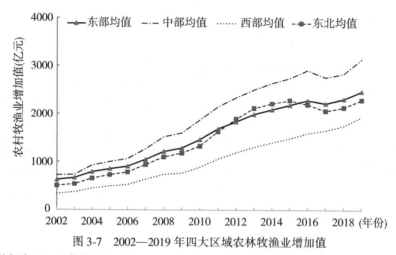

图3-7 2002—2019年四大区域农林牧渔业增加值

数据来源：国家统计局网站

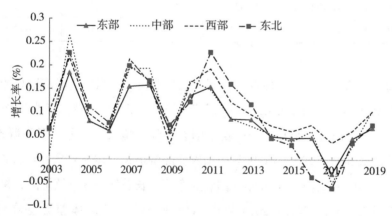

图3-8 2002—2019年四大区域农林牧渔业增加值的增长率

数据来源：国家统计局网站

3.2.2 中国农业经济增长的区域差异

运用变异系数、泰尔指数测算中国农业经济增长的总体差异。由表3-5和图3-9可知，中国农业经济增长的总体差异经历了波动上升的过程，且两种度量指标所得的总体差异变化趋势相似，表明区域差异测度方法的综合运用有较好的可信度。

表3-5　**2002—2019年中国农林牧渔业增加值的变异系数与泰尔指数**

年份	变异系数	泰尔指数	年份	变异系数	泰尔指数
2002	0.725	0.340	2011	0.707	0.322
2003	0.707	0.324	2012	0.695	0.313
2004	0.722	0.333	2013	0.688	0.307
2005	0.728	0.335	2014	0.681	0.301
2006	0.731	0.339	2015	0.678	0.297
2007	0.737	0.340	2016	0.672	0.295
2008	0.737	0.343	2017	0.682	0.293
2009	0.732	0.338	2018	0.675	0.287
2010	0.725	0.333	2019	0.669	0.286

总体来看，2002—2019年，变异系数所测量的中国农业经济增长的总体差异开始从2002年的0.725逐渐下降至2019年的0.669，年均下降率为0.48%。具体而言，2002—2003年中国农业经济增长总体差异呈下降态势，年均下降2.56%；2003—2008年中国农业经济增长总体差异呈上升态势，年均增长0.84%；2008—2016年中国农业经济增长总体差异继续下降，每年平均提升了1.15%，2016—2019年中国农业经济增长总体差异基本持平。2011—2019年，泰尔指数所测量的中国智慧农业发展水平总体差异从2011年的0.340下降至2019年的0.286，年均下降1.02%。具体而言，2002—2003年中国农业经济增长总体差异呈下降态势，年均下降4.84%；2003—

2008 年中国农业经济增长总体差异呈上升态势，年均增长 1.19%；2008—2019 年中国农业经济增长总体差异呈下降态势，年均下降 1.66%。无论采用变异系数还是泰尔指数所测算的中国农业经济增长水平总体差异均呈相似的波动下降趋势。

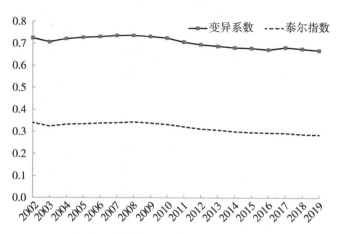

图 3-9　2002—2019 年中国农林牧渔业增加值的变异系数与泰尔指数变化趋势

数据来源：由公式(3-8)(3-9)计算所得

　　进一步运用泰尔指数的计算公式，分解出 2002—2019 年中国农业经济增长的区域内差异、区域间差异以及对总差异的贡献率(见表 3-6)。将区域间泰尔指数和区域内泰尔指数进行对比后不难发现，区域内的差异将作为中国农业经济增长总体差异的主导因素。区域内差异的均值为 0.280，最低值为 0.265，最高值为 0.298，贡献率在 80% 以上；区域间差异均值为 0.038，最低值为 0.019，最高值为 0.053，贡献率在 55% 以上。从变动趋势来看，区域内差异在研究期内下降了 0.021，区域间差异下降了 0.034，逐年变动的趋势与总体差异相似。

　　由此可见，无论区域内差异还是区域间差异，中国农业经济增长的差异情况都呈现出不同程度的下降趋势，表明我国农业发展水平的差距在不断缩小；农业经济增长的区域差异主要源于区域内差异，区域间差异贡献比重较低，在考察期内无论是区域内差异还是区域间差异均呈下降趋势。

表3-6   **2011—2019年中国农林牧渔业增加值的泰尔指数及其贡献度(%)**

年份	区域间差异	贡献度	区域内差异	贡献度	总差异
2002	0.053	15.48	0.287	84.52	0.340
2003	0.045	13.89	0.279	86.11	0.324
2004	0.047	14.12	0.286	85.88	0.333
2005	0.046	13.64	0.289	86.36	0.335
2006	0.045	13.36	0.293	86.64	0.339
2007	0.042	12.42	0.298	87.58	0.340
2008	0.044	12.87	0.299	87.13	0.343
2009	0.046	13.73	0.292	86.27	0.338
2010	0.046	13.88	0.287	86.12	0.333
2011	0.042	12.99	0.280	87.01	0.322
2012	0.039	12.39	0.274	87.61	0.313
2013	0.037	12.11	0.270	87.89	0.307
2014	0.035	11.53	0.266	88.47	0.301
2015	0.032	10.75	0.265	89.25	0.297
2016	0.029	9.87	0.266	90.13	0.295
2017	0.021	7.32	0.272	92.68	0.293
2018	0.019	6.71	0.268	93.29	0.287
2019	0.019	6.59	0.267	93.41	0.286

由于区域内差异对总体差异贡献明显，研究运用变异系数，进一步分解出各区域内差异的变动情况(见图3-11)。由变异系数计算结果可知，中国四大区域农业经济增长的区域内差异均值由大到小分别是西部、东部、中部和东北，变异系数均值分别为0.793、0.784、0.441和0.198。从变化趋势看，东部地区和东北地区的变异系数有所增长，分别年均增长0.40%和6.21%以

外，中部地区和西部地区的变异系数在研究年份均表现出不同程度的差异缩小，分别年均缩小 0.45% 和 0.72%。

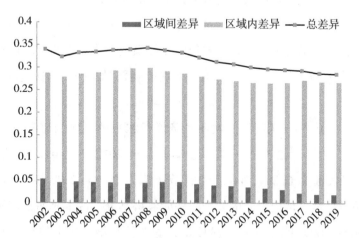

图 3-10 2002—2019 年中国农林牧渔业增加值的泰尔指数变化趋势

数据来源：由公式(3-9)～(3-11)计算所得

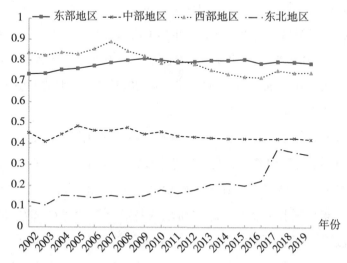

图 3-11 2002—2019 年四大区域农业经济增长的变异系数变化趋势

数据来源：由公式(3-8)计算所得

从变化趋势来看，西部地区农业经济增长水平的区域内差异在研究期内由第一位下降至第二位，中部地区农业经济增长水平的区域内差异始终保持在第三位，同时东北地区农业经济增长水平的区域内差异始终为四大区域之末。研究期末，农业经济增长水平的空间差距最大的是东部各省份，其次是西部各省份、中部各省，而东北省份的变异系数最小，空间差距也较小。进一步地，分析四大区域 2002—2019 年农业经济增长水平空间差异的演变规律。

2002—2019 年，东部省份农业经济增长水平的区域内差异变化较为平稳，变异系数由 2002 年的 0.734 波动上升至 2019 年的 0.785，年均增长 0.40%，最大值为 0.809(2009 年)，最小值为 0.734(2002 年)。分时期来看，按照东部地区区内差异的变动趋势能够将其分为两个时期：首先是上升时期(2002—2009 年)，在这一阶段里，农业经济增长水平的空间差异有所上升，年均增长 1.41%；第 2 阶段为平稳阶段(2009—2019 年)，在这一阶段里，农业经济增长水平的空间差异稳中有降，年均下降 0.31%。

中部地区农业经济增长水平的空间差异变化较为平稳，变异系数由 2002 年的 0.453 下降至 2019 年的 0.420，年均下降 0.45%，最大值为 0.486(2005 年)，最小值为 0.409(2003 年)。分阶段来看，中部地区智慧农业发展水平的空间差异在 2002—2011 年波动下降，而 2011—2019 年呈平稳下降趋势，年均增幅分别为 0.41% 和 0.50%。

西部地区农业经济增长水平的空间差异在研究期内波动较大，分时期来看，按照西部地区区内差异的变动趋势能够将其分为三个时期：首先是波动上升时期(2002—2007 年)，在这一阶段里，农业经济增长水平的空间差异波动上升，年均增长 1.27%；第二阶段为持续下降阶段(2007—2016 年)，在这一阶段里，农业经济增长水平的空间差异持续有降，年均下降 2.38%；第三个阶段为波动上升阶段(2016—2019 年)，在这一阶段里，农业经济增长水平的空间差异持续有降，年均增长 1.08%。

东北地区农业经济增长水平的空间差异在研究期内波动上升，且增长幅

度较大，变异系数由 2002 年的 0.124 上升至 2019 年的 0.345，年均上升
6.21%。分阶段来看，2002—2016 年农业经济增长水平的空间差异变化波动
上升，年均增长 4.28%；2016—2017 年农业经济增长水平的空间差异大幅上
升，年均增长达到 69.37%；2017—2019 年农业经济增长水平的空间差异有
所下降，年均下降 4.37%。

3.3 中国智慧农业促进农业经济增长的现状

3.3.1 中国智慧农业促进农业经济增长的总体情况

目前，我国智慧农业持续快速发展，对我国农业经济增长带来了深刻影
响。为了验证智慧农业是否促进了农业经济增长，本书以 2011—2019 年省
域智慧农业发展水平与农林牧渔增加值作图 3-12，探讨智慧农业促进农业经
济增长的总体情况。

图 3-12 左边是 2011—2019 年中国 31 个省区的智慧农业平均发展水平，
右边是对应省份 2011—2019 年的农林牧渔增加值均值。从图中可以看出，
区域之间的智慧农业平均发展水平差距较大，智慧农业发展水平最高的是广
东，最低的是青海；而农林牧渔增加值最高的是山东，最低的是西藏。由智
慧农业发展水平与农林牧渔增加值的分布情况来看，两者大致呈现相似的变
化趋势，智慧农业发展水平高的省份，其农林牧渔增加值也相对较高。

3.3.2 中国智慧农业促进农业经济增长的案例分析

由前文分析可知，智慧农业发展水平与农林牧渔增加值呈现相似的变化
趋势，表明智慧农业与农业经济增长间存在密切的联系。但从整体上看，无
论是智慧农业还是农业经济增长水平，在区域间均表现为明显的差异性特
征。地区间智慧农业的发展在促进农业经济增长上具有各自的特色。以广东
省为代表的东部地区由于经济发展水平高，相对来说具备更加完善的配套措

施，智慧农业在促进农业经济增长中发挥了重要作用，尤其是在经济作物的生产、销售等各个环节中，智慧农业均得到较为广泛的应用，极大地推动了农业经济增长。中部地区、东北地区的大部分省份属于粮食主产区，高度重视粮食生产，智慧农业在粮食增产中的贡献相对突出；在东、中部发达地区的带动下，智慧农业在西部地区也得到了一定发展，主要表现在地区特色农产品生产与销售等环节上的智能化、数据化应用。下面对各地区智慧农业促进农业经济增长的典型案例进行分析。

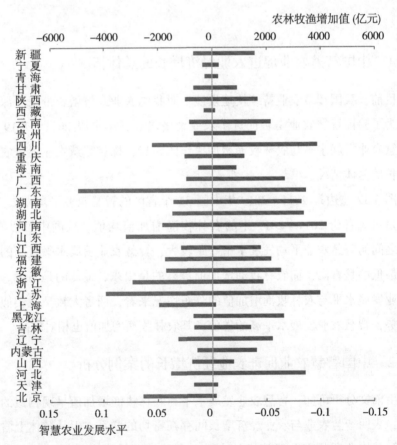

图 3-12　2011—2019 年智慧农业发展水平与农林牧渔增加值比较

数据来源：由国家统计局网站以及智慧农业发展水平测算结果所得

3.3.2.1 东部地区智慧农业促进农业经济增长的实践

以东部地区广东省为例，香蕉是广东省重要的经济作物，在农业经济增长中占有较大份额。广东省徐闻县绿源果菜发展有限公司自 1984 年起从事香蕉种植与购销业务，一方面，香蕉的生长过程需要大量的水资源，而该地区土壤中的水分如果太低就会造成对香蕉生长的极大影响；另一方面，由于香蕉的根部是肉质根，因此也不能过多吸水，如果土壤中的水分太多又会不利于根部的透气，阻碍香蕉根部的生长和营养吸收，这是香蕉生产在水分管理中的一大困境。绿源果蔬用于生产香蕉的园区面积比较广，也正是由于园区面积过大，仅依靠人工检查土壤湿度，会产生经验化生产效率低，土壤湿度难实时监测，雨季容易遭受损失，灌溉设备异常检查维修难等问题。

绿源果蔬正在采用"慧云智能种植监控系统"，在香蕉园区中构建了无线传感系统，同时给橡胶树安装了传感器、控制器以及摄像头等智能设备。特别是在大量监测区域分别相应地安装了土壤湿度传感器，能够时刻监测土壤中的水分含量。通过这一传感器的应用，土壤水分的数据能够快速测出并即时地上传到云端，当土壤中的水分过高或过低都会显示警戒，蕉园管理人员以及香蕉种植工人的手机上就能够立即接收到系统所传送的预警信息，让他们根据手机上的数字化信息就能立马发现是蕉园土壤水分不足或过多的具体位置，方便立即实施干预管理。同时，全面应用该系统还能够 24 小时全天候监控蕉园的大气温度与湿度、土壤温度以及风的速度、风吹的方向和降雨量，有效减少了生产环节中的产品资源损耗，极大地改善了生产效率。同时，还在泵房安装了以水压监测传感器为主的各种智能化设备，这种传感器可以时刻搜集主泵房和各个分阀门的压强、水流量、水流速度等数据。一旦发生水管破损等情况，造成水流压强或流量发生改变的紧急情况，系统则及时对各管理人员发送预警信息。还能结合土壤湿度传感器，迅速判断故障区域，以确定水管爆裂和其他情况发生的具体位置。通过这些智慧农业设备的应用，就能确保一旦故障情况出现，管理员都能及时使用手机来追踪问题，并且能够及时地做出应对措施。在泵房和各阀门都分别安上有关控制设备之后，管理员能够立即通过移动终端远程操作泵房的开关装置，远程对灌溉设备进行打开或关闭，能够有效地提升工作人员的效率，同时减少雇佣的人员，降低人力成本，使之能有力地促进了产值大幅提高。

3.3.2.2 中部地区智慧农业促进农业经济增长的实践

作为中部地区最为典型的粮食主产区，江西省是在中华人民共和国成立以来始终保持粮食供应的主要省份之一，每年供应到全国各地区的粮食较多，因此在农业发展中占据了重要地位。为了能够跟上"互联网+"的步伐，从传统农业大省转向现代农业的领军省份，为此，江西省十分重视智慧农业的发展，构建了智慧农业"123+N"的发展思路。

江西省强调市场化发展，鼓励通过公私混合制经营，简称 PPP 模式，积极引入各大企业，例如：将北京农信通集团和中国联通等大中型企业纳入智慧农业发展的合作对象，并结合中国邮政、中国银联、淘宝、京东以及通信运营企业等各种电信业、电商业的精兵强将，努力打造"政府顶层引导、企业从中运营、社会各界普遍参与、服务广大农民"的全新式智慧农业生产服务体系，在资金紧张的情况下依然发动社会各界的力量努力实现江西智慧农业的宏大目标。具体来说，江西智慧农业发展的"123+N"就是"1 个数据云"——农业数据云系统、"2 个中心"——智慧农业指挥中心、12316 资讯系统；"3 个平台"——农业物联网、农产品质量安全、农产品电商交易；"N 个系统"——包括农、林、牧、渔业、智慧农业技术指导等诸多子系统。"123+N"以促进农业生产销售的智能化与线上化、产业链管理的高效化以及社会服务的便捷化为发展方向，旨在促进新型智慧农业技术与农业的深度融合。智慧农业发展效果时刻追求实现"五个好"。其中，种的时候追求产量好，指的是要强化生产环节中施肥、机械等过程全程信息化，实现成本节约、效率提高和产量保障；农业管理时追求效能好，通过大数据监管平台建设，对农业投入品、农产品质量全程监管，实现产品实时溯源，促进没有死角的所有环节监管；卖的时候追求效益好，凭借一系列电子商务平台的建设，形成运转高效的产品转运中心；提供服务时追求效果好，建设网络服务中心、数据服务平台，充分利用互联网技术，帮助农民获取有效的信息。

从智慧农业发展效果来看，以"123+N"为总体思路的智慧农业目前表现出来一定的成效，其通过运用互联网的基本设计框架也初步形成，农业云平台覆盖范围逐步扩大，能够推动农业更好地实现信息化和电商发展。江西省先后投入大量资金用来建设以远程控制、应急指挥、电话视频会议为主的智慧农业指挥调度控制中心，能够全天候远程对农业实地景象进行观察，由此一来就可以远程观察农作物是否处于正常的生长状态，帮助农户进行农田经营和管理。同时，有效利用12316资讯中心的通信功能，组织话务员轮流接听电话，时刻准备着帮助农户解决实际困难，并且通过专家数据库联络到农业专家，更加专业地进行技术指导，为农户更好地参与智慧农业提供保障。此外，省政府出资开发的"赣农宝"这一农产品网络销售APP，农户可以下载注册，然后将农产品放在这个平台上，避免时间、地点的限制，更好地把农产品卖出去，显著地促进了全省的农业经济增长。

3.3.2.3 东北地区智慧农业促进农业经济增长的实践

吉林是全球三大黄金玉米带中的一个地区，同时还是水稻和人参的重要产地，为全球水稻供给和人参生产作出了重要的贡献，是世界公认的粮食生产基地。吉林省以提高作物产量、提升产品品质，提高农民收入为目标，大力推进"互联网+"农业生产与管理，打造现代农业生产体系。以吉林省的农业实际情况为根据，大力推广了物联网、大数据、云计算等智慧农业技术，在政府部门的不懈努力之下，目前已经在种植业上得到应用，并形成了与之相适应的商业发展模式。同时，还构建了物联网在种植业生产中的技术应用平台，通过该平台能够为广大农户提供在线咨询和视频指导；选取了一些地区的龙头企业、农业合作社或专业大户进行物联网生产试点，通过在这些新型经营主体中的试点来促进智慧农业的推广和应用。吉林省智慧农业的具体应用情况如下：

首先是农业生产监测和灾害预警系统的应用。在省内的农业生产重点区域试点应用了农业生产监测和灾害预警系统。在系统应用之前，必须在农田中安装物联网设备，采取点线面相互融合、线上与线下无缝衔接、台式设备与移动设备相互配合的全方位、多层次的监测体系，时刻对农作物所处的环境进行全天候监测，有效促进农业生产与农户之间的信息透明化。并且有效利用信息通信设备把上述实时监测情况和预警信息同步传输给生产者，保障其能在第一时间内掌握现场情况。其次，试点应用了生产决策系统。对监测系统所得到的海量数据进行大数据处理，并对得到的数据进行整理和分析，对生产环节作出指导，比如根据监测得到的土壤含水量数据，对比农作物的需水量，智能决策灌溉多少水，实现对于不同农作物和不同土地条件的生产管理过程中的智能化操作。再次，构建了农作物线上信息交流平台。通过12316通信平台的应用，并在其基础上加入多元化的农业产业信息，建设了农作物综合信息管理服务系统，实现了农情全天候全方位监测、农业生产智能化决策、农机农资智能化调度、自然和市场风险研判与预警等能够为农户提供 24 小时全面的信息服务。此外，还在全省范围内打造了物联网使用的示范区，能够作为物联网的应用标杆，为物联网技术的全面推广发挥重要作用。最后，还建设了农产品溯源系统。为每一个农产品贴上二维码，消费者扫一扫二维码就可以知道这一农产品的产地、生产过程以及质量安全监测结果，实现从田间到餐桌的全产业链追溯体系。

在上述智慧农业技术的试点应用背景下，有效地促进了农业经济的发展。首先，弥补了仅依赖原始数据搜集手段所带来的数据误差、滞后、缺失等不足，能够更好地为农业生产经营，灾害灾情预警带来完整、准确的数据支撑。其次，补齐了以往农业服务中缺乏针对性，进而导致服务效率低下的这一块短板，由于原始的农业服务需要解决大量生产问题，因此无法一对一服务，并且由于距离限制，生产服务往往很难落到实处，而智慧农业却能够通过线上信息服务平台的构建，为每个农户提供一对一解决问题的途径，并根据农户的不同需求，个性化定制生产服务形式，针对性地解决每个农户的现实生产问题。再次，智慧农业的应用能够极大地降低农业经营可能存在的各种成本。由于智慧农业的应用带来了农业的智能化生产、智能化管理模式，因此可以减少农业劳动力投入。同时，智慧农业技术的应用使精准农业成为可能，根据不同作物的需求，定量投入生产物资，避免生产要素的浪费。在众多积极效应之下，吉林省的智慧农业试点对农业产出带来了巨大的促进作用，有效增加了农业收入，促进农业经济的发展。

3.3.2.4 西部地区智慧农业促进农业经济增长的实践

位于我国南部边陲的广西壮族自治区也是西部发展智慧农业的典型省份。广西的生态环境比较适合种植葡萄，根据其特殊的发展模式，当地农户形成了一年内收获两次的生产优势，即"一年两收"模式，使葡萄产业逐渐成为极具地区特色的优势产业。要实现葡萄"一年两收"，需要农户在作物培育过程中实时把握葡萄生长所处的温度、湿度、光照等信息，当出现不合适的生长环境时，农户需要做出及时处理和反应。而在该省大量的葡萄生产企业里，南宁的相思葡萄农业科技企业可作为一个典型的范例，该公司现阶段有五个葡萄种植园区，生产规模较大，极大地推动了广西壮族自治区葡萄产业的发展。从2012年起，该企业在其所辖的葡萄园区内陆续应用了智能农业监控系统，以改造老式的葡萄生产方法，来实现葡萄的质量提升。

在该系统使用之前，为了在一年之内收获两次这种模式下仍然保证葡萄的质量，农业生产者和管理者需要在各地区葡萄园区之间来回奔波，人工测量不同葡萄园区大棚内的环境数据，比如某一天某时刻某地区葡萄大棚日照强度是多少，每时每刻每地区都需要派专人去实地考察。收集到数据之后，还需要通过人工计算才能进行生产决策。在海量的数据之下，劳动效率十分低下，而且还可能产生数据误差、数据遗漏的现象。此外，由于葡萄对环境的变动非常敏感，因此需要管理人员时刻关注其生长状况，这就要求每个园区需要人工时刻守在葡萄园区，无论是刮风还是下雨。因为一旦有极端天气，管理者需要及时处理，为大棚降温、通风等，以保证葡萄的正常发育。这种工作方式不仅极大地降低了工作效率，而且为管理人员造成了很大的不便。

而在安装和应用"智能种植监控系统"之后，该企业在各地区的园区均安装了无线传感设备、视频监控设备和远程操作设备等。通过这些智慧农业技术的应用，各个园区的环境信息可以通过传感器智能感知，并在线上进行记录，每时每刻的数据都没有遗漏地被传输到云端，并进一步反馈到智能终端，管理者不需要亲自到园区去采集数据，只需要一部手机，或者一台电脑就可以实时接收园区的环境数据。缓解了管理人员的负担，因而可以降低劳动要素的需求量，有效缩小了用于聘请人工的费用。同时，被采集的数据也可以在云端进行自动分析和计算，最终构建生产信息报表，为农户的生产决策作出指导。

除了生产环境监测与分析以外，使用该系统还能发挥远距离控制功能。无论何时何地，管理者都能够利用移动手机或者电脑登录该系统，在接收到园区的环境数据之后，对葡萄大棚的生长环境进行远程控制。管理者可以在系统中预先设定环境的临界值，此临界值是适合葡萄生长的阈值，当传感器监测到大棚内的环境达到临界值时，会给管理者的智能终端发送预警信息，通知生产者及时对大棚环境进行调整，而生产者此时不需要亲自到大棚内去手动操作，而是通过智能终端对大棚内的环境进行调整，比如可以远程设定大棚温度。除了远程控制以外，该系统还可以将此功能设定为自动控制模式，一旦有突发情况，比如日照超过了临界值，该系统会自发进行调整，改变大棚的遮光性来避免日照过高对葡萄生长的不利影响。如此一来，不仅大幅降低了葡萄生产的成本，还能保证葡萄的产量和质量，推动了农业收益的提升。

4 智慧农业对中国农业经济增长的影响效应分析

从前文的分析可知，中国智慧农业发展水平与农林牧渔增加值的分布情况呈现相似的变化趋势，智慧农业发展水平高的省份，其农林牧渔增加值也相对较高。那么，智慧农业是否促进了农业经济增长？本章构建计量经济模型实证检验智慧农业对农业经济增长的影响效应，并充分考虑不同区域智慧农业对农业经济增长影响的差异性特征。就章节分布而言，本章分为两个部分，第一部分对变量选择、数据来源进行阐释，并构建计量经济模型；第二部分实证检验智慧农业对农业经济增长的影响效应。

4.1 变量、数据与计量模型设计

4.1.1 变量说明

（1）被解释变量。本书采用农林牧渔业增加值来衡量农业经济增长水平。

（2）核心解释变量。即是智慧农业发展水平（AI）。选择通过指标体系测度计算得到的 2011—2019 年各地区智慧农业发展指数，代表各地区智慧农业发展水平。

（3）控制变量。从已有文献查阅来看，相关领域学者对我国农业经济增长的理论和实践方面已经做了很多富有价值的研究，学者们一致认为农业经济增长会受到多种内在和外在因素的影响。结合相关发展理论和现有文献，同时针对中国农业经济发展的实际状况与数据的可获得性，拟从农业生产要素、经济因素等2个层面选取控制变量(见表4-1)，具体而言：

农业生产要素：农业生产要素包括劳动力投入、资本投入和土地投入等，是农业生产中的三项基本要素。其中，农业机械化是占比较高的资本投入之一，因此，本章分别以第一产业从业人员数、农业机械总动力、农作物总播种面积作为农业劳动力投入、资本投入和土地投入的表征指标。

经济发展因素：经济发展因素是指影响经营主体经营活动的一个国家或地区的宏观经济发展水平状况的一系列指标。主要包括社会经济发展水平和居民的收入水平、消费结构、机会成本和交易成本等直接影响成本收益的指标数据。本章采用地区人均GDP、城市化率、对外开放程度来表征地区经济发展水平。

表 4-1　　　　　　　　　　　　　　变 量 说 明

变量名称	变 量 定 义	均值	标准差
被解释变量			
农林牧渔业增加值	农林牧渔业生产货物或提供活动而增加的价值	7.16	1.14
解释变量			
智慧农业	指标体系测度得出的智慧农业发展水平	0.04	0.03
控制变量			
劳动力投入	第一产业从业人员数(万人)	24177	3569
资本投入	农业机械总动力(万 kW·h)	3308.76	2927.26
土地投入	农作物总播种面积(千公顷)	8.09	1.23
人均 GDP	地区生产总值/平均人口	10.80	0.44
城市化率	城镇人口数/总人口数	0.56	0.13
对外开放程度	进出口总额/生产总值	0.10	0.05

4.1.2 数据来源

本章所用农林牧渔业增加值、劳动生产率、农业各部门产值、农业各部门劳动力人数、技术市场成交额、第一产业从业人员数、农业机械总动力、农作物总播种面积、人均 GDP、城市化率、对外开放程度等相关数据来源《中国统计年鉴》《中国农村统计年鉴》《全国农业科技统计资料汇编》以及《全国农产品成本收益资料汇编》。研究时段选定为我国提出"智慧农业"概念以来的 2011—2019 年，研究地区为我国 31 个省、市、区（由于数据限制，研究区域不包括香港、澳门和台湾）。为减少通货膨胀对数据稳定性的影响，本章采用价格指数将地区生产总值、技术市场成交额等数据折算为 2011 年不变价。首先以 2011 年为基准年，即以 2011 年为 100 计算，根据各年份价格指数，求得每年相对于 2011 年的总价格系统。然后用各年的总价格系数分别对相应年份各省的价格投入数据进行转换处理，得到最终投入数据。

4.1.3 计量模型构建

4.1.3.1 模型构建

基于前文智慧农业发展理论，我们可以构建以下多元线性回归模型：

$$\ln Y = \beta_0 + \beta_1 \ln AI + \gamma_i \ln K_i + \mu \tag{4-1}$$

式(4-1)中，Y 为农林牧渔业增加值，AI 为智慧农业发展水平，β_0 为截距项，β_1 是智慧农业发展水平的弹性系数，K_i 为各控制变量，γ_i 为各控制变量的弹性系数，μ 为随机误差。

4.1.3.2 回归分析

(1)智慧农业对农业经济增长的影响

本书选用的数据为 2011—2019 年 31 个省、市、区的相关面板数据，相较于截面数据而言，能够有效降低多重共线性的影响(宣家骥，1989)。采用

STATA12.0 软件，依照公式(4-1)，将智慧农业发展水平(AI)、劳动力投入(LAB)、资本投入(MON)、土地投入(CUL)等农业生产要素以及人均 GDP(PGDP)、城市化率(UR)、对外开放程度(DOW)等经济因素同时纳入模型，以 2011—2019 年各省份的面板数据为样本进行多元线性回归分析。

首先采用 Hausman 检验，结果发现 prob>chi2 = 0.000，说明采用固定效应模型更为合适。表 4-2 报告了在固定时间和个体效应后，模型(4-1)的估计结果。结果显示，模型中智慧农业发展水平对农业经济增长的影响显著为正，R-squared 值为 0.7762，表明模型拟合程度较好。智慧农业对农业经济增长的回归系数为 1.294，在 10% 的置信水平下显著为正，表明智慧农业发展能够显著推动农业经济增长。从控制变量来看，劳动力投入、资本投入、土地投入、人均 GDP、对外开放程度均在 1% 的置信水平下显著为正，回归系数分别为 0.593、0.925、0.545、0.628 和 1.055，表明劳动力投入、资本投入、土地投入、人均 GDP、对外开放程度均能够显著促进农业经济增长，而城市化率的影响并不显著。

表 4-2 **智慧农业影响农业经济增长的 OLS 回归结果**

变量	系数	标准误
AI	1.294 *	0.160
LAB	0.593 ***	0.045
MON	0.925 ***	0.027
CUL	0.545 ***	0.062
PGDP	0.628 ***	0.079
UR	−0.586	0.565
DOW	1.055 ***	0.788
常数项	−6.031 ***	0.574
样本量	279	
个体效应	控制	

续表

变量	系数	标准误
时间效应	控制	
R-squared	0.7762	
F	228.51	
Prob(F-statistic)	0.000	

注：＊、＊＊＊分别表示在10%和1%显著性水平下显著。

（2）不同地区智慧农业对农业经济增长的影响

由于全样本分析可能掩盖不同区域智慧农业对农业经济增长影响的差异性特征，将2011—2019年各省份划分为四大区域，分别检验不同地区智慧农业对农业经济增长的影响。结果显示（见表4-3），不同地区智慧农业对农业经济增长的影响呈现出明显的差异化特征。具体而言，中部地区、西部地区和东北地区智慧农业发展水平对该地区农业经济增长影响的回归系数分别为0.823、0.659和0.689，且分别在10%、5%、10%置信水平下显著为正，表明智慧农业发展能够显著推动中部地区、西部地区和东北地区的农业经济增长。东部地区智慧农业发展水平对农业经济增长的回归系数为0.232，但并未通过显著性检验，表明智慧农业发展对东部地区农业经济增长的促进作用并不明显，但系数为正仍能说明智慧农业对东部地区农业经济增长的促进作用。可能的原因是东部地区属于经济发达地区，农业生产技术水平较高，生产力较其他地区更为发达，因而技术进步对农业经济增长的促进效应边际递减。对于西部欠发达地区，农业生产技术水平相对落后，农业发展主要依赖于技术进步，因而智慧农业在该地区的积极作用更为强烈。

表4-3　四大区域智慧农业对农业经济增长影响的 OLS 回归结果

	东部	中部	西部	东北
AI	0.232	0.823＊	0.659＊＊	0.689＊

续表

	东部	中部	西部	东北
	(0. 239)	(0. 478)	(0. 252)	(0. 350)
LAB	0. 434***	0. 379***	0. 792***	0. 472*
	(0. 076)	(0. 141)	(0. 056)	(0. 296)
MON	1. 476***	1. 122***	0. 963***	0. 994**
	(0. 429)	(0. 734)	(0. 313)	(0. 341)
CUL	0. 485***	0. 567***	0. 275*	0. 348
	(0. 068)	(0. 353)	(0. 152)	(0. 212)
PGDP	0. 419***	0. 863***	0. 623***	0. 711
	(0. 078)	(0. 147)	(0. 212)	(0. 820)
UR	1. 388**	0. 801	0. 806	0. 920
	(0. 646)	(0. 800)	(0. 815)	(1. 900)
DOW	−0. 153	0. 227***	0. 492***	0. 410
	(1. 950)	(0. 108)	(0. 157)	(0. 992)
常数项	−2. 461**	−1. 606	−3. 954***	−2. 388***
	(0. 976)	(3. 224)	(1. 061)	(1. 112)
样本量	90	54	108	27
个体效应	控制	控制	控制	控制
时间效应	控制	控制	控制	控制
R-squared	0. 5889	0. 9411	0. 7660	0. 3153
F 值	40. 00	54. 11	194. 65	2. 30
Prob(F-statistic)	0. 000	0. 000	0. 000	0. 000

注：（1）*、**、***分别表示在 10%、5% 和 1% 显著性水平下显著；（2）括号中数字为估计的标准误。

对于控制变量而言，劳动力投入、资本投入和土地投入等农业生产要素对四大区域农业经济增长均显著为正；人均 GDP 对东、中、西三个地区农业经济增长的影响显著为正，弹性系数依次是 0.419、0.863 和 0.623，表明人均 GDP 能够显著促进东部、中部、西部地区农业经济增长；城市化率仅对东部地区农业经济增长的回归系数分别在 5% 水平下显著为正，系数值为 1.388；对外开放程度对中部、西部地区农业经济增长的回归系数均在 1% 水平下显著为正，系数值分别为 0.227 和 0.492，对外开放程度能够显著促进中部和西部地区农业经济增长。

4.1.3.3 回归检验

(1) 内生性检验

智慧农业发展水平可能与农业经济增长水平存在互为因果关系而导致内生性问题，为此本章借鉴陈晓(2019)的内生性检验方法，利用智慧农业指标的滞后项作为工具变量，这样能够在一定程度上排除变量的当期影响，一定程度上符合工具变量相关性和外生性的要求。通过两阶段最小二乘法(2SLS)再次检验智慧农业发展水平与农业经济增长水平之间的线性关系，以缓解内生性对实证结果影响。表 4-4 报告的估计结果显示，核心解释变量智慧农业发展水平(AI)与农业经济增长的回归结果与原回归在影响关系和影响方向上基本相同，这表示本书的实证结果具有可靠性。

表 4-4　　　　　内生性检验的 IV-2SLS 估计结果

变量	系数	标准误
AI	1.401**	0.585
LAB	0.526***	0.052
MON	0.796***	0.031
CUL	0.542***	0.060
PGDP	0.631***	0.089
UR	-0.637	0.584
DOW	1.033***	0.687

续表

变量	系数	标准误
常数项	−5.724***	0.423
样本量	279	
R-squared	0.696	

注：**、***分别表示在5%和1%显著性水平下显著。

（2）稳健性检验

本研究尝试用更换解释变量和更换估计方法两种方式进行稳健性检验：①农业 R&D 经费投入是指科学研究和试验发展经费支出，能够在一定程度上反映一国农业技术发展水平，因此本书以农业 R&D 经费投入作为智慧农业指标的替代变量，对模型进行重新估计。②用随机效应模型估计方法替换固定效应模型，对模型进行重新估计；同时，对智慧农业影响农业经济增长中介机制的稳健性检验则采用 Bootstrap 法，这一方法也是检验中介作用时的常用方法，根据置信区间有没有包含 0 值，就能够对中介效应进行检验。

表4-5 报告了这两种检验结果，结果显示变换变量后，核心解释变量智慧农业发展水平(AI)与农业经济增长的回归结果的显著性和正负号均与原回归保持一致，同样也说明前文的终结效应检验结果是可靠的。

表4-5　　　　智慧农业影响农业经济增长的稳健性检验估计结果

解释变量	替换变量		替换方法	
	系数	标准误	系数	标准误
AI	0.938**	0.254	0.632**	0.103
LAB	0.416***	0.037	0.307***	0.025
MON	0.628***	0.021	0.600***	0.220
CUL	0.601***	0.072	0.579***	0.063
PGDP	0.630***	0.089	0.589**	0.296

续表

解释变量	替换变量		替换方法	
	系数	标准误	系数	标准误
UR	−0.832	0.986	−0.954	0.847
DOW	0.935 **	0.430	0.837 **	0.482
常数项	−2.023 ***	0.522	−1.424 ***	0.208
样本量	279		279	
R-squared	0.823		0.780	

注：**、***分别表示在5%和1%显著性水平下显著。

4.2 研究结果及解释

4.2.1 研究结果

4.2.1.1 智慧农业影响农业经济增长的研究结果

通过智慧农业对农业经济增长影响的 OLS 估计结果发现，在控制劳动力投入、资本投入、土地投入等农业生产要素以及人均 GDP、城市化率、对外开放程度等经济因素后，智慧农业对农业经济增长有显著的正向影响，且统计结果显著，表明智慧农业发展能够显著推动农业经济增长。进一步利用智慧农业指标的滞后项作为工具变量，以检验智慧农业发展水平可能与农业经济增长水平存在互为因果关系而导致的内生性问题，IV-2SLS 估计结果显示，核心解释变量智慧农业发展水平(AI)与农业经济增长的回归结果的显著性和正负号均与原回归保持一致，表明估计结果受内生性影响较小，结论较为可信。同时，分别采用替换解释变量和改变估计方法两种方式进行稳健性检验，核心解释变量智慧农业发展水平(AI)与农业经济增长的回归结果的显著性和正负号均与原回归保持一致，表明前文计量结果是稳健的。

从控制变量来看，劳动力投入、资本投入、土地投入、人均 GDP、对外开放程度均在 1% 的置信水平下显著为正，表明劳动力投入、资本投入、土地投入、人均 GDP、对外开放程度均能够显著促进农业经济增长，而城市化率对农业经济增长的影响并不明晰。

4.2.1.2 不同地区智慧农业影响农业经济增长的研究结果

由于全样本分析可能掩盖不同区域智慧农业作用效果的差异性特征，进一步根据经济发展水平将中国 31 个省份划分为东部、中部、西部和东北四大地区，分区域回归模型表明，不同地区智慧农业的作用效果呈现出明显的差异化特征。中部地区、西部地区和东北地区智慧农业发展水平对该地区农业经济增长影响的回归系数显著为正，表明智慧农业发展能够显著推动中部地区、西部地区和东北地区的农业经济增长。而东部地区智慧农业发展水平对农业经济增长的回归系数并未通过显著性检验，表明智慧农业发展对东部地区农业经济增长的促进作用并不明显。

对于控制变量而言，劳动力投入、资本投入和土地投入等农业生产要素对四大区域农业经济增长均显著为正；人均 GDP 能够显著促进东部、中部、西部地区农业经济增长；城市化率仅对东部地区农业经济增长产生促进作用；对外开放程度能够显著促进中部和西部地区农业经济增长。

4.2.2 对研究结果的解释

4.2.2.1 智慧农业影响农业经济增长的解释

通过智慧农业对农业经济增长影响的计量经济学检验结果发现，智慧农业能够显著推动农业发展。这一结论表明，智慧农业是实现农业现代化，并提升农业发展水平的必经之路，尤其对于中国这样一个农业发达国家，农业发展得好不好能够影响社会安定和国家进步，因而智慧农业是我国农业发展的必然趋势。智慧农业是将先进技术、设备运用到农业生产过程中，达到效率提升、产值增加的目的，进而促进农业经济增长的过程。托比网《互联网+

农业行业报告》显示①，我国智慧农业的市场价值为10万亿元，农资产业占比20%，农产品交易占比50%，农产品配送占比30%，在智慧农业驱动下，农业经济水平得到了有效提升，通过本书计量经济模型也得出了一致结论。智慧农业是农业和物联网、大数据、云计算等高科技相结合的产物，既有与以往技术进步相同的特征，也有其独特之处，能够实现农业生产的精准化，在增加产出的同时减少单位成本投入，对提升农业产值，促进农业经济增长有着重要作用。

从控制变量来看，劳动力投入、资本投入、土地投入、人均GDP、对外开放程度均能够显著推动农业经济增长，而城市化率对农业经济增长的影响并不显著。劳动力投入、资本投入、土地投入属于农业生产的基本要素，对农业经济增长起决定性作用。人均GDP能够反映地区经济发展水平，自改革开放初期，我国为大力发展经济，实行了差异化的经济社会发展政策。以后的事实也表明，国家经济确实得到了飞速发展。东部省份依赖于沿海的良好地理位置以及政策的扶持，经济发展水平得到了极大程度的提升，进行科技研发的基础条件较好，也能够不断吸引高素质的管理人才，因而成为我国经济发展的标杆。对外开放程度经济体现了不同地区农业发展的经济环境。开放的经济环境有利于增进各国之间的技术交流，也能促进竞争机制的引入，有利于农业经济发展水平的提升。而城市化率对农业经济增长的作用并不明显，可能的原因是城市化率越高表明城镇人口占总人口的比重越高，农业劳动力向非农产业流动，不利于农业经济发展水平的提升。

4.2.2.2 不同地区智慧农业影响农业经济增长的解释

进一步检验东部、中部、西部和东北四大区域智慧农业对该地农业发展的影响，估计结果发现不同区域的影响效应呈现出明显的差异化特征。

智慧农业发展能够显著推动中部地区、西部地区和东北地区的农业经济增长。而对东部省份农业增加值的提升效应并不明显，但系数为正仍能说明

---

① 数据来源：https://www.sohu.com/a/55507721_129010[EB/OL].

智慧农业对东部省份农业发展的推动效应。可能的原因是智慧农业对农业发展的影响效果受多重因素影响，而各地区的经济发展水平、农业基础条件等因素均不相同，导致智慧农业的经济效应存在区域差异。东部地区属于经济发达地区，农业生产技术水平较高，生产力较其他地区更为发达，由前文分析可知，东部地区智慧农业发展水平为四大区域之首，与其他三个地区相比，智慧农业的经济效应增长幅度相对较小，因而智慧农业对东部地区农业经济增长的促进效应不明显，其农业经济增长需要依靠结构效应，通过优化产业结构来促进其农业经济增长。对于西部欠发达地区，农业生产技术水平相对落后，智慧农业发展水平较低，农业发展主要依赖于技术进步，智慧农业的经济效应边际作用较大，因而智慧农业的发展对该地区农业经济增长的促进作用更为强烈。而中部地区和东北地区属于农业主产地区，农业规模较大形成了农业生产的规模效应，在量级效应的影响下，智慧农业对农业经济增长的影响更为显著。

对于控制变量中的经济因素而言，人均 GDP 能够显著促进东部、中部、西部地区农业经济增长，城市化率能够显著推动东部地区农业发展，对外开放程度能够显著促进中部、西部地区农业经济增长。表明各变量对我国不同区域农业发展的影响差别较大，这也是由于各地区不同的种植结构、发展水平所决定的。

5 智慧农业对中国农业经济增长的
影响路径分析

由第 4 章研究结论可知，智慧农业能够有效促进农业经济增长，且不同地区智慧农业的经济增长效应存在差别。那么，智慧农业究竟如何促进农业经济增长？其内在传导机制是怎样的？仍需进一步研究。因此，本章基于智慧农业对中国农业经济增长直接影响的分析，详细论述了智慧农业能够通过提高劳动生产率、升级产业结构、降低交易费用来促进农业经济增长的作用机理，并构建计量经济模型实证检验智慧农业对农业经济增长的影响路径。就章节分布而言，本章分为三个部分，第一部分对智慧农业促进中国农业经济增长的作用机理进行分析，第二部分对变量选择、数据来源进行阐释，并构建计量经济模型；第二部分实证检验智慧农业对农业经济增长的影响路径。

5.1 智慧农业促进中国农业经济增长的作用机理

从前文的分析可知，智慧农业的提出和发展，为农业经济增长带来了难得的机遇。那么，智慧农业究竟如何作用于农业经济增长？其存在怎样的内在机理？此为需要思考和回答的问题。本章将围绕上述问题，进而探索对智慧农业影响农业经济增长的作用机理，旨在厘清其对农业经济增长的内在传导机制。具体来说,从提高劳动生产率、升级产业结构、降低农业生产中的交易费用等三个方面,全面分析智慧农业影响农业经济增长的作用机理。

5.1.1 智慧农业通过提高劳动生产率促进农业经济增长

智慧农业是现代化农业科技发展的物化载体,它也会表现出特殊性,即以往技术进步主要替代人的体力,而智慧农业能够改善人的智力,提高劳动者的生产率,以助力农业发展。一般来说,智慧农业对农业经济增长的影响将通过突破农业劳动力的局限性和创新农产品使用价值进行传导。一方面,对于农业从业者难以较好完成的劳动,采取智慧农业机械就能够普遍提升农业从业者的效率,智慧农业将有效突破农业劳动力的局限性;另一方面,智慧农业还可以通过创新农产品使用价值来促进农业经济增长。

(1)智慧农业通过突破农业劳动力的局限性促进农业经济增长

智慧农业通过突破农业劳动力的局限性来促进农业经济增长,主要通过以下五点来说明:

第一,智慧农业将有助于不同区域中的农业劳动力打破空间限制。正例如:智慧农业通过物联网、Zigbee 远程信息技术、农田智能管理技术、农业传感器、视频监督和控制技术、RS485 总线通信技术,实现农业信息的交互和农作物环境参数的远程控制。以 Zigbee 无线通信技术为例,采用这一传感器与农业管理传感器相互配合使用,能够在农业温室中全天候全方位搜集各种相关数据,然后利用各类资源的特征进行网络组织、采取定点式监督和管理等显著特征,并即时将所搜集的数据反馈至云数据库,时刻反馈和监视温室的温度、湿度等各种环境数据的变化,一旦数据超过警戒范围,就能利用ZigBee 系统远程调整温室的环境,比如日照如果过于强烈,可以打开遮阳网来减少日晒,保障农作物在最合适的自然环境中生长孕育,最终全面实现产量和质量的协同提升。如此一来,农业从业者无须受到空间的限制,不再需要时时刻刻守在农田里,而是可以通过智能化技术进行远程控制,大大突破了空间对于农业劳动力的局限性。

　　第二，智慧农业有助于农户消除在时间上的限制。比方说，智慧农业能够使农户在同一时间从事多样化的工作成为现实。智慧农业能够使以往单纯的人工操作逐步进步为机械化体系的作业，将农业从业者从大量、重复性的劳动中解放出来，使得农业劳动力可以腾出更多时间来投入人工智能所不能完成的具有创造性质的工作中，并使得具有创造性质的工作中有更多时间投入、更加细致的分工和更加高效的创新；此外，农户能够用计算机设备，通过互联网来操作多个智慧农业机械，使其同时进行生产作业，因而在降低其劳动强度基础上，使得"一心二用"成为可能，进一步有效提升农业生产者的劳动效率，突破时间对于农业劳动力的局限性。

　　第三，智慧农业可以帮助农业劳动力突破身体的局限性。一方面，智慧农业能够对农业生产者劳动的替代，减少农业生产过程中可能带来的不良影响，譬如，农业生产者在打农药的过程中，不可避免要长期接触农药，致使农药在体内不断蓄积，对人体健康构成潜在威胁。智慧农业使得无人机打农药的方式成为可能，帮助农民摆脱亲身作业，并且农药喷洒机安装 4G 农业智能管理终端后，可实现对喷洒区域面积、作业地点、跨区域作业等远程智能监管，减少农药对农药劳动力身体健康的危害。另一方面，智慧农业能够帮助农业生产者顺利完成难度较高或是对体力要求较高的作业。譬如，近年来比较常见的化肥深施技术，要求在耕翻、播种和作物生长中期等各个主要环节，将化肥施入地表以下作物易吸收的部位，以提高农作物的化肥利用效率。如果仅凭借农业生产者的劳动，不仅要耗费较多的劳动力，而且难以达到化肥深施的要求。此时，利用智能化农业机械，可以快速、高效地完成作业，突破农业生产者身体的局限性。

　　第四，智慧农业可以帮助农业劳动力突破非理性的局限性。受限于自身能力、环境不确定性等因素，农户的认知能力、计算能力和决策能力均有限。农户的农业生产决策仅仅是在特定的环境下，在其认知范围内对目标最优化的追求。受制于有限的理性水平，农业从业者对于播种密度、化肥施用量、农药施用量、灌溉频率等多基于经验判断，有时可能会出现"误判"。而智慧农业在农业生产的不同环节中运用智能化设备，可以为精准农业的发展提供有力的技术支持和依据，突破农业生产者非理性的限制。譬如，在产前环节，运用智能化机械精量播种技术，可以通过机械合理播种量和提高种子分布均匀程度，减少种子浪费；在产中环节，运用各种各样的传感器来监测农田中的环境因素，比如日照强度、温度、空气湿度等，保障农作物时刻处于适宜的生长环境中。之后，将这些采集得到的数据通过智能化分析与处理，为作物提供最佳的水、肥量，同时利用农用飞机、植保无人机、智能变量喷雾机等智能化设备进行作业；在产后环节，运用智能化联合收割机进行收获作业，收割机可以测出当前的运行速度、收获面积及谷物的总体产量。

第五，智慧农业可以帮助农业劳动力突破思维的局限性。农业劳动力由于常年从事农业生产，久而久之自然就有了自己的一套"经验"，有时这套"经验"能够帮助农户更好地进行农业生产，而有时这套"经验"则成为农户思想的枷锁，限制了农户的思维。智慧农业提供了一个良好的示范，打破农业劳动力思维的局限性，并开拓了农业从业者的思维，进而使农户具备更好的创造力。

(2)智慧农业通过创新农产品使用价值促进农业经济增长

由于突破了传统农业生产的技术手段，智慧农业在创新农产品使用价值方面带来划时代的改变。

第一，智慧农业能够提升农产品质量。在过去的农业生产过程中，农产品是难以实现标准化和提升产品质量的，而且还需要大量高素质的劳动力进行经营管理。通过智慧农业的发展，能够把机器学习等一些新式生产技术融入农业的各个环节，且不同环节都能够使用人工智能进行操作和控制，带来农业生产各环节的科学性、适应性和高效性，进而带来农产品在数量和质量上的提高。

第二，智慧农业可以对农产品中的一些性质进行改变，能够在拓展农产品功能的同时，带来农产品附加值的增加。人工智能还能控制农作物培育时环境，比如日照强度、温度、空气湿度等，不仅能改变果实中口味和糖分，让其具有更多的营养成分和更好的口感。同时，人工智能技术还能够结合生物技术研究出能够降低血糖、稳定血压和有助于抵抗癌细胞的新型品种，不仅增加了农产品的功能属性，还提升了农产品质量。

第三，智慧农业有助于保障食品安全。无论是何种农业生产模式，农产品质量是实现食品安全的关键。智慧农业的发展能够减少农药和化肥的过量使用，还能够实现对整个农产品生产环节以及全产业链的实时监控，并通过建立数据库来对农产品进行全产业链溯源。

第四，智慧农业推动了农产品的品牌化建设。在消费者对农产品品牌的认知不断提升的背景下，创建和推广智慧农产品品牌是增强消费者对智慧农产品的认同感，并建立市场地位的有效途径。正如在 2013 年在市场上十分风靡的褚橙，即当时通过互联网创建智慧农产品品牌并且成功宣传的绝佳案例。不难发现，褚橙这一品牌的最终成功源于三个要素。首先，通过网络平台和新式物流体系来加速智慧农产品的物流和销售。快递的出现取代了以往的销售模式，通过网络上的电子支付取代了实体销售店，使用网互联网新式宣传取代了传统广告宣传，节省了智慧农产品的物流成本，并减少广告费用。其次，产品包装与时俱进。加强了对外包装的设计，通过内、外两层包装显得更加上档次，给购买者更高端的消费体验。最后，不再以价格取胜。以往农产品多通过价格战的方式获取市场，而褚橙打破传统农业生产模式中拼价格低廉优势的困局，提升了农产品价格的同时更加重视农产品质量，加上配送到户的快递模式，通过更多的服务提升智慧农产品附加值，由此获得更多利润。

基于以上推论，提出本书的研究假设 H1：智慧农业通过提高劳动生产率来促进农业经济增长。

5.1.2 智慧农业通过升级产业结构促进农业经济增长

以往的农业发展存在产业链较短、产品过于单一、产品附加值不高等不足，使农业发展严重受限。而智慧农业可以有效优化产业结构，以及与其他产业的深度融合，对于培育农业新增长点、寻找农业经济增长的发展空间都具有极为重要的意义。

(1)智慧农业通过延长农业产业链促进农业经济增长

智慧农业是农业发展思路智慧化的体现，能够通过规模化来取代零星细碎的小农生产，以产业集群等形式吸纳小农户，带来农业生产的规模效应以及农业与其他产业的高度融合效应(邓洲，2018)，有助于延长农业产业链。事实上，智慧农业能够强化农业与工业、服务业的互动和协作，提升各种要素的配置效率，有效连通农业生产、农产品加工、农产品销售以及农业观光等各个环节，消除传统农业产业链较短的弊端，延长了农业产业链。首先，智慧农业深度嵌入农业发展的各个环节，可以帮助构建种—养结合以及产销一体化的发展模式(何玉长和方坤，2018)，还拓展了农业的作用，以往传统的农业生产模式只关注于生产、销售等环节，忽视了农业的其他功能，比如观光功能、休闲娱乐功能等，智慧农业则将这些新业态相互融合，扩展农业价值。其次，智慧农业还将产生规模效应。在为下游企业供应农业产品作为其生产原料的同时，实现生产、供应、加工、销售等环节的升级与融合，进而构建高质量的产业链模式。譬如，中国的农户数量十分庞大(刘奇，2017)，假定要每位农户都花钱去买一整套农业生产设备，所造成的浪费不言而喻，这不仅是对购买产品的极大浪费，也是产品资源利用效率的损失。此时，如果利用智慧农业的平台经济模式，能够为农户之间提供广泛的交流平台，不同地区的农户都可以在这个平台上发布信息，农业生产设备就可以相互借用，同时还可以汇集乡村旅游、劳动力供求等信息，极大地促进了农户之间信息的无缝对接，还能实现实时共享，因此不仅有助于提升农村生产要素和生活物品的使用效率，以及使产业链的链条得到拉长和带来规模经济效应。

(2)智慧农业通过完善农业供应链促进农业经济增长

在移动通信设备、物联网、大数据、云计算等新兴技术实现与农业深度融合的背景下，智慧农业的使用范围将得到深化和拓展，通过数据服务、智慧农机、精准种养等方面，给整个供应链带来多种智慧农业技术的有力支撑；合力促进电子商务平台建设、农产品新型销售模式、农产品众筹等一系列模式的不断优化，带来基于智慧农业载体的农业发展新业态，完善农业供应链。

中国是典型的小生产与大市场国家，2 亿多的小农户要面临大市场，怎样使小农户更好地适应现代农业发展模式始终是一大难题。然而，在智慧农业持续发展的背景下，电子商务出现在了人们的眼帘，特别是物流新模式的迅速崛起，使农业供应链得到了发展和完善。比如中国电商巨头京东企业始终在为农村地区大力供应链做出努力(王蕊，2021)，帮助农村地区稳步建立起能够真正实现可持续增长的产业体系。这一做法无疑推动了农业的快速发展，为其实现智能化提供了可能。疫情期间，在全世界，包括发达国家的物流普遍受到巨大影响的情况下，中国农业农村的物流水平呈现独好现象。以京东等企业为代表的中国物流行业经受了考验，在保障中国消费、支持生产方面作出了贡献，而这些成就的取得，得益于近年来中国的整体有效布置。在中国推进乡村振兴、实现农业农村现代化的过程中，这些社会企业在乡村供应链建设中发挥了十分关键的作用。数字化、智能化、社会化(开放)供应链是未来中国农业农村的发展方向，在农村、农业领域发挥重要价值。通过智慧农业，可以让中国各地的特色产品走向全国甚至全世界；通过智能化可以大大提升中国农村居民获得网上服务的体验；通过社会化的开放，可以大大增加投入到农业农村的资源，从而更快速地带动农业农村发展。智慧农业，包括 5G、人工智能、大数据等在农业农村的发展，可以缩小甚至抹平城乡之间的数字鸿沟，减少地区之间的差距，为长期实现中国城乡与地区间的均等化发挥关键作用。

(3)智慧农业通过提升农业价值链促进农业经济增长

以数字化创新为代表的智慧农业将提升农业价值链，进一步推进农产品增收和农民增收。第一，智慧农业能够对农业生产的不同环节进行监测和调控，有利于构建农产品可追溯体系，确保农产品质量安全。智慧农业借助互联网及二维码等技术，能够构建可以追溯整个生产过程、全国范围内连通的食品安全信息系统，这一系统不仅可以对农产品的生产环节进行一一记录，还能对其加工、流通环节进行严格的监管。一方面，消费者能够遵循"四品一标"的要求来评判农产品是否符合心理预期，消费者可以清清楚楚看到农产品生产中是否存在化肥过量、农药残留的现象，帮助消费者在海量的产品中找寻符合自己预期的满意农产品。另一方面，农户可以根据追溯系统来评价农作物是否符合质量标准，便于农户在生产过程中实时调整要素投入量。此外，系统的专家咨询模式还可以提供技术指导，帮助科学地处理农业生产不同环节可能存在的各种难题。第二，智慧农业还能够结合大数据技术，对市场风险与走向进行合理预测，为农户生产决策提供指导。农户可以根据未来的市场行情，选择种植品种，以及种植面积，避免信息不对等造成的收入损失。第三，智慧农业还能够高效利用智能化算法帮助农户寻找如何提升农业生产效益的最佳方案。以往的农业生产模式要想产出质量高的农产品具有随机性，生产环节任意一个环境要素发生改变都有可能影响农产品质量。而通过智慧农业的应用，能将机器学习、大数据、物联网等先进科学技术应用到农业生产环节中，并与之融合，作用于农业生产全过程，每个环节都能够通过智慧农业技术进行调控，并在全过程都严格地实现高效率生产，进而农产品的产量和质量水平都将有所增加。譬如，2020年7月，拼多多公司开展的第一届农研科技大赛，4支由来自全球的AI人才组成的队伍通过聚类算法、图像识别算法、碰撞算法等多种策略，探索训练出一套更聪敏的AI模型，能够为国内草莓种植摸索出一套帮助中小种植者提升效益的最优解决方案。

基于以上推论，提出本章的研究假设H2：智慧农业通过升级产业结构来促进农业经济增长。

5.1.3　智慧农业通过降低农业生产交易费用促进农业经济增长

科斯(Ronald H. Coase)于其著作《企业的性质》里对"交易费用"的概念进行了定义。他认为交易费用是指，依靠市场方式指导生产的过程中，市场参与者需要耗费较大的成本去发现市场中的信息，比如产品的相对价格，而这种获取信息的成本就是一种交易费用。同时，他还指出，交易费用还应当包括市场信息获取成本、交谈和契约成本等所有与人打交道所必须付出的成本。因此，广义上说交易费用不仅仅指获取信息的成本，每一次和"人"打交道的过程中需要付出的费用都在交易费用的范畴内。他对这个概念进行界定的目的在于让人们认识到生产成本不仅是物质成本，还应当包括这些打交道所耗费的成本，进而可以通过构建科学的协调机制来尽可能地减少市场中的交易费用，降低生产成本，促进经济发展。现代产权理论的核心就是要消除或尽量减少市场中的交易成本，以此能够提升各种资源的配置效率。由制度经济学理论可知，影响交易费用的因素大致有信息不充分、机会主义倾向、制度不完善和有限理性等。智慧农业能够从减少信息不对称、减少政府失灵两个方面降低农业生产交易成本。

（1）智慧农业通过减少信息不对称促进农业经济增长

智慧农业能够强化数字化供应链的形成和使用，来连通产销各个环节中的信息交流和沟通，以此来改善农业供应链中发生的信息不完全现象。首先，农户能够通过智慧农业所建设的平台中搜集的大数据和成熟的反馈模式，及时传递市场信息和动向，使供需之间有效匹配，缓解信息不对称所带来的农产品供需失衡问题。于是，农业生产者会根据智慧农业平台来接收市场上的个性化诉求，以便设计符合市场需求的农产品产销方案，私人定制出买家需要的专属产品（李泳琪，2020），以此来避免随机性生产和跟风式生产，减少农产品的浪费、提升农产品质量的同时保证其价格最优化（宋洪远，2020）。另外，智慧农业可以有效消除不同地区难以交流和沟通的不足之处，通过网络平台模式把不同地区的农户联系起来，使其能够无障碍地沟通以及迅速传播所掌握的生产信息，并在互联网平台内实现高效率的信息传播体系，为减少交易费用，形成资源配置效率最大化起到重要的作用。在智慧农业发展的背景下，能够更好地打破信息不对称对农业经济发展的束缚。此外，使用智能机械还可以大大提升农户的信息接收和应对技能，这能缓解农户因信息不完全所带来的农业产量损失(程承坪，2021)。

(2)智慧农业通过减少政府失灵促进农业经济增长

制度经济学理论表明，不存在完美的政府干预，所有的政府干预都会具有政府失灵的现象(梁世夫和王雅鹏，2004)。政府的决策也不免会有产生失误的时候，此时政府的行为决策可能是低效或者无效的，甚至还可能产生负向影响。当政府促进经济发展、提升社会整体福利等目标未实现时，学者们往往将这种现象称为明显的"政府失灵"，而智慧农业则是能够减少政府失灵的有效途径。

第一，智慧农业能够提升农业带来的比较收益，同时有效降低政府失灵的概率。相较于其他行业，农业产业中的资本产出率比较高，但劳动产出率却相对较低。根据政治经济学原理，产品的价值取决于它所包含的劳动量，农产品和其他类型产品相比较为弱势。因此，就算市场是完善的，农业生产也无法改变弱势地位。而智慧农业能够通过从提升农产品数量和质量，以及促进各类农产品品牌建设等方面来提高农业生产比较收益，减少政府失灵。

第二，智慧农业能够使政府的行为决策更加自律，降低政府失灵的可能性。智慧农业的最大特征就是需要投入较多的资金，之所以投入较高主要是由于智慧农业建设需要大量更高级的基础设施与之相匹配。而农业基础设施通常是公共物品，政府投资是改善农业基础设施的主要途径。而政府投入往往是动态变化的过程，当农业生产情况不好，并有可能造成粮食安全事件时，政府会自然而然地提高对于农业基础设施的投入比例。而当农业生产过量时，政府就会减少对于农业基础设施的投入比例。如果政府对于农业基础设施上的投入决策过于随意，势必会引起政府投入政策的失灵。智慧农业在一定程度上强化了政府基础设施投入的自律性，使得政府投入行为有章可循，减少政府失灵。

第三，智慧农业能够实现农产品质量安全追溯，减少政府失灵。智慧农业借助互联网及二维码等技术，实现农产品从田间到餐桌的全程可追溯，能够通过智能技术对农产品质量安全进行监测，使公众随时参加政府部门的农产品质量安全监管成为可能。智慧农业必定会在政府食品安全管理中发挥重要的作用，通过智慧农业所收集的数据可以作为政府决策的依据，进而提升各级政府的治理能力，减少政府缺位、越位和错位的现象，从而减少政府失灵现象。

基于以上推论，提出本章的研究假设 H3：智慧农业通过降低农业生产交易费用来促进农业经济增长。

5.2　变量、数据与计量模型设计

5.2.1　变量说明

依据前文构建的模型，以农林牧渔业增加值作为被解释变量，将智慧农业发展水平(AI)作为解释变量，选取农业生产要素、经济发展因素作为控制变量。

此外，充分考虑劳动生产率、产业结构和交易费用的中介作用。中介变量具体说明为，劳动生产率，以各地区农业产值与农业劳动力人数之比作为劳动生产率的表征指标。产业结构，以产业结构合理化作为产业结构升级的表征指标，以要素投入结构和产出结构的耦合程度度量产业结构合理化的公式如下：

$$E = \sum_{i=1}^{n} \left| \frac{Y_i / L_i}{Y/L} - 1 \right|$$

其中 Y 表示农业总产值，L 表示农业就业人数，i 表示农林牧渔等农业各产业部门，n 表示农业产业部门数。交易费用，现阶段中国仍然在经济转型时期，市场不发达容易引致高额交易成本(原小能和唐成伟，2015)，本书以各地区技术市场成交额作为交易费用的表征指标。本章所用农林牧渔业增加值、劳动生产率、农业各部门产值、农业各部门劳动力人数、技术市场成交额、第一产业从业人员数、农业机械总动力、农作物总播种面积、人均GDP、城市化率、对外开放程度等相关数据来源于《中国统计年鉴》《中国农村统计年鉴》《全国农业科技统计资料汇编》以及《全国农产品成本收益资料汇编》。研究时段选定为我国提出"智慧农业"概念以来的 2011—2019 年,研究地区为我国 31 个省、市、区(由于数据限制,研究区域不包括中国香港地区、澳门地区和台湾地区)。

表 5-1   变 量 说 明

变量名称	变量定义	均值	标准差
被解释变量			
农林牧渔业增加值	农林牧渔业生产货物或提供活动而增加的价值	7.16	1.14
解释变量			
智慧农业	指标体系测度得出的智慧农业发展水平	0.04	0.03
中介变量			
农业技术进步	农业劳动生产率增速	1.07	0.06
产业结构	产业结构合理化指标	1.48	2.49
交易费用	技术市场成交额(万元)	285.85	620.38
控制变量			
劳动力投入	第一产业从业人员数(万人)	24177	3569
资本投入	农业机械总动力(万 kW·h)	3308.76	2927.26
土地投入	农作物总播种面积(千公顷)	8.09	1.23
人均 GDP	地区 GDP/平均人口	10.80	0.44
城市化率	城镇人口数/总人口数	0.56	0.13
对外开放程度	进出口总额/生产总值	0.10	0.05

5.2.2   计量模型构建

5.2.2.1   模型构建

根据前文所提出的智慧农业对农业经济增长的作用机理,需要检验智慧农业通过提升劳动生产率、升级产业结构和降低交易费用三条路径对农业经济增长的影响。根据詹姆斯和布莱特（James and Brett，1984）的研究，当自变量对因变量的影响通过了显著性检验时，只需要构建中介效应模型就能够检验其影响路径。中介效应实际上是一种非常特殊的间接作用，中介变量在自变量和因变量之间起到桥梁的作用，通过中介效应分析可以深入挖掘智慧农业对农业经济增长影响的内在机制（温忠麟等，2004）。

首先建立包含智慧农业发展水平、劳动生产率、产业结构合理化指标、交易费用、农业经济增长的模型，采用逐步回归的方式分别检验劳动生产率、产业结构和交易费用在"智慧农业—农业经济增长"中的中介作用。

第一步，利用多元线性回归模型（5-1）检验智慧农业对农业经济增长的影响。

第二步，需要估计智慧农业对中介变量的影响。因此，设定如下模型：

$$\ln M_j = \beta'_0 + \beta'_1 \ln X + \gamma_2 \ln K_i + \mu_2 \tag{5-2}$$

式（5-2）中，M_j 为第 j 个中介变量，其他变量的解释与式（5-1）相同。如果 β_1 显著，则 M_j 为合理的中介变量。

第三步，估计智慧农业和中介变量对农业经济增长的影响效应，具体模型如下：

$$\ln Y = \alpha'_0 + \alpha'_1 \ln X + \varphi \ln M_j + \gamma_3 \ln K_i + \mu_3 \tag{5-3}$$

式（5-3）中，φ 为待估系数，其他变量的解释与模型（5-1）相同。

当 β_1、β'_1 和 φ 显著时，中介变量（M_j）的中介作用通过检验。

第四步，为了保证实证结论是稳健的，通过 Bootstrap 法对中介效应进行稳健性检验。

5.2.2.2 回归分析

除了直接影响外，智慧农业还能够通过一系列的中介机制对农业经济增长产生影响。为了厘清智慧农业对农业经济增长的作用机制，根据第四章智慧农业促进农业经济增长的作用机理分析，将智慧农业对农业经济增长的影响分解成技术进步、产业结构和交易费用三个因素,实证检验智慧农业对农业经济增长的影响路径。表5-2报告了智慧农业分别对三个中介变量影响的估计结果。由回归结果可知,智慧农业对技术进步、产业结构和交易费用的系数估计均显著为正,回归系数分别为0.243、0.016和0.725,显著性水平分别为5%、10%和5%,说明智慧农业可以显著地促进农业技术进步,升级产业结构,并且降低农业生产的交易费用,这为中介效应的分析提供了前提。

进一步地,表5-3模型(1)报告了智慧农业和技术进步影响农业经济增长的估计结果,模型(2)报告了智慧农业和产业结构影响农业经济增长的估计结果,模型(3)报告了智慧农业和交易费用影响农业经济增长的估计结果。由回归结果可知,三个模型中智慧农业发展水平对农业经济增长的影响系数分别在5%、5%和10%显著性水平上为正,智慧农业对农业经济增长的促进效应得到了进一步验证。同时,技术进步、产业结构和交易费用对农业经济增长的影响系数均显著为正,回归系数分别为0.041、0.932和0.002,显著性水平分别为5%、1%和10%,说明农业技术进步、产业结构升级、以及农业生产交易费用的降低能够显著推动农业经济增长。综合以上检验结果,智慧农业对技术进步,产业结构以及交易费用等三个中介变量的影响均显著,且三个中介变量对农业经济增长的影响也显著,即技术进步,产业结构和交易费用在智慧农业对农业经济增长的影响中具有显著的中介作用。由此,通过实证研究论证了第四章的理论机理分析,假设H1,假设H2,假设H3分别得证。

表 5-2 　　　　　　　　　　　**智慧农业对中介变量的影响**

变量	技术进步	产业结构	交易费用
AI	0.243^{**}	0.016^{*}	0.725^{**}
	(0.102)	(0.009)	(0.306)
常数项	-0.812^{*}	-0.389^{***}	-0.893^{***}
	(0.439)	(0.072)	(0.327)

续表

变量	技术进步	产业结构	交易费用
控制变量	控制	控制	控制
样本量	279	279	279
个体效应	控制	控制	控制
时间效应	控制	控制	控制
R-squared	0.178	0.405	0.449

注：（1）*、**、***分别表示在10%、5%和1%显著性水平下显著；（2）括号中数字为估计的标准误。

表5-3　　　　智慧农业、中介变量对农业经济增长的影响

模型	（1）	（2）	（3）
AI	0.565 **	0.655 **	0.575 *
	(0.230)	(0.241)	(0.347)
LE	0.041 **		
	(0.016)		
FIR		0.932 ***	
		(0.281)	
TC			0.002 *
			(0.001)
LAB	0.081 ***	0.098 **	0.085 ***
	(0.028)	(0.047)	(0.036)
MON	0.959 ***	1.609 **	0.846 ***
	(0.301)	(0.230)	(0.238)
CUL	0.624 ***	0.657 ***	0.624 ***
	(0.067)	(0.579)	(0.068)
PGDP	0.537 ***	0.614 ***	0.534 ***
	(0.047)	(0.040)	(0.048)
UR	-0.495 ***	-0.536	-0.529
	(0.507)	(0.310)	(0.502)

续表

模型	（1）	（2）	（3）
DOW	0.962***	0.546	0.994***
	(0.278)	(0.416)	(0.320)
常数项	−2.163***	−3.178***	−2.195***
	(0.664)	(0.579)	(0.701)
样本量	279	279	279
个体效应	控制	控制	控制
时间效应	控制	控制	控制
R-squared	0.791	0.805	0.790

注：（1）*、**、***分别表示在10%、5%和1%显著性水平下显著；（2）括号中数字为估计的标准误。

5.1.2.3 回归检验

Bootstrap 检验结果如表 5-4 所示，三条路径的下限 LLCI 和上限 ULCI 区间之间，没有经过 0，均为同号，表明在三个中介模型中中介效应表现均显著，智慧农业分别通过提高劳动生产率、升级产业结构、降低交易费用三条路径间接促进农业经济增长，与逐步回归检验结果相同，表明本书的研究结论具有一定的稳健性。

表 5-4 智慧农业影响农业经济增长的中介效应及其 Bootstrap 检验结果

解释变量	中介变量	中介效应	标准误 BootSE	下限 LLCI	上限 ULCI
智慧农业	技术进步	0.172***	0.054	0.022	0.139
	产业结构	0.328***	0.106	0.621	1.205
	交易费用	0.103***	0.037	0.210	0.368

注：***表示在1%显著性水平下显著。

5.3　研究结果及解释

5.3.1　研究结果

智慧农业不仅能够直接影响农业经济增长，还能通过一系列中介机制间接影响农业经济增长。通过中介效应模型的逐步回归估计结果发现，智慧农业对劳动生产率、产业结构以及交易费用等三个中介变量的影响均显著，且三个中介变量对农业经济增长的影响也显著，即劳动生产率、产业结构和交易费用在智慧农业对农业经济增长的影响中具有显著的中介作用。

用 Bootstrap 检验替换逐步回归法以验证研究结论的稳健性。Bootstrap 检验结果同样显示，三条路径的下限 LLCI 和上限 ULCI 区间，没有经过 0，均为同号，表明在三个中介模型中中介效应表现均显著，智慧农业分别通过提高劳动生产率、升级产业结构、降低交易费用三条路径间接促进农业经济增长，与逐步回归检验结果相同，表明本书的研究结论具有一定的稳健性。

5.3.2　对研究结果的解释

智慧农业不仅能够直接影响农业经济增长，还能通过一系列中介机制间接影响农业经济增长。通过中介效应模型的逐步回归估计结果发现，智慧农业对劳动生产率、产业结构以及交易费用等三个中介变量的影响均显著，且三个中介变量对农业经济增长的影响也显著，即劳动生产率、产业结构和交易费用在智慧农业对农业经济增长的影响中具有显著的中介作用。用 Bootstrap 检验替换逐步回归法以验证研究结论的稳健性。Bootstrap 检验结果同样显示，三条路径的下限 LLCI 和上限 ULCI 区间，没有经过 0，均为同号，表明在三个中介模型中中介效应表现均显著，智慧农业分别通过提高劳动生产率、升级产业结构、降低交易费用三条路径间接促进农业经济增长，与逐步回归检验结果相同，表明本书的研究结论具有一定的稳健性。

首先，由 5.1.1 小节的机理能够发现，智慧农业可以通过提高劳动生产率来推动农业经济增长，这一观点在此通过计量经济模型得到了验证。智慧农业是现代化农业科技发展的物化载体，它也会表现出特殊性，即以往技术进步主要替代人的体力，而智慧农业还会替代人的智力，帮助农业劳动者提高劳动生产率，并促进农业经济增长。一般来说，智慧农业对农业经济增长的影响将通过突破农业劳动力的局限性和创新农产品使用价值进行传导。一方面，对于农业从业者"干不好"的那部分劳动，智慧农业将有效突破农业劳动力时间、空间、身体、非理性以及思维的局限性，从而提高劳动生产率。另一方面，智慧农业还可以通过创新农产品使用价值来促进农业经济增长，智慧农业能够提升农产品质量，综合地调整农产品的性质，比如口感、甜度、营养成分等，提升了农产品的作用范围和价值属性，同时智慧农业还能够保障农产品的食用安全，促进农产品品牌化建设，从而提高劳动生产率，并进一步促进农业经济增长。

其次，由 5.1.2 小节的机理分析可知，智慧农业能够通过升级产业结构来促进农业经济增长，这一观点在此通过计量经济模型得到了验证。智慧农业能够通过延长产业链、完善供应链、提升价值链等方面来促进产业结构升级。一方面，体现于产业发展模式的改变，智慧农业通过大数据计算，由产业集群将零碎分散经营的小农户聚集起来，实现农业规模化经营，产生规模经济效应，进而催生农业产业链向第二产和第三产延伸，延长产业链。另一方面，在农业生产中应用大数据、物联网等智慧农业技术，能够有效地促进农业电子商务发展，完善农产品供应链；并通过信息溯源显示农产品生产、加工信息，使消费者更清楚、透明地了解农产品的生产与加工过程，提升消费者对该农产品的价值预期，提升农业价值链，因而智慧农业能够促进产业结构升级，并进一步作用于农业经济增长。

最后，由 5.1.3 小节的机理分析可知，智慧农业能够通过降低农业生产的交易成本来促进农业经济增长，这一观点在此通过计量经济模型得到了验证。科斯指出，任何一次与人打交道所耗费的费用都属于交易费用。对于交易费用而言，其主要包含：市场信息获取费，交谈和契约花费。简言之，交易费用包括一切与人打交道所必须耗费的成本。而智慧农业能够从减少信息不对称、减少政府失灵等两个方面降低农业生产交易成本。首先，智慧农业能够依靠网络化供应链打破农产品流通过程中的信息壁垒，减少生产、加工以及销售中的信息不对称；其次，农户能够通过农产品市场的大数据与信息反馈，准确了解农产品的市场行情，提高人的信息接收和处理能力，高效率地匹配供给端和需求端，有效减少因信息不完全所引致的供需失衡。其次，智慧农业有助于打破距离的限制，连通东西南北各方的生产者，以网络平台为依托，促使信息流动与知识传递，减少生产者的信息搜寻成本与知识学习成本，避免因不正确的操作方式或有限的认知能力而导致的产出损失，信息不完全现象将得到极大的改变。再次，智慧农业可以改善农业比较利益，完善政府行为的自律机制，实现农产品质量安全追溯，提升治理效能和治理能力，减少政府缺位、越位和错位的现象，从而减少政府失灵现象。因此，智慧农业能够通过要素配置效应减少农业生产中的交易费用，并进一步推动农业发展。

6 智慧农业促进农业经济增长的国外经验

近年来，智慧农业已在全球范围内兴起，各个国家形成了具有自己特色的智慧农业发展模式，给农业发展带来了新的契机。那些智慧农业起步很早的国家，比如美国、日本、法国等发达国家经过长期的探索，其智慧农业发展水平已占据全球领头地位，发展模式、扶持政策、科技创新等分别具有各自的特点，为中国智慧农业促进农业经济增长提供了有效的借鉴。本章将深入分析上述发达国家智慧农业促进农业经济增长的相关经验，并提出对中国农业经济增长的启示。就章节分布而言，本章分为两个部分，第一部分分别对美国、日本、法国、德国和英国智慧农业促进农业经济增长的经验进行深入剖析；第二部分结合中国国情，提出上述经验对中国农业经济增长的启示。

6.1 美国智慧农业促进农业经济增长的经验

2017 年美国农业人口为 284 万人，但仅仅凭借这些占美国总人口数比重还不足 1% 的农业人口基数，美国的农业发展水平仍然在世界上位列前茅，是全球粮食出口最多的国家①。之所以美国农业发展中水平如此之高，离不

---

① 由联合国粮农组织（www.fao.org）数据库有关数据计算而得。

开智慧农业的作用，而机械化是智慧农业的发展基础，没有机械化也就无法智慧化。美国的农业生产在 20 世纪 40 年代就已经广泛应用了农业机械，在此基础上，开创性地将计算机技术与农业生产相结合，由此开发出农业专家系统，这也是早期智慧农业的表现形式。到 20 世纪 80 年代，美国提出了精准农业的概念，提出要以最小的投入得到最大的产出，避免生产资料的浪费。自此，美国政府开始加大对智慧农业的扶持力度，对农业互联网、农技推广等方面花费了大量的财政资源。在如此高投入下，加之互联网时代的快速发展，美国农业科技水平迅速提升，农业数据库、决策支持系统等技术逐渐完善。在先进技术支撑下，美国智慧农业进展迅猛，由机械化向智慧化前进。近年来，美国农户已经能够采用 GPS、遥感技术、环境监测等多样化的智慧农业技术实现农业生产的智慧化。大量智慧农业技术被广泛应用于农业全产业链的各个环节，促使美国农业经济迅速增长，使之成为"智慧农业"效果最好的国家之一。通过对美国智慧农业发展特点的分析，可以总结出以下特点：

6.1.1 注重政府的引导作用

美国智慧农业发展水平处于世界领先地位，在其变化进程中，政府的引导作用是关键。尽管美国的市场机制较为完善，但农业的特殊性质使得在智慧农业发展过程中，美国政府发挥着不可忽视的作用。近年来，美国政府制定了一系列关于农业信息化、农技推广、农业培训的相关政策，并且对农户实施了补贴政策，以促进农业现代化发展。同时，为了保证农业信息的流通，美国成立了农业信息管理机构，专门承担农业信息的搜集与公开任务，使得农业生产者容易获得完备的农业信息（帕莎，2017）。

6.1.2 强化知识产权与平台企业的规制与监管

除了政府正确地引导以外，美国智慧农业的迅速发展还得益于知识产权与平台企业的规制与监管。知识产权是维护农业科技创新主体利益的重要保障，产权若不明晰，那么农业技术容易成为"公用品"，农业科技创新主体收益受损，进而打击其创新积极性，不利于智慧农业的发展。而美国非常注重知识产权的保护，制定了一系列政策措施强化知识产权与平台企业的规制与监管，维护了农业创新主体的权益，为智慧农业的快速发展营造了良好的社会氛围。

6.1.3 以"精确农业"为核心的现代化发展方向

由赴美国精准农业及3S技术培训团（2005）的美国精准农业考察培训报告显示，1993—1994年美国的一项试验表明将全球定位系统运用到农业生产中能够有效增加农业产出，同时还能够保证投入的最小化，使得"低投入，高产出"成为现实。现阶段，在互联网、大数据、云计算等技术高度发达的背景下，美国智慧农业以精准化为核心发展方向，通过物联网的应用和大数据的支撑，对农业生产的全过程进行实时监测与分析，有助于农业生产的智能决策，由此进一步实现了效益最大化。比如，美国中西部地区在种植玉米、大豆等作物的时候，大面积使用互联网，科学制定投入计划，使得以最少的化肥、农药、水资源投入，获得最高的产出，实现了精准农业生产。此外，美国的农业企业也不断地积极研发相关的技术，比如美国著名的Cropx公司开发了智慧农业灌溉与生产技术，首先根据智能分析测定农作物需要的生产物资数据，然后以设定的数量进行灌溉、施肥、打药等工作，能够在保证产量的前提下极大地节约生产成本，目前已经在美国不同地区得到了广泛的应用，且取得了较好的成效。

6.1.4 以智慧化农机技术为基础的生产体系

机械化是智慧农业的发展基础，没有机械化也就无法智慧化。美国的农业生产在20世纪40年代就已经广泛应用了农业机械，在此基础上，开创性地将计算机技术与农业生产相结合，由此开发出农业专家系统，这也是早期智慧农业的表现形式，自此智慧化的农机技术被应用到美国农业生产中。在其先进的机械化背景下，美国进一步将开发出以智慧化农机技术为基础的生产体系。在生产环节之前，智慧化农机可以对土壤环境、大气环境进行检测，根据大数据、云计算等智慧化技术获得土壤成分、温度、湿度的一手资料，为农作物选取最为适合的种植区域；在生产环节中，以智慧化农机技术为基础的生产体系中，农业生产的各个环节都可以进行智能操作，比如智能作业、智能灌溉、智能收割等工作，而在此之前，播种、灌溉、施肥、收割等工作需要耗费大量的劳动力，效率极其低下，有了以智慧化农机技术为基础的生产体系，农民再也不用一双手、一双脚地在田里辛苦劳动，只需要远程操作智慧化农机即可，大大提升农业生产效率，促进了农业产业的发展。

6.1.5　提高生产者的人力资本水平

智慧农业要想发展离不开与之相适应的人力资源。若没有高素质农业劳动力的匹配，再先进的科学技术也无法发挥其最大的作用。而美国在先进的技术水平之下，更是具备了较高的人力资本水平，提升了农业生产者的整体素质。美国农业部发布的数据显示，早在 20 世纪 90 年代，美国农业生产者的受教育程度已经处于较高水平，在整体农业生产者中，上过高中的比重是67.6%[①]，近年来此比重更是越来越高，表明美国十分重视农业生产者的学历教育，这也为美国农业的发展奠定了良好基础。那么美国农业生产者为何有如此高的受教育水平呢？这离不开美国政府的支持，新农业法草案提出，从 2013 年起，美国政府每年拨出 5 千万美元财政经费给农业学校或者涉农的公益组织，在政府高度重视下，农业学校培养了一大批农业专业人才，加上涉农公益组织对农户开展了一系列农业专业培训，比如，通过农业高级人才开办夜校，为农户定期开展农业技术培训，解决农业生产中的实际问题；或者在高校增设农业相关专业，定期举办实地操作课程，不但提升学生、农户的专业技能，还能培养学生的兴趣爱好，使其真正热爱农业，为农业发展积累后备人才。农户的综合素质、专业能力均得到了大幅提升，增强了他们

---

① 数据来源于美国农业部。

对智慧农业技术的掌握、应用能力，以及对农业生产的经营管理能力。

6.2 日本智慧农业促进农业经济增长的经验

日本的国土面积有限，耕地面积也相对不足，与美国的地广人稀正好相反，日本则是需要以有限的土地养活大量的人口，因而其智慧农业发展也有独特的模式。考虑到有限的耕地面积，使得土地资源较为昂贵，日本高度重视农业物联网的发展、智慧农业科技的研发以及信息技术的应用，实行了集约化精耕智慧农业，由此来弥补其自然资源禀赋的不足，给日本农业发展打下了坚实的基础。

6.2.1 发展农业物联网

21 世纪之后，日本把物联网的技术研究和推广视作促进农业发展的关键因素，旨在构建人—人、物—物以及人—物之间的交互系统，真正实现事物、人之间的相互连通，并且将农业物联网的研发作为农业科技创新的关键目标，而物联网技术是智慧农业发展的技术基础，农业物联网技术的先进水平在一定程度上决定了日本的智慧农业发展基础。在农业物联网快速发展的背景下，其在日本农业生产中的应用逐渐增加，并很快就广泛覆盖了大面积的农业生产。由于物联网技术发达，能够实时分析农作物的生长状况，并按需进行灌溉和施肥，减少了农业劳动力需求，解放了农户的双手。不仅提升了日本的智慧农业发展水平，还促进了农业产出的增加，推动了日本农业的快速发展，有效缓解了日本老龄化现象对农业发展的阻碍。在智慧农业迅速发展的背景下，日本政府提出要进一步推广智慧农业技术，并且在多个地区开始试行农业智能机器人在农业生产中的应用，进一步提升智慧农业水平。

6.2.2 高度重视农业科技的发展

除了发展农业物联网以外，日本智慧农业的发展还高度重视科技的研发。基于农业资源禀赋的实际情况，日本政府更加注重适应其实际需求的农业科技研发，比如，智能化育苗播种、智能化嫁接、智能化控温控湿技术等。日本制造业向来发达，正是得益于日本制造业的领先地位，日本农业也具备了先进的技术水平和配套的基础设施，为其智慧农业的发展打下了坚实的基础。2017 年日本首次采用数字技术成功对农田进行了实时监控与排水的远程操作，代表着日本智慧农业发展水平迈上了一个新的台阶。除此之外，日本在其他类型的智慧农业技术上也处于世界领先水平，比如种植环节的计算机远程控制、能够代替劳动力的农业机器人、能够智能控制种植环境的智慧温室等。日本有限的耕地面积反而有助于这些先进的智慧技术广泛覆盖，使得日本智慧农业的成效显著。

6.2.3 重视发展信息技术

信息互通能够促进"看中学"模式，使得农业发展速度呈现乘数式增长。而日本不仅高度重视农业科技研发，更是同时促进信息技术的发展，使之与科技水平相互匹配，相互促进。互联网就是现代信息技术的一种表现形式，日本政府一方面非常注重农业科研机构的互联网普及，使各大研发机构之间互联互通，相互学习，共同进步，大大提升了研发人员的工作效率，他们不再需要花费大量的时间用于搜寻信息、从头开始学习或者为一个难题琢磨很久，而是通过科研机构的联网功能，迅速获得所需的信息，以及和其他机构的研发人员相互交流，互相讨论，高效率地解决难题。另一方面，日本政府还十分注重农村地区的互联网普及。由于农村地区互联网普及显然不及城市地区，而互联网有助于提升农户技术水平、知识积累水平，对农业发展大有裨益，因此日本政府实施了一系列政策措施推广互联网在农村地区的普及，比如给购买计算机设备的农户一定数额的补贴，形式包括现金补贴、价格补贴等，以提升他们使用互联网的积极性或者给有意愿购买但实际能力不足的农户更多的机会。此外，考虑到日本老龄化严重的现实状况，日本年纪高于65 岁的农户购买计算机，不仅会有补贴，而且还组织专门的培训给老年农户讲解计算机的使用方法，以及由专业的农技推广人员为其讲解如何将计算机应用到农业生产中。如此一来，信息技术在城市和农村都得到了广泛应用，不仅能够使各大研发机构之间互联互通，提升科技研发效率，还能使农户广泛接收到外界信息，提升农业生产技能，促进了智慧农业的发展，进而助推农业经济增长。

6.3 法国智慧农业促进农业经济增长的经验

美国地广人稀，日本地少人多，而法国则地少人也少。相较于美、日，法国人口平均耕地面积更少，只有 0.28 公顷①。同时，法国人口相对不足，因而还存在农业劳动力短缺的问题。然而，法国却成为欧洲重要的农产品生产基地，为欧洲国家的粮食安全作出了不可忽视的贡献，法国农业产值占据全欧盟总量的 22%②，其出口量也是位列前茅，出口量是全欧洲最多的国家，在全世界也能排到第二的重要地位。在此背景下，法国的小农经济比重较大，他们发展智慧农业重点通过农业政策的改革。

6.3.1 小农场联合经营

由于法国农业劳动力短缺和土地资源稀缺的问题共存，法国存在大量的小农经济。在法国劳动力短缺和土地资源稀缺的现实背景下，其农场耕作面积普遍较小，因而在发展智慧农业时，需要考虑到小农经济的现实情况，通过小农场联合经营来弥补法国土地资源稀缺的不足。通过小农场联合经营，不仅促进了农户之间的交流合作和信息共享，还能够有利于机械化的推广和规模经济效应的实现。一方面，农户不再需要每家每户都购置所有的农业机

---

① 数据来源于前瞻数据库，https://d.qianzhan.com/xdata/details/819a0c47dc9ddf7b.html[EB/OL].

② 数据来源于前瞻数据库，https://d.qianzhan.com/xdata/details/819a0c47dc9ddf7b.html[EB/OL].

械,而是可以共用同一套机械设备;另一方面,土地细碎化阻碍了农业机械的使用,小范围内使用农业机械降低了生产效率,小农场联合经营之后,不再局限于自家的土地,可以充分发挥农业机械的作用,改善生产效率,便于智慧农机的推广和应用。

6.3.2 "以工哺农"的发展方式

法国工业相对来说也较为发达,他们通过发达的工业技术,采取"以工哺农"的发展方式,用工业带动农业发展。智慧农业技术一定程度上和工业技术有互通之处,发达的工业技术为智慧农业技术的进步奠定了坚实的基础,在工业技术的基础上,通过改造、升级,可以高效地开发智慧农业技术。由先进的工业技术领头,带领农业技术走向自动化、智慧化,有助于智慧农业科技水平的提升。

6.3.3 农业信息化系统的广泛应用

信息是发展智慧农业,促进农业经济增长的关键要素。为此,法国十分重视农业信息化系统的建设。法国政府对农业生产的全方位信息进行了搜集、整理和发布,内容涵盖农林牧渔业的各个环节,构造了一个非常完整的农业信息数据库。这个数据库由农业部门整理发布,为农业企业、农户生产环节提供了科学的借鉴。农户不用出门,就可以在家里获取到需要的农业信息。此外,成立了大量的农业专业组织,这些组织通过有偿为农户提供市场信息、专业技术等来盈利,打破了信息流通的阻碍,既满足了农户获取信息的需求,又满足了自身的盈利需求,实现了互利互惠,有助于农业信息更畅通地传递,促进智慧农业技术的推广和应用。

6.4 德国智慧农业促进农业经济增长的经验

德国也是智慧农业发展较好的国家之一。他们将数字化看作是智慧农业的前进方向，通过大数据、物联网、云计算等数字技术的联合使用，指导农业生产，使智慧农业获得了迅速的发展，其经验包括积极开发农业新技术、发展网络一体的智能化生产体系等。

6.4.1　积极开发农业新技术

同其他智慧农业发达国家相似，德国也十分重视农业新技术的研发和推广，花费了大量的财政经费，投入到农业研发和推广中，旨在提升农业科技水平，并切切实实地将其运用到农业生产中。他们将数字技术看作是德国智慧农业的重要技术，大力开发数字技术。通过大数据、物联网、云计算等数字技术的联合使用，农田的湿度、温度、光照信息全都被上传至云端，进而被智能分析技术整理与分析，接着将最终计算结果发送至计算机，指导农业生产。除了政府财政直接投入科研机构的研发活动以外，政府还号召了大量的农业企业参与农业技术的研发工作。比如，德国的 SAP 企业提出了"数字农业"发展系统，此系统可以在线上展示各种农业生产信息，例如哪个地区适合种植哪些农作物，他们最合适的温度、湿度、光照是多少，根据这一系统的数据，农户可以得到智能化的决策支持，有助于优化投入产出比，推动农业经济增长。

6.4.2　构建网络机械一体化的智能化生产体系

德国参照"工业4.0"的发展思路，注重构建网络机械一体化的智能化生产体系。机械化是智慧农业的发展基础，没有机械化也就无法智慧化。德国在机械化普及较好的基础上，将互联网等信息技术与之相结合，构建了网络机械一体化的智能化生产体系。通过传感器的应用来连通机械和农作物之间的信息鸿沟，进而实现了农作物和人的交互，帮助农户科学进行农业生产。比如将全球定位系统与农业生产相结合，农户仅仅需要在电脑终端远程操作，就可以使无人机打药的范围精准到定位的范围内，减少生产物资的浪费；将传感器与畜牧业相结合，可以实时监测养殖场的环境，农户可以远程观测养殖场的养殖情况，并对其进行智能调节，使养殖环境处于最合适的状态。

6.5 英国智慧农业促进农业经济增长的经验

英国通过农业技术战略的提出、农业生产高度的机械化、农业技术的集成化以及农民的职业化等措施，推动了智慧农业的快速发展，促进了农业净增长。

6.5.1 农业技术战略

2013 年英国开始实施"农业技术战略"，此战略强调了通信技术和农业的深度融合，改造传统农业生产力。科林·亚当姆斯(Colin Adams)是这一战略的提出者之一，他认为英国的智慧化技术已经与制造业、服务业深度融合，而农业由于其特殊性质，现如今的融合程度不足制造业和服务业，但是虽然农业与智慧化技术融合较慢，智慧农业仍然在以稳定的趋势不断发展，并且是实现农业长期增长的关键一环，农业也许会是最后一个和智慧技术融合的产业，未来相当长的一段时期内，发展智慧农业会是英国的一项重要任务。

6.5.2 生产高度机械化

英国智慧农业的迅速发展离不开其高度的机械化水平。英国的农业机械化在全球位列前茅，他们的设备先进，覆盖面广泛，为智慧农业的发展奠定了基础。在英国的农业生产中，农业机械渗透于各个环节。从播种到收割实现了全面的机械化，比如种植农场的除杂草、耕地、播种、收割等生产环节均有相应的机械设备来完成，养殖场从饲料配比、饲养、防疫、畜禽粪便处理等环节也有相应的机械设备来完成。如此高度的机械化水平，成为英国智慧农业发展的垫脚石，以机械化为基础实现智慧农机的覆盖会更为方便快捷。在机械大面积覆盖的基础上，英国高度重视智慧农机的进一步开发，比如，将全球定位系统融入农业生产中，可以使作业范围固定在约定范围内，确保播种、割草、施肥、打药环节的准确性，避免超出范围导致效率损失。

6.5.3 农民职业化

人力资本是发展智慧农业不可或缺的重要资源。英国智慧农业的发展也离不开高素质的人力资本。从英国智慧农业发展的现实情况来看，他们的农业劳动力技术水平较高，农户大多是接受过专业培训的职业经理人，并持有相关的职业技术证书。之所以英国的农业人力资本如此之高，是因为农民在英国属于一份非常体面的职业，不会对农业工作有脏和累的看法，而是认为农民是一份与其他职业一样的好工作，收入高、待遇好，所以有高素质劳动力愿意从事农业，为智慧农业的发展增添了翅膀，加速了农业发展。

6.6 国外经验对中国农业经济增长的启示

从美国、日本、法国、德国和英国智慧农业的发展经验来看，他们有许多共性的地方，也有各自的独特之处。从共性来看，各国均以政府的宏观指导和管理为根本，主要通过政府对智慧农业进行引导，且都重视农业科技的研发和推广，市场在其中也起到了重要的作用，形成了政府、市场携手推动智慧农业发展的局面（蒋璐闻和梅燕，2018）。从不同之处来看，相对来说，美国更加强调知识产权的保护，维护了农业研发机构的权益，促进了农业科技水平的提升；日本、法国和德国更加重视信息技术的应用，注重信息的流通共享；法国通过小农场联合经营来弥补土地资源稀缺的不足；英国和美国则重视农民的职业化水平，通过优化人力资本来推动智慧农业发展水平的提升，并进一步助力农业经济增长。各国先进的经验为中国智慧农业促进农业经济增长作出了表率，其中也有许多值得学习的地方。

6.6.1 政府宏观指导和管理

从上述国家智慧农业发展的经验来看，政府的宏观指导和管理是最为重要的环节。比如，美国政府制定的农业信息化、农技推广、农业培训的相关政策，以及对农户实施的补贴政策，对农户采用智慧农业技术提供了保障，同时，美国政府成立的农业信息管理机构，为农业生产者提供了宝贵的信息；日本农业物联网、农业科技、信息技术的发展都离不开政府的政策支持；法国小农场联合经营以及"以工哺农"的发展方式，由先进的工业技术领头，带领农业技术走向自动化、智慧化；德国政府重视农业新技术的研发和推广，花费了大量的财政经费，投入到数字技术研发和推广中；英国"农业技术战略"的实施，充分强调了通信技术和农业的深度融合，来改造传统农业生产力，这些均是政府部门宏观指导和管理的体现，在政府部门的高度重视下，这些国家的智慧农业发展水平快速提升，推动了农业的可持续发展。由于我国智慧农业正处于发展阶段，智慧农业技术的研发、智慧农业的推广和应用都需要政府的宏观指导和管理，首先激励农业科研院所、农业企业等机构积极参与智慧农业技术研发活动，其次委派农技人员或社会服务组织大力推广智慧农业，增加智慧农业的应用范围，最后通过宣传教育、组织培训提升农户的参与意愿和参与能力，由此全方位地提升智慧农业发展水平，助力农业经济增长。

6.6.2 因地制宜差别化地推进农村基础设施建设

从上述典型国家的智慧农业发展历程来看，各个国家都对农业基础设施建设进行了差别化的发展模式。由于发展智慧农业需要有一定的基础设施作为配套，因此，推进农村基础设施建设成为发展智慧农业的基础环节，而各个国家的农业发展情况存在差异，中国各省份农业资源禀赋条件也各有不同，因此，需要对农村基础设施建设进行合理的规划，因地制宜差别化地推进农村基础设施建设，由此确保智慧农业的稳步推进。现阶段，研发新技术是各个国家关注的重点，而农村基础设施的完备程度是决定智慧农业发展质量的重要因素，比如日本高度重视温室的建设，根据不同地区的实际需求，打造了一批能够控制温度、湿度等种植环境的温室，以适应其智慧农业的发展需求。以美国、德国为典型的工业发达国家，凭借其先进的工业技术，因地制宜地推进工业反哺农业的发展政策，由先进的工业技术领头，带领农业技术走向自动化、智慧化，推动了智慧农业科技水平的提升。

6.6.3 促进智慧农业核心技术的研发与信息化建设

传统农业只能依靠人工操作，进行烦琐的农业生产活动，从育种到收割，只有少数环节可以应用简单的机械来完成，大部分需要凭借农户的一双手、一双脚来完成，效率极为低下，且完成效果不佳。发展智慧农业最关键的环节就是核心技术的研发，没有核心技术，智慧农业发展就会受制于人，从美国、日本、法国、德国和英国智慧农业的发展经验来看，他们共同关注智慧农业核心技术的研发与信息化建设工作。他们基于自己国家的农业现实特点，构建了适合本国智慧农业核心技术研发的农业科研体系。尽管各个国家的农业科研体系各有不同，但相同之处在于农业类高校、农业科研院所是农业科技研发的主体，在政府部门的支持下，积极开展智慧农业核心技术研发工作。此外，农业企业也是智慧农业核心技术研发工作的重要力量，农业企业根据自身的盈利需求，开展符合企业定位的智慧农业核心技术研发工作，一方面可以出售技术来获利，另一方面还可以用这些技术进行农业生产，提升生产效率，营利性质使农业企业的研发效果较好。但各个国家由于农业发展的不同实际情况，农业企业所扮演的角色存在一定差异，比如欧盟的"地平线 2020"计划，旨在通过打造"运营组织团体"来指导农村农业发展，充分发挥了企业在农业发展中的作用。

信息化建设也是促进智慧农业发展的重要因素。为了更好地连通各类研发主体，加强信息交流与合作，各国均把信息化建设作为发展智慧农业的重要推动力之一，比如日本政府不仅非常注重农业科研机构的互联网普及，使各大研发机构之间互联互通，相互学习，共同进步，还十分注重农村地区的互联网普及，使信息技术在城市和农村都得到了广泛应用，不仅能够使各大研发机构之间互联互通，提升科技研发效率，提升农户生产技能，还促进了智慧农业的发展；法国对农业生产的全方位信息进行了搜集、整理和发布，构造了一个非常完整的农业信息数据库，有助于农业信息更畅通地传递，促进智慧农业技术的推广和应用。

6.6.4 注重智慧农业人才的培养

人力资本提升是促进智慧农业关键技术研发和应用的重要推动力(李泳琪，2020)。在农业科技水平不断提升的背景下，要想充分发挥农业科技对农业发展的积极贡献，就必须有能够熟练应用农业科技的高素质人才。从上述国家智慧农业的发展情况来看，注重智慧农业人才培养是各个国家共同关注的问题。比如，美国政府每年拨出 5000 万美元财政经费给农业学校或者涉农的公益组织，通过高校或涉农组织农业为农户定期开展农业技术培训，解决农业生产中的实际问题，或者在高校增设农业相关专业，定期举办实地操作课程，大大提升了农户的综合素质、专业能力；英国则通过提升农民这一职业的收入待遇，使农民职业化，并持有相关的职业技术证书，吸纳了高水平的农业劳动力。智慧农业的发展给农户提出了更高的要求，农户不仅需要拥有传统农业生产技术，还必须掌握新型农业技术，能够熟练应用智能化设备，因此中国在发展智慧农业的过程中，也需要对农户展开技能培训，指导农户应用智能设备，提升农户对新事物的接受能力。或者在农业高校增设智慧农业专业，从年轻人抓起，培育一批能熟练应用智慧农业技术的高素质农业人才。

6.6.5 推动农业新技术的推广应用

从美国、日本、法国、德国和英国智慧农业的发展经验来看，农业科技研发是他们共同关注的重点，然而再先进的农业技术，只有将其真正应用到农业生产中才能发挥其作用，否则只是纸上谈兵。因此，农业新技术的推广应用是决定智慧农业作用效果的关键一环。目前，大量国家提出了产学研融合发展的模式，来促进农业新技术迅速运用于智慧农业生产中，且构建了符合本国特征的新技术推广体系。比如，欧盟提出了智慧农业的 AIOTI 计划：在不同地区进行智慧农业的试点，通过试点增加智慧农业在农户中的影响力，并基于社会网络在农户之间进行信息传递。

7 智慧农业促进中国农业经济增长中存在的问题及其成因

从前文的分析可知，中国的智慧农业迅速发展，且产生了良好的效果，能够显著推动农业经济增长。但由于我国智慧农业起步较晚，加之受传统思想观念、农业基础建设、经济发展水平等多因素影响，传统农业向智慧农业转型仍面临一系列问题与发展困境，值得关注。本章结合第六章国外经验的总结，深入剖析智慧农业促进中国农业经济增长中存在的问题及其成因。

7.1 中国智慧农业促进农业经济增长中存在的问题

7.1.1 智慧化程度不高

由前文研究结论可知，当前我国智慧农业发展水平整体表现为上升态势。然而，从智慧农业发展水平测算结果来看，大多数省份智慧农业发展水平在 0.5 以下，尤其是西部地区智慧农业发展水平只有 0.25 左右，从 2018 年开始才刚刚突破 0.3，就连排名前列的东部地区智慧农业平均发展水平从 2018 年开始才突破 0.5，达到 0.551，表明我国农业生产智慧化程度仍有待进一步提升。从现实情况来看，目前，智慧农业应用范围主要聚集于合作社、家庭农场等新型经营主体，没有大面积铺开，因此与发达国家相比，我国智慧化程度仍需进一步提升。

7.1.2 缺乏高素质人才

智慧农业是一种农业新业态，是在新时代将现代信息技术与传统农业相结合，利用新技术推动现代农业发展的新型农业生产方式。智慧农业的发展需要从事农业生产的相关人员能够具备进行智慧化生产的能力，只有能够快速地吸收并采纳新的技术手段和生产方式，才可以把智慧农业所需的大数据、智能计算的先进的技术真正应用于农业生产的每个环节中，使智能化的技术转化为现实生产力。这就要求农业生产者具备智慧农业生产所需要的计算机知识、传统农业技能、农业经营与营销等复合技能（UNDP，2015），而在现阶段我国智慧农业发展过程中无疑是缺乏的。

一方面，现阶段，我们国家的农业仍然是以小农业为主，农业技术水平还相对落后，农业中的劳动力素质还有较大的提升空间，尤其是生产规模较小，占比重较大的小农户多数仍然是以传统方式进行生产，其受教育水平还普遍较低，高学历的农业人才十分有限。与此同时，在我国农村还广泛存在青壮年劳动力流失的现象，农业人口中老龄化严重，妇女、儿童的比重偏多，这也影响了农业从业者劳动力素质的整体水平，使得现阶段农业劳动者对先进技术尤其是现代信息技术的接受能力较差，缺乏能够将各种智慧农业技术运用到实际农业生产中的高素质人才。

另一方面，由于智慧农业发展所需要的现代信息技术是世界新一轮科技革命的重要组成部分，世界各国都对其十分重视，也在大力地吸引相关人才，使得智慧农业相关人才更加缺乏。同时，由于智慧农业所需要的人工智能等相关技术的应用门槛较高，在短期内还没有办法快速建立相应的人才培养机制，而且由于新一代信息技术更新换代较快，技术应用的周期较短，人才培养往往跟不上技术快速变化的需求，导致智慧农业发展的人才普遍缺乏。这样的人才供需失衡也迅速拉高了人才薪酬，增加了生产者的用人成本，同时，当前农业生产的收益还相对较低，以及相关人才的普遍稀缺的情况，也进一步加剧了智慧农业领域人才的匮乏。

7.1.3 信息化水平不高

智慧农业的发展需要依托于农业信息化水平的提升。不管是生产、经营、物流、仓储还是销售环节，智慧农业要发挥其在信息和数据上的优势，都离不开信息与数据技术的应用与支撑。数据库建设水平决定了智慧农业的运行的准确度。但就现实状况而言，尽管我国在网络基础设施建设上快速发展，信息化水平持续上升，但仍有较大的提升空间。

其一，就整体层面而言，在国家政策的引导下，中国的互联网快速发展，并迅速覆盖到各个地区，但还是有不少农村地区存在未覆盖互联网的地方，造成农业信息数据库无法搜集到这些地区的数据，农业信息化网络平台难以全面应用。正是因为这些地区的基础设施不到位，导致无法使智慧农业得到全面覆盖，使得物联网、大数据等新兴技术与农业深入融合的难度变得更大。在农业生产中，详细把握自然环境和农产品市场信息是智慧农业可持续发展的重要保障。传统农业生产中信息传递需要漫长的时间，而且信息的来源渠道非常有限，导致农户不能快速、准确地搜集其想要的农业信息，进而带来农业生产的盲目性，与农产品市场脱节，造成收入损失。此外，政府部门的信息要想传递到农户，需要经历过长的链条，因此农户普遍不愿意花费如此多的精力来获取信息，农户和农业技术人员的交流就更少了，这种信息传递的障碍导致各个行为主体之间的闭塞（赵春江，2021）。

其二，尽管部分地区已经构建了农业服务平台，但仍然存在着使用效率低下的问题，难以合乎智慧农业发展的技术服务需要。农作物从种植到收获需要较长的周期，而且在这期间数据搜集工作较为烦琐，导致农业信息数据库要很长时间才能构建，因此相较于其他产业，智慧农业的发展就明显处于弱势地位。而且农业数据涵盖的内容较广，农、林、牧、渔每一个部门都有不同的生产环节，同时不同类型的作物生产经营也存在较大的区别，因此农业数据一般不集中，大多分散在不同的组织中，各组织难以形成数据共享，因而难以系统地为农户生产、物流、仓储、销售等环节带来有用的数据支撑。这种情况不仅使农户根本不能亲身体验信息化、数据化带来的好处，还阻碍了信息化建设的推进，以及信息服务平台的推广与应用。

其三，在当前我国的智慧农业中，信息数据不仅未能实现标准化，且覆盖面太小，这种情况导致所获得的智慧农业数据不够精准、可信度不足等问题较为突出，以至于数据难以有效整合和实现标准化发展，无法进行数据共享(钱晔等，2019)。此外，由于不同地区农业发展在气候、自然环境、病虫害防治和微生物环境等各方面均存在显著差异，进而使收集、处理和整合各地区农业生产的数据存在着相当大的难度。再者，农作物种类繁多，且不同农作物的生长规律和个体特征也存在显著差异，这便要求信息技术和智能化技术具有能够代替人的视觉来进行追踪、识别、判断和决策的能力，上述这些现实问题和客观要求将制约农业人工智能技术发展。

其四，只有将智慧农业与实际农业生产二者深度融合，才能助力农业经济增长。目前，在我国的智慧农业发展中，大多数数据处理者是将各环节的信息数据收集以后，将其用于报告中的描述与罗列部分，对于信息数据的专业性分析少之又少，更严重忽视了不同环节的信息数据之间的逻辑联系和深层次含义，使得信息数据难以真正指导智慧农业生产、管理和销售，以至于信息数据对于农业生产实践的推动作用有限。

7.1.4 地区发展不平衡

由于智慧农业发展涉及很多方面，而我国地域广阔，经济发展水平，农业结构等在区域上还存在较大差异，因此，我国智慧农业发展在区域层面也存在发展不平衡问题。同时，智慧农业需要利用互联网、智能监控等先进的信息技术对农业生产的各个环节进行智能化管理，实现农业现代化发展，以及各地区的技术条件以及人力资本水平的差距也是导致智慧农业发展不平衡的重要原因。而这样的发展不平衡也影响了智慧农业发展的整体水平。具体来看：

将我国分为四大地区，区域间智慧农业发展水平存在明显差异(后文有详细分析）。从智慧农业发展水平的区域差异分析可知，2011—2019 年，东部、中部、西部、东北地区智慧农业发展水平综合估计值分别为 0.471、0.354、0.282 和 0.298。对四大区域间的智慧农业发展水平由高到低分别为东部地区>中部地区>东北地区>西部地区；与 2011 年相比，除东北地区以外，其余三大地区智慧农业发展水平均呈上升趋势，年均增幅从大到小排序依次为东部地区>西部地区>中部地区，分别增长 3.65%、2.82%、2.38%。通过对区域内部进行比较，在东部地区，广东省的智慧农业发展水平最高，海南省最低；在中部地区，河南省的智慧农业进展程度较为先进，山西相对来说较为落后；在西部各个省份中，四川的智慧农业进展程度较为先进，西藏相对来说较为落后；在东北地区，辽宁省的智慧农业发展水平较高，吉林较低。

从地级市层面看，在 2011—2019 年，不同省份的智慧农业发展水平差异明显。其中广东、江苏、山东、浙江、北京、四川、河南等处于前 7 位，智慧农业发展水平综合估计值分别为 0.731、0.647、0.573、0.517、0.496、0.443、0.434；西藏、青海、甘肃、宁夏、海南、内蒙古、云南则依次排在后 7 位，智慧农业发展水平的综合估计值分别为 0.224、0.230、0.243、0.244、0.248、0.252、0.268。就增长幅度而言，除辽宁、山西智慧农业发展水平则有所下降以外，其余省份均为上升。与 2011 年相比，2019 年上海、四川、北京年均增长率最大，分别达到 8.00%、7.49%、7.16%；而黑龙江、吉林、西藏年均增长率最小，分别为 0.27%、0.32%、0.62%。说明各区域内不同省份的智慧农业发展水平同样存在差异。

综合来说，智慧农业建设程度较为优异的省主要分布在东部，而建设程度相对来说较为落后的大多集中在西部地区和东北地区，区域间具有明显差异；各区域内不同省份的发展水平也表现出较大的差异，表现出区域内发展不均衡的现象。

7.1.5 机械化水平较低

广泛地应用农业机械是推动智能化发展的主要手段和实现方式。在农业生产中推动机械化能够有效提升劳动力效率和土地的生产率以及其他各种资源的利用效率，通过提高农业生产的效率来达到保障粮食安全的战略目标。在参考和总结农业发达国家的机械化发展历程后，我们不难发现，农业发达国家一般种植规模较大，土地较为集中，且他们的机械化正是建立在这样的基础之上。反观我国以小农为主的农业生产现状，户均种植规模较小，且地块细碎程度较高，严重制约了我国部分地区的机械化进程，进而导致智慧农业难以推进。

现阶段，我国人多地少的农业生产现状并未得到显著改善，以小农生产为主，种植规模小、地块细碎化的小农户仍然占绝大多数，规模户数量依然有限，使得大规模使用机械设备的农业生产方式难以得到有效推广。具体而言，对于小农户来说，种植规模有限且土地细碎化，因此工作量较小、机器作业不连贯等特点使现代化机械设备难以在小农户中推广。但如果种植规模得到显著扩大，形成由新农业生产主体经营的规模户后，连片集中的土地使现代化机械能够连续工作，也方便管理人员能够加入智能化元素，实现"智能化+机械化"的统一生产经营模式，就能有效提高农业生产经营效率。

由于中国地域面积较大，各地区气候、地理、资源环境等方面具有较大差异，也会造成不同地区的农业机械化程度迥然不同。当前，华北平原、东北三省、新疆部分地区已经推行了农业生产的全面机械化；部分农作物则实现专业机械在收割等环节中的普及应用。同时，华中和关中等地区也实现了以拖拉机、小型收割机等中小型农用机械为主的机械化模式。然而，部分偏远落后和少数民族地区依旧难以实现机械化，使用畜力和人力的传统农业生产方式仍旧普遍存在。根据2018年"智慧农业和生物机器人联合国际会议"的数据显示，2016年我国种植业上的综合机械化水平已达到65.2%[1]，但自然经济条件差异所导致的农业机械化区域发展不协调问题仍然严峻。因此，我国在推动农业机械化和信息化发展的道路上还有很长的路要走，重点在于

---

① 数据来源：智慧农业和生物机器人联合国际会议，http：//stdaily.com/02/difangdongt/2018-07/16/content_ 690330. shtml［EB/OL］.

要在农机自动化和智能化发展上加大投入，努力将物联网和互联网技术广泛地应用到农机操作当中。

7.1.6 小农户参与度较低

农户是生产经营的主体，智慧农业的推进离不开农户的积极运用。目前，智慧农业应用范围主要聚集于合作社、家庭农场等新型经营主体，小农户则对智慧农业的参与度较低，一定程度上阻碍了智慧农业的全面推广以及农业发展水平的进一步提高。

其一，农村地区长期以来经济发展水平较为落后，并且存在教育资源不足、信息资源流通受阻等问题，在这些因素的作用下，小农户的老旧思想较多，严重阻碍智慧农业的发展。部分农户长期以来已经形成了大量的老旧思想，他们认为传统的农业生产方式是最好、最合适的，根本不想吸收新知识，也不愿意参与智慧农业的建设。部分农户的这种因循守旧的思想以及信息获取能力低下阻碍了智慧农业技术与农业产业的进一步结合，导致智慧农业难以推广，从而阻碍了农业经济增长。

其二，部分农户虽未受传统观念的束缚，对新技术、新知识并不抵触，但是智慧农业建设需要大量应用最新的信息技术与设施装备，在发展的初期需要投入大量的资金以加强相关的基础设施建设以及人力资本培育，仅仅依靠政府投入难以为继。而农户参与投资的意愿不强，原因是大量的投资存在较大的风险性，作为一种新的农业经营方式，智慧农业发展的收益常常难以预计，也无法在短期内获益，并且收益的不确定性较高，这也使得作为经济理性人的农户参与智慧农业的意愿不强。

其三，即使农户对于智慧农业未来所产生的长期收益预期良好，但由于智慧农业在发展初期的投资较大，农户改变生产经营方式和更新生产设备的成本过于高昂，在当前农业收益还相对较低的背景下，农户往往有心无力，无法承担过高的投资。加上培养农户智慧农业相关技能还需要一定的时间，导致农户在新技术掌握改变传统生产方式的能力上还相对欠缺，这也进一步影响了农户参与智慧农业的意愿。

7.2 智慧农业促进中国农业经济增长存在问题的原因

近年来，我国智慧农业发展水平持续提升，为农业经济增长发挥了巨大的作用(宋洪远，2020)。然而，由于缺乏基础研究和技术积累，整体技术水平与发达国家相差甚远(钟文晶等，2021；黄华安，2019；王莉，2016)。智慧农业发展面临的发展困境和不足之处主要体现在以下几个方面。

7.2.1 智慧农业存在"卡脖子"技术

我国农业生产智慧化程度不高，主要原因是智慧农业存在"卡脖子"技术。核心技术的研发是智慧农业发展水平的决定因素，与欧美发达国家相比，我国智慧农业核心技术水平较为落后(许竹青，2020)，比如传感器技术、智能农业机械设备、遥感技术等大多数智慧农业技术引进于国外，缺乏自主研发的智慧农业技术。就农业传感器来说，现阶段中国独立开发的农业传感器总量较少，仅占全球10%以下(葛文杰和赵春江，2014)，同时还存在质量不高、稳定性和准确性较低的问题，在农业生产过程中还表现出来灵敏度低、不能准确识别作业位置现象。传感器特殊的功能与使用方法要求其需要长期暴露在室外，因而会受到长期的日晒雨淋，比如土壤环境监测传感器需要放置在土壤中，二氧化碳浓度传感器则需要放置农作物的生长环境中。由此一来，对传感器的质量提出了更高的要求，需要传感器能够经受住长时间的日晒、雨淋、风吹的环境，否则就会增加维护费用，不利于智慧农业的推广。由于智慧农业存在这样一系列"卡脖子"技术，我国农业生产智慧化程度不高。

7.2.2 农业从业者受教育水平较低与人才流失严重

中国的农业人力资本提升路径总体上分为两类，一类是提升本地区农户的受教育水平，另一类则是从其他地区吸引高学历人才。我国农业生产缺乏高素质人才，主要原因包括以下两点，一方面是我国农业从业者受教育水平较低。农业人口受教育水平低于非农人口是一个普遍性的问题，长期以来城乡二元结构使得城市和农村各方面的资源差距都很大，农村地区的师资力量、教育基础设施都不及城市，导致农业从业者基础教育水平较低。根据国家统计局的统计数据，农村家庭花费在大专及以上学历教育的支出占比较少，大多集中在中等教育上，这说明农村地区教育水平普遍不高。除了基础教育以外，还有一个提升农业从业者受教育水平的方法是对本地区农户进行专业技能培训，这一方法看似简单，却也困难重重。由于留在农村的人口大多是年纪较大的农户，他们传统农业生产技能充沛，但接受新事物的能力较弱，学习能力也不高，特别是在偏远的山村地区，农户的思想观念更加保守，可能会不愿意接受培训，这导致我国农业缺乏高素质人才，制约了智慧农业的发展。另一方面，农村地区人才流失严重，很难吸引高学历人才到农村参与农业生产。尽管我国一直以来都支持大学生和在外务工的农业人员扎根到农村，积极地参与农村创业活动，以促进农村经济发展，然而北京大学教育学院经济研究所的调研数据表明①(岳昌君，2012)，2011年我国大学毕业生留在乡镇、农村工作的比例分别为3.8%、0.5%。由此可见，尽管我国政府出台了许多就业激励政策，但吸纳毕业生就业的主要地点仍是大中型城市，农村地区不容易吸引到高教育水平的农业人才。少数愿意留在农村参与农业生产的大学生也只是因为在城市没有找到合适的工作，或者以基层工作作为跳板，一旦有合适的机会，他们的目标仍然是留在大城市。在农业从业者受教育水平较低与人才流失严重这样的背景下，这些情况造成了我国智慧农业发展缺乏高素质人才的现象，进而阻碍了农业经济水平的整体提升。

7.2.3　缺乏智慧农业相配套的基础设施建设

我国农业信息化水平不高的主要原因是缺乏智慧农业相配套的基础设施

---

① 数据来源：https：//www.docin.com/p-634629446.html［EB/OL］.

建设，而水利、电力、交通、信息等基础设施是发展智慧农业信息化建设的基础条件。尽管我国农田水利设施，电力基础设施、交通基础设施等正在不断完善中，但仍有部分地区的农村基础设施较为落后，而这些基础设施是发展智慧农业的基础条件，当基础设施不能全面覆盖时，农户需要自己投资，购买诸如喷灌、滴灌之类的高效水利设备，而农业机械市场投放量少，价格昂贵，农户无力购买，进而阻碍了智慧农业的全面覆盖。正是由于我国农村地区缺乏智慧农业相配套的基础设施建设，使得农业信息化水平不高，进一步导致农业物联网、大数据等智慧农业技术难以大面积推广，制约了智慧农业的发展。

7.2.4　区域资源禀赋存在差异

区域资源禀赋存在差异是导致我国存在智慧农业经济发展的地区不平衡问题的重要原因。我国幅员辽阔，区域自然条件、资源禀赋以及经济发展水平差异较大，形成了智慧农业发展水平在地区差异方面明显的现实状况。资源基础论认为，农业产业的发展需要以资源为导向，资源的拥有量十分关键，各个区域所具备的农业资源和使用这些资源的能力在一定程度上决定了其智慧农业的发展与农业经济增长的快慢。资源的定义为在一定的空间和时间范围内，所有可以被使用，且具有实用价值的要素。狭义上说，它只包括自然资源，比如土地、水、大气、生物等各类资源；而广义上说，农业资源包括一切自然资源和农业生产必备的社会经济资源，与狭义定义相比增加了农业人力资源、技术资源、基础设施等社会经济资源。不同地区农业资源具有较大的差异，有些农业资源是个别地区独特的资源，比如东北的黑土地、新疆的长时间日照，其他地区不具备这些资源优势，而区域资源禀赋差异的存在是导致智慧农业地区发展不平衡现象的重要因素。

7.2.5　土地细碎化经营

我国农业机械化水平较低的主要原因是土地细碎化经营。土地细碎化经营阻碍了智慧农业的推广应用，进而对农业经济增长产生不利影响。实现智慧农业最基本的是农业机械的普及，尽管长期以来，我国农业生产中机械化普及率越来越高，各地区农业生产均在不同环节、不同程度地运用了农业机械，大幅提升了农业生产效率，以更少的劳动力、更少的土地产出更多的产品，为保证我国粮食安全作出了巨大的贡献。但从实际情况来看，仍然有部分地区没有大面积覆盖农业机械。土地细碎化经营则是导致这些现象的重要原因之一。由于农业机械一般体形较大，这种特征使其无法在小范围内作业，因此，对于细碎的农田无法采用农业机械进行操作，只有在土地面积较大、集中度较高的农田上，农业机械才能充分发挥作用。而我国 20 世纪 80 年代以来实行了家庭联产承包责任制度，大部分农田经营呈现细碎化格局，形成了农地碎片化经营格局，农业用地集中化程度低，缺乏大规模的种植基础，提高了农业基础设施的供给成本，并限制了许多体形较大的农业机械设施的应用场景与作业效果，不利于农业机械的大面积推广，进而阻碍了智慧农业发展水平的提升。此外，我国农村经营规模较小，大部分劳动是以小家庭为单位，因此农户采用大型机械的主观意愿也不强烈。但如果将小家庭集中起来，通过农业合作社或集中经营模式来对农业生产环节进行统一管理，就能够实现农业机械的家庭共享，提升农业采用农业机械的积极性。因此，土地细碎化经营会阻碍我国智慧农业对农业经济增长的促进作用。

7.2.6 宣传力度不强以及成本较高

小农户对智慧农业参与度较低的主要原因是智慧农业的宣传力度不强以及成本较高。农户是生产经营的主体，智慧农业的推进离不开农户的积极运用，现如今农户对智慧农业参与度不高的原因可能在于以下两个方面。

一方面，宣传力度不足。一是对智慧农业的有益性宣传不足。随着时代的变迁和现代农业的发展，智慧农业不但能够变革传统发展模式，也能改变农业生产全产业链的各个环节，提升农业生产效率和农产品价值，使农户获得更高的收益，对农户而言是非常有好处的。然而从现实情况来看，小农户对智慧农业的参与程度有待提升，其中大部分农户对智慧农业这个名词比较陌生，不明白什么是智慧农业，也不知道智慧农业有什么好处，究其原因可能是对智慧农业宣传的广度与深度不足，与农户之间产生了信息不对称。二是对信息化建设的有益性宣传不足。大力宣传网络化给农村带来的高净值。由中国互联网信息中心数据表明①，截至 2020 年 6 月，中国农村网民数量为 2.55 亿，占全国总数的 28.2%。互联网能够搭建信息的桥梁，弥合信息鸿沟，让农户更了解智慧农业。三是对智慧农产品的消费宣传不足。近年来，随着人们生活品质的逐步提升，人们对农产品的质量要求也越来越高，往往不惜花更好的价格购买更健康的农产品。由于智慧农业采用更先进的技术对农产品进行品质监测，且能够通过溯源技术观测到农产品的生产过程，因而智慧农产品一般具有更高的质量，且能满足消费者的食品安全需求。理论来说，消费者对智慧农产品的需求应当较高，从而增加智慧农业生产的收入。但由于对智慧农产品的消费宣传不足，消费者无法从海量的产品中挑选出智慧农产品，导致其生态价值、质量价值难以完全体现，不利于提高农户参与智慧农业生产的积极性。因此，加强智慧农产品品牌建设，强化智慧农产品的消费宣传，将助推智慧农业经济发展。

另一方面，智慧农业的应用成本较高。一是体现在设备的成本上，由于智慧农业需要一系列配套的机械设备，因此前期需要投入大量资金。而国家统计局数据显示，2020 年中国城镇居民人均可支配收入为 75602 元，农村居民人均可支配收入为 30126 元②，二者相差 1.5 倍多，可见农村居民的可支配收入对于购买昂贵的设备而言仍显不足。比如，中投顾问 2017 年发布的《2017—2021 年中国智慧农业深度调研及投资前景预测报告》③表明，植保无

---

① 数据来源：CNNIC 发布第 45 次《中国互联网络发展状况统计报告》，http://www.cac.gov.cn/2020-04/28/c_ 1589619527364495.htm[EB/OL].

② 数据来源：2017—2021 年中国智慧农业深度调研及投资前景预测报告，https://www.docin.com/p-1917571029.html[EB/OL].

③ 数据来源：2017—2021 年中国智慧农业深度调研及投资前景预测报告，https://www.docin.com/p-1917571029.html[EB/OL].

人机是典型的智慧农业技术，使用无人机能够高效、高质量地进行植保作业，每小时平均能够完成 2.7~4 公顷的农田作业，而人工操作每小时只能完成 0.04~0.07 公顷的面积，但无人机售价较为昂贵，单价可达到 5 万元，因而较少农户可以承担，也就导致无人机的应用范围有限。二是体现在信息化成本上。由于智慧农业一定程度上依赖于信息化建设，而现阶段我国信息化建设成本较高，加上农户暂时还没有直观感受到信息化建设所带来的收益，因而农户获取信息化服务的意愿不强。这个情况阻碍了我国农村的信息化建设进程。以互联网为例，由国家统计局数据显示，2020 年我国农村地区宽带接入用户为 94.4 万户，占移动互联网总户数的 2.88%，表明农村地区信息技术覆盖率有待进一步提升，同时农村地区信息化建设不仅要增大覆盖范围，而且还需要保证质量，并以最少的投入获取最高的产出，提升资源利用效率。

8　研究结论、对策建议与研究展望

8.1　研究结论

本书考察了智慧农业与农业经济增长的逻辑联系，基于理论基础，采用规范研究和实证研究的方法，深入剖析了智慧农业对我国农业发展的促进情况及其内在机制，得出以下五个结论：

(1)智慧农业作为农业和物联网、大数据、云计算等高技术结合的产物，既有与以往技术进步相同的特征，也具有其特殊性。

本书认为智慧农业会通过提高劳动生产率、升级产业结构和降低交易费用对农业发展形成驱动力。①智慧农业能够替代人的智力，提高劳动生产率，从而推动农业产出值取得有效提升；②智慧农业能够通过延长产业链、完善供应链、提升价值链等方面来促进产业结构升级，进而促进农业经济增长；③智慧农业能够从减少信息不对称、减少政府失灵等两个方面降低农业生产交易成本，进而促进农业经济增长。

(2)通过构建指标体系对智慧农业发展水平进行全面测算发现，2011—2019 年中国智慧农业发展水平整体表现为上升态势，且增长速率波动上升。

四大区域间的智慧农业发展水平由高到低分别为东部地区>中部地区>东北地区>西部地区，除东北地区以外，其余三大地区智慧农业发展水平均呈

132

上升趋势。与此同时，我国农林牧渔业增加值呈持续增长态势，从四大区域对比来看，农林牧渔业增加值由高到低依次为中部地区>东部地区>东北地区>西部地区，从整体增长率来看，四大区域农林牧渔业增加值的增长速度由快到慢依次为：西部地区>东北地区>中部地区>东部地区。中国农业经济增长的总体差异呈波动上升趋势，区域内差异是中国农业经济增长总体差异的主导因素。四大区域农业经济增长的区域内差异均值由大到小分别是西部、东部、中部和东北。基于现状分析可知，近年来中国智慧农业水平持续快速提升，对我国农业经济增长带来了促进作用。

(3)智慧农业对农业经济增长的影响的 OLS 估计结果证实了智慧农业发展能够显著推动农业经济增长这一结论。

分区域回归结果显示，智慧农业发展能够显著推动中部地区、西部地区和东北地区的农业经济增长，而智慧农业发展对东部地区农业经济增长的促进作用并不明显。进一步对智慧农业对农业经济增长影响路径的逐步回归分析与 Bootstrap 检验分析结果均显示支持智慧农业通过提高劳动生产率、升级产业结构、降低交易费用三条路径间接促进农业经济增长。

(4)通过对美国、日本、法国、德国和英国的经验进行深入剖析，结合中国现实状况，认为智慧农业发展离不开政府的各种政策规划支持和相应的调控。

需要因地制宜差别化地推进农村基础设施建设，对于基础的农业区划要做到合理高效统筹规划，优化智慧农业生产核心技术的研发主体与信息化建设，同时还要注重智慧农业人才的培养，促进产学研融合发展，以推动智慧农业的推广应用。

(5)根据研究结论和国外经验，本书提出了中国智慧农业促进农业经济增长中存在的问题及其成因。

就智慧农业及其促进农业经济增长中的现状来看，传统农业向智慧农业转型仍面临智慧化程度不高、缺乏高素质农业人才、信息化水平不高、地区智慧农业经济发展不平衡问题、机械化水平较低、小农户对智慧农业的参与度不高等问题与发展困境，其原因在于智慧农业存在"卡脖子"技术、农业从业者受教育水平较低、部分地区农业基础设施相对落后、资源禀赋以及经济发展水平差异较大、对智慧农业发展的宣传力度不强且成本较高等。基于此，提出智慧农业促进经济增长的对策建议：第一，加大对智慧农业的技术创新与研发投入；第二，强化智慧农业人才培养；第三，加强智慧农业基础设施建设；第四，加强政府对智慧农业的规划与引导；第五，建设土地流转政策服务体系；第六，加大智慧农业宣传力度并拓宽智慧农业融资渠道。

8.2 对策建议

8.2.1 加大对智慧农业的技术创新与研发投入

智慧农业存在"卡脖子"技术，从而导致中国农业智慧化程度不高的问题，结合上述典型发达国家发展经验可以看出，高水平智慧农业技术的开发是促进智慧农业发展的重要因素，各国均根据自身需要，发展和创造出不同的农业科技研发体系结构。针对中国实际，我们认为应当采取加大对智慧农业技术创新与研发投入的措施对中国农业智慧化程度不高的问题加以解决。智慧农业要获得长足发展，提升农业科技水平是关键，而现阶段中国智慧农业自主研发能力不高，存在许多"卡脖子"技术，在关键技术研发环节受制于人，制约了智慧农业的发展。因此，必须加大农业科研力量的投入。

第一，政府部门可以通过增加智慧农业相关的科研项目，激发农业高等院校、农业科研院所以及农业企业对智慧农业关键技术研发的积极性。针对智慧农业发展进程中的"卡脖子"技术，例如农业传感器、无人机、农业机器人等，积极推动研发部门自主创新和协同创新，努力加速关键技术的自主研发，提升自主创新水平，研发一批中国特色的智慧农业技术。

第二，通过价格补贴、税收优惠等形式减少智慧农业技术研发过程中的设备和硬件支出，为智慧农业研发主体提供更便利的条件。智慧农业技术研发也需要耗费大量的成本，因此也可以对参与智慧农业研发的部门给予一定的价格补贴、税收优惠等福利，降低智慧农业技术研发的成本，进一步增强农业研发主体的研发积极性。

第三，加强智慧农业技术的知识产权保护。从美国智慧农业的发展经验可知，知识产权是维护农业科技创新主体利益的重要保障，产权若不明晰，研发部门所研发出来的农业技术容易成为"公用品"，极大地损害了农业科技创新主体的收益，进而打击其创新积极性，不利于智慧农业的发展。因此，中国在促进智慧农业技术研发时，还应当加强智慧农业技术的知识产权保护，通过正当的技术交易实现技术共享，维护农业创新主体的权益，为智慧农业的快速发展营造良好的创新环境。

第四，还可以通过打造智慧农业孵化基地，促进技术研发的协同创新效应。由政府部门成立智慧农业孵化基地，可以为积极参与智慧农业技术研发的企业进行技术帮扶。由于企业参与智慧农业技术研发可能经验不足且存在较大的风险，因此由专业人士成立的智慧农业孵化基地可以为企业提供技术帮扶，为企业减少创新阻力，促进农业企业更好地参与智慧农业技术研发。

8.2.2 强化智慧农业人才培养

我国农业从业者受教育水平较低，导致智慧农业发展缺乏高素质人才的问题，结合美国提高生产者人力资本的经验，比如通过农业高级人才开办夜校，为农户定期开展农业技术培训，解决农业生产中的实际问题；或者在高校增设农业相关专业，定期举办实地操作课程，不但提升学生、农户的专业技能，还能培养学生的兴趣爱好，使其真正热爱农业，为农业发展积累后备人才。我们认为应当采取强化人才培养的措施来解决智慧农业缺乏高素质劳动力的问题。

第一，从职业高中、农业高等院校入手，增设智慧农业相关专业，培养专业技术人才。高校是人才培养的摇篮，要想解决智慧农业缺乏高素质劳动力的问题，首先需要从高校入手，增设智慧农业的相关专业，从理论和实践两方面培养学生的智慧农业知识，使学生不仅具备扎实的理论功底，还能够在实践中动手操作，综合提升其农业素养。因此，首先可以在农业高等院校进行智慧农业的学科建设，通过系统化的学习使学生掌握理论知识和专业技能。其次，加强学校与企业的合作，比如由企业定向培养智慧农业的高素质人才，不仅为企业寻找到合适的智慧农业人才，还为学生创造了实践机会，提升他们的实际操作能力(傅泽田等，2013)。

第二，应提高农业生产地区的教育设施水平，加强硬件设施和师资水平建设，依靠本地培育，在教育方面提高农户素养。一方面，可以由政府引导开设智慧农业的专业培训课程，先培育出一批实用型人才。由于智慧农业的实践性较强，因此为了及时满足智慧农业的发展需求，增加智慧农业人才，应当加强对农户的智慧农业生产技能培训，通过定期开设专业培训课程，增加农户对于智慧农业的认知和操作能力。同时，培训中也需要注重培训方式的创新和适应性。长期以来，农业传统培训的方式大多是召集大量农户，以课堂讲授的方式传播知识，且针对性不强。在智慧农业培训中，可以适当地采用一对一指导、田间地头指导、组织实地观摩学习等创新性培训方式，提高培训的针对性和趣味性，增加农户参与培训的积极性，进而提高培训的效果。另一方面，重视农村地区基础教育，提高自身及子女在素质教育方面的投入。由于在同等条件下，毕业生们更加倾向于留在自己的家乡，因此还应当注重农村地区的基础教育。通过大学生支教、增加教育投入等方式提升农村地区的基础教育水平，为智慧农业培育后备人才。

第三，增加人才引进。通过提升待遇的方式从其他地区引进优秀人才，弥补本地区农业人力资本不足的问题。由于和城市相比，农村地区经济发展水平普遍较为落后，很难吸引到优秀人才。而经济学理论表明，行为人在做出决策时，会考虑成本和收益，因此，需要提升智慧农业人才待遇，才能吸引更多的高素质人才投入到智慧农业中去。在此基础上，还可以通过"智力引进"的方法，协同推进智慧农业人力资本的提升。具体来说，可以从智慧农业发达区域借调一批高素质、高学历人才，在本地区对智慧农业发展工作进行指导，并将智慧农业发达区域的先进经验进行传授。两种方法可以形成合力，有效缓解智慧农业缺乏高素质人才的困境，并助推智慧农业发展水平的全面提升。

第四，加强农业企业对智慧农业人才的培养。农业企业是除农业高校、农业科研院所之外，进行智慧农业人才培养的最佳场所。由于企业面临的市场环境风险较大，如果他们不能与时俱进，培养符合智慧农业时代的专业人才就必然会被市场所淘汰。因此，为了紧跟智慧农业时代的步伐，企业本身会积极地培育智慧农业人才。在此背景下，可以制定一系列政策，鼓励、引导企业加强对智慧农业人才的培养，比如帮助构建创新的培训系统，增强对员工积极学习智慧农业知识的正向激励。这样既提升了企业在市场中的定位，使其能够紧紧把握时代前沿，不被时代所淘汰，而且有利于智慧农业人才的培养和积累，能较好地促进我国智慧农业发展。

8.2.3 加强智慧农业基础设施建设

我国缺乏配套的基础设施建设，导致信息化水平不高的问题，结合日本发展农业物联网的经验，我们认为应当采取加强智慧农业基础设施建设的措施加以解决。农业基础设施是否完善与智慧农业的发展息息相关。由前文分析可知，现阶段我国智慧农业已经得到了一定的发展，但尚未大面积铺开，为了促进智慧农业的有效应用，需要首先加强智慧农业基础设施建设。从前文典型发达国家的智慧农业发展经验来看，各个国家都十分关注农业基础设施建设，并构建了差别化的发展模式。因此，在进行智慧农业基础设施建设时，不仅要考虑中国经济发展的现实情况，还要对农村基础设施建设进行合理的规划，因地制宜差别化地推进农村基础设施建设。

第一，加强农业基础设施建设力度。加大对各个农村地区的基础设施建设的财政投入，进一步完善农村地区的农业基础设施。同时，将智慧农业基础设施与现有的传统农业基础设施相融合，优化整合设施资源，逐步淘汰落后的基础设施，减少资源的浪费。智慧农业基础设施建设主要能够采取两种模式，一种为 BOT(Temporary Privatization)模式，指与个人资本协同的方式，具体流程为一开始通过私人账户进行基础设施建设，建成以后以租赁的方式获利，等到所获利润足以抵消投入成本后，将此基础设施所有权转移给政府，由此一来可以减少政府的财政支出，缓解财政压力。另一种为 PPP(Public-Private partnership)模式，指个人与政府共同投资进行基础设施建设的方式，这种方式由政府部门和私人合作完成。在进行模式选择时，应当充分考虑实际情况。

第二，因地制宜差别化地推进农村基础设施建设。由于中国各地区的经济发展情况存在差异，农业资源禀赋条件也各有不同，因此，需要对农村基础设施建设进行合理的规划，因地制宜差别化地推进农村基础设施建设，由此确保智慧农业的稳步推进。尽管农业基础设施对发展智慧农业十分重要，也不能盲目地进行智慧农业基础设施建设，只考虑提升基础设施的覆盖面积，而是需要根据不同地区使用者的需求建设相适应的基础设施，使基础设施物尽其用，充分发挥其作用。比如，在水资源十分充裕的地区建设水利基础设施就属于供需不匹配，没有充分考虑使用者的需求，造成了基础设施资源的浪费。因此，在进行基础设施建设时，需要充分考虑不同地区的实际情况，对农村基础设施建设进行合理的规划，因地制宜差别化地推进农业基础设施建设，从质量和数量两方面全面提升智慧农业的基础设施建设水平。

第三，提高基础设施使用效率。基础设施的作用能否充分发挥，还需要使用者对其高效地利用。首先，应当向农户充分宣传农业基础设施的积极作用，提升农户的采用积极性。比如，可以通过在合作社、专业大户中进行试点，并以此为榜样，组织农户前来观摩，让农户亲眼看到基础设施带来的便利，提升农户的使用意愿。其次，委派专业人员进行技术指导，将正确、科学的使用方法教授给农户，提升农户的使用效率。再次，合理建设农业基础设施，避免在一定范围内，重复出现同类型基础设施的现象，减少基础设施冗余和资源的浪费。

8.2.4 加强政府对智慧农业的规划与引导

我国各地区资源禀赋存在差异，导致智慧农业地区发展不平衡的问题，而在美国智慧农业的发展进程中，政策引导是美国智慧农业整体快速发展的重要力量。我们认为应当采取加强中央政府、各地方政府等政府管理部门对智慧农业发展的规划与引导，对上述问题加以解决。

第一，应当加强政府对智慧农业的主导和管理作用。政府部门是发展智慧农业的首要推动力，政府部门主导和管理作用的发挥直接影响到智慧农业的进展方向和发展成效。由前文分析可知，政府部门十分重视智慧农业的发展，并颁布了一系列政策措施对其发展目标、重点任务作出了指导，因此应当进一步加强政府管理部门对智慧农业的主导和管理作用，构建政策措施体系，对各级政府制定发展任务，特别是要将智慧农业的发展一步步落实到最基层的生产环节，增强政策制定的针对性和有效性。比如，深化政府管理部门的体制改革，对各级管理部门制定考核标准，对其智慧农业建设的工作进展进行评价考核，通过激励措施，打造良好的工作氛围。

第二，应当完善智慧农业保障政策，通过一系列保障政策的制定来推动智慧农业进程。由于智慧农业发展需要一定的时间，不可能一蹴而就，而且是一项十分艰巨的任务，需要多部门的共同努力，因此除了要制定智慧农业发展政策以外，还需要完善智慧农业保障政策，协同推进智慧农业发展。比如，通过颁布财政、税收优惠等法律法规，为积极参与智慧农业建设的企业创造优惠条件，激发企业进行智慧农业建设工作的积极性，促进智慧农业良好发展。

第三，积极推进智慧农业发展相关标准的建立。由于我国智慧农业尚处于初步发展阶段，相关的行业标准还不完善，比如，进行智慧农业研发活动时，研发出来的新技术质量标准不明晰，可能会导致有些企业滥竽充数的现象。同时，由于智慧农业并非单一的技术手段，而是需要利用一系列配套的技术进行生产，因此容易出现不同厂家生产出的设备互相不兼容的现象，大大降低了技术使用效率。因此，需要积极推进智慧农业发展相关标准的建立，使技术研发部门有统一的标准可以遵循，一方面增加不同厂家技术设备的兼容性，另一方面提升智慧农业技术设备的质量水平，进而促进智慧农业技术水平的提升。

第四，因地制宜地制定智慧农业发展政策。由于智慧农业发展始终要依靠自然资源条件，而我国地大物博，不同区域的农业禀赋条件差别较大，因此在制定智慧农业发展政策时不能一刀切，而是需要根据不同区域的现实情况，因地制宜地制定智慧农业发展政策。首先，在全国范围内设定智慧农业的县域试点区域，在试点区域探寻与该区域相匹配的智慧农业建设思路；其次，根据不同县域试点区域农业的具体情况，适当地扩大智慧农业覆盖范围；再次，根据县域试点区域的发展经验，以点带面，逐步推广到省域范围，以确保智慧农业发展模式的合理性和适应性；最后，在发展智慧农业同时，还可以发展观赏农业或智慧农业的观摩基地，不仅能够提升生态产品价值，还能够作为智慧农业发展的有效宣传，有助于智慧农业的全面推进。

第五，加速搭建智能化平台。政府部门作为智慧农业发展的主导者，需要通过大数据、云计算等先进技术的应用，加速推进智能化平台的搭建。智能化平台可以给政府部门和农户创造一个高效、无障碍的交流场所，不仅可以让不同地区的农户可以广泛交流农业生产经验，并掌握农产品市场信息，便于其时刻作出生产决策的改变，还能够通过在线客服随时解决农户生产中存在的技术问题，减少农户信息不对称现象，帮助农户进行智慧农业生产。通过搭建智能化平台，一方面能够对农户的农业生产起到帮扶作用，另一方面有助于加强政府部门对农业生产、农产品市场的监管，对发展智慧农业也是大有裨益。

8.2.5 建设土地流转政策服务体系

从各国智慧农业发展的经验来看，智慧化程度的提升离不开农业机械的使用。然而，我国土地细碎化经营现象普遍存在，导致农业生产机械化水平较低的问题，我们认为应当采取建设土地流转政策服务体系的措施加以解决。机械化是智慧农业的发展基础，没有机械化也就无法智慧化，实现智慧农业最基本的是农业机械的使用。尽管中国农业生产中，机械设备已经广泛覆盖，并对生产效率发挥了关键作用，而土地细碎化经营则阻碍了智慧农业的推广应用，进而对农业经济增长产生不利影响。因此，应当在明晰农地产权制度的基础上，完善土地流转政策服务体系。

第一，建设公益性土地流转政策服务体系。小农户分散经营是造成土地细碎化的主要原因，而土地流转可以使分散的农田变得集中，因此建设公益性土地流转政策服务体系是解决土地细碎化问题，提升农业机械化水平的重要手段。通过农技推广机构、农业科研院所的广泛参与，根据我国土地政策和农业发展的实际情况，探寻适合我国国情的公益性土地流转政策服务体系，有效利用农村地区农技推广站的积极作用。

第二，建设经营性土地流转政策服务体系。在公益性土地流转政策服务体系的基础上，建设经营性土地流转政策服务体系作为补充。鼓励成立经营性土地流转服务机构，由服务机构定期收集、整理和发布土地流转的价格信息、供需信息等，并提供土地流转咨询，土地流转合同签订等服务。由此以来，减少农户之间的信息不对称，避免"想流转但不知道怎么流转"或者"想流转但不知道去哪里流转"的现象，在经营性土地流转服务机构的帮助下，土地价格更为明晰，流转双方信息更加对称，能够保障多方的利益，助力高效率的土地流转。

8.2.6 加大智慧农业宣传力度并拓宽融资渠道

从各国经验来看，要想提升智慧农业发展水平，必须首先让农户采用智慧农业技术，比如日本政府非常注重农业科研机构的互联网普及，使各大研发机构之间互联互通，相互学习，共同进步，大大提升了研发人员的工作效率，同时还十分注重农村地区的互联网普及，给购买计算机设备的农户一定数额的补贴，形式包括现金补贴、价格补贴等，以提升他们使用互联网的积极性或者有意愿购买但实际能力不足的农户更多的机会；英国新型职业农民主要是职业经理人与农场主，并且英国农民收入水平已经处于中高收入阶层。反观我国智慧农业发展，由于对智慧农业的宣传力度不强，以及需要耗费大量的初始投资，我国智慧农业发展存在小农户参与度较低的问题，我们认为应当采取加大智慧农业宣传力度并拓宽融资渠道的措施加以解决。政府应加大宣传力度，解决农户"想不想"的问题，大面积推广智慧农业。不仅要向农业生产者中推广智慧农业，还要在农产品消费者端拉动对智慧农产品的需求。智慧农业对农业经济增长促进作用有限，可能的原因在于农户不了解智慧农业，不知道它能够带来哪些好处。同时，智慧农业产品尚未形成品牌或品牌影响力较弱，消费者对智慧农产品的需求仍需进一步拉动。所以需要加大对智慧农业的宣传力度，比如，在农村地区电视广播上播放智慧农业的宣传介绍，对其好处进行详细的解释；组织召开智慧农业宣传的专题讲座；委派专业技术人员进行现场指导等，具体内容则体现在以下几个方面：

第一，对信息化的概念内涵以及给农民、农村带来的好处进行宣传。信息化是实现智慧农业的前提之一，要想宣传智慧农业，首先需要让农民了解什么是信息化，信息化之后会带来哪些好处。在信息技术发达的今天，我国农民收入得到较大提升，在高收入的吸引下，出现了一大批新型职业农民，为"三农"发展注入了新的动力。他们具有较高的综合素质，会使用互联网，具有新知识、新技术。在此背景下，应当大力宣传网络化给农村带来的好处。智慧农业的发展，网络化有效地消除了农业的信息孤岛，不但改善了农村居住条件，使得信息传递更加畅通，交通基础设施更加完善，对这些信息应当通过多样化的宣传方式传递给农民。

第二，宣传智慧农业对农产品品质和生态价值实现的好处。近年来，随着人们生活品质的逐步提升，人们对农产品的质量要求也越来越高，往往不惜花更好的价格购买更健康的农产品。由于智慧农业采用更先进的技术对农产品进行品质监测，且能够通过溯源技术观测到农产品的生产过程，因而智慧农产品一般具有更高的质量，且能满足消费者的食品安全需求。理论来说，消费者对智慧农产品的需求应当较高，从而增加智慧农业生产的收入。但由于对智慧农产品的消费宣传不足，消费者无法从海量的产品中挑选出智慧农产品，导致其生态价值、质量价值难以完全体现，不利于增加农户参与智慧农业生产的积极性。因此，需要加强智慧农产品品牌建设，比如将地理标志、非物质文化遗产等资源与智慧农业相结合，实现智慧农业的品牌推广，同时强化相关的消费宣传，增加消费者对的认同与需求，助推智慧农业经济发展。

第三，拓宽智慧农业的融资渠道。在加强宣传力度的同时，还应当拓宽智慧农业的融资渠道，解决农户"能不能"的问题。政府的财政支出和财政补贴是支持智慧农业发展的主要力量，除此之外，还应当与金融机构合作，拓宽智慧农业的融资渠道。发展智慧农业需要大量的投入，如果仅仅依靠政府财政，会大大增加财政压力，因此应当拓宽智慧农业的融资渠道，通过吸纳更多的社会资金，减轻财政压力，促进智慧农业发展。一方面，通过政府补贴、价格优惠等政策的实施，为参与智慧农业生产的农户提供资金支持。比如，对购买智慧农业设备的农户给予价格优惠、现金补贴、技术帮扶等激励政策，适度减轻农户参与智慧农业生产的经济压力。另一方面，鼓励涉农企业之间的协同合作，积极参与智慧农业的建设。智慧农业无论是对农业还是农村都具有较高的价值，因而可以充分利用市场机制的作用，鼓励社会经营机构的成立，有偿为农户提供智慧农业技术服务。在市场机制和利润最大化的驱动下，这些经营机构会自发地投入资金，进行智慧农业技术研发和推广，这就将社会资金带入智慧农业的建设，不但能够解决农户参与智慧农业的融资困难，还缓解了政府财政压力，而且自身得到了商业价值，是一举三得的发展模式。

8.3　研究展望

本书在对智慧农业和农业经济增长等重要概念进行界定以及对马克思恩

格斯的农业现代化理论、习近平新发展理论、技术进步理论和经济增长理论等与本书密切相关的理论、学说进行详细阐述的基础上，首先从智慧农业基础、智慧农业应用、智慧农业销售等涵盖农业全产业链的各个环节构建指标体系对智慧农业进程进行全面测算，并对我国及四大地区智慧农业进程以及农业经济增长水平进行了时空特征和区域差异的讨论，归纳总结智慧农业在推动中国农业发展中存在的问题；其次，从提高劳动生产率、升级产业结构、降低农业生产中的交易费用等方面详细探讨了智慧农业对中国农业经济增长的作用机理，并实证检验智慧农业对农业经济增长的影响效应与影响路径；在此基础上，通过对美国、日本、欧盟等发达国家智慧农业经济增长效应的发展现状、特征以及具体措施进行总结与归纳，阐述了提升我国智慧农业经济增长效应的启示；最后，基于本书研究结论，结合国际经验，构建有效利用智慧农业的积极效应，推动农业发展的政策措施体系。未来拟从以下四个方面进行更深入的研究。

一是进一步挖掘智慧农业对农业经济增长的影响机理。本书深入剖析了二者之间的内在联系和传导机理，且认为智慧农业通过提高劳动生产率、升级产业结构、降低农业生产中的交易费用等三个方面传导机制作用于农业经济增长。为了更全面地揭露智慧农业影响农业经济增长的黑箱，未来需要进一步对本领域的文献进行长期追踪，特别是国外最新的文献，时刻紧跟研究前沿。同时，对本领域的专家进行咨询，并到农村地区进行实地调研，对智慧农业影响农业经济增长的影响机理进行更深入的研究，尝试发掘更深层次的影响机理。

二是从微观农户视角探讨智慧农业对农户行为的影响。智慧农业涵盖了多方面的内容，包括生产的不同阶段内容，其目标是实现以人工智能、互联网为特色的农业发展模式。本书从宏观视角选取了覆盖智慧农业建设的各个方面，将发展基础、应用状况、销售情况三个指标作为一级指标，并且通过文献整理、比较与综合分析，使得二级指标的选取也尽可能地覆盖智慧农业建设的各个方面，力求完备。下一阶段，会进行深入研究设计，通过实地调研考察智慧农业在不同地区的实际应用情况，并进行深入的微观研究，探讨智慧技术的应用是否改变了农户的生产行为。

三是更进一步的异质性特征。本书通过构建一个宏观的理论框架，解释了智慧农业对农业发展的推动机理，分析了其总体趋势，并进行了空间异质性分析。但智慧农业涉及农业经济增长的方方面面，比如智慧化生产技术的应用、传感器应用、智慧化管理、智慧化销售等，未来在后续的研究中，拟从不同维度智慧农业入手，更加深入地探讨不同维度的影响差异。

四是关于更长期的持续研究。本研究更多是针对 2021 年"中央一号文件"中提出的加强智慧农业建设的政策要求，探讨其对推动我国农业发展的作用机制，因而其影响效应仍然需要未来更长时期的持续研究。智慧农业在中国的发展时间不长，但发展迅速，智慧农业对农业发展的促进效果已初具成效。在智慧农业发展的短短十年中，对经济社会的影响才刚开始呈现。随着人工智能与农业的进一步结合，将对我国农业高质量发展产生更加深远的有利影响。因此，在未来的研究中，仍然需要持续关注智慧农业对农业经济增长的影响，不断拓展智慧农业影响农业经济增长的研究视角，从而更准确地把握其对农业经济增长的影响趋势。

参 考 文 献

[1]波拉特(Porat，M. U.)．信息经济论[M]．北京：人民出版社，1987：23-25.

[2]白洁．基于协整分析的中国信息化和农村区域经济关系研究[J]．农业经济，2014，1(3)：100-101.

[3]程承坪．智能新技术助推中国经济中高速增长——基于高质量发展的视角[J]．山东财经大学学报，2020(1)：16-25.

[4]程承坪．人工智能促进经济发展的途径[J]．当代经济管理，2021，43(3)：1-8.

[5]程承坪，兰海．大数据、分立知识的整合与经济发展[J]．河北学刊，2020，40(4)：133-140.

[6]程承坪．人工智能的自主性、劳动能力与经济发展[J]．人文杂志，2021(6)：60-68.

[7]程明熙．处理多目标决策问题的二项系数加权和法[J]．系统工程理论与实践，1983，3(4)：23-26.

[8]程启月．评测指标权重确定的结构熵权法[J]．系统工程理论与实践，2010，30(7)：1225-1228.

[9]程会强．发展生态智慧农业的思考[J]．高科技与产业化，2018(5)：36-39.

[10]成志平．基于智慧农业的农产品可溯源平台[J]．智富时代，2019(1)：

21.

[11]陈挺. 决策分析[M]. 北京：科学出版社，1997：18.

[12]储莎，陈来. 基于变异系数法的安徽省节能减排评价研究[J]. 中国人口·资源与环境，2011，21(S1)：512-516.

[13]陈晓. 工业智能化、劳动力就业结构与经济增长质量——基于中介效应模型的实证检验[J]. 华东经济管理，2020，34(10)：56-66.

[14]陈彦斌，林晨，陈小亮. 人工智能、老龄化与经济增长[J]. 经济研究，2019，54(7)：47-63.

[15]陈志刚，周丹. 基于环比倍乘评分法的上海市创新型城市阶段评价[J]. 消费导刊，2008(16)：175.

[16]陈一飞，高万林，齐凯，等. 现代智能农业技术引领农业现代化进程初探[J]. 农机化研究，2014，36(8)：5.

[17]蔡荣，祁春节. 农业产业化组织形式变迁——基于交易费用与契约选择的分析[J]. 经济问题探索，2007(3)：28-31.

[18]沈速，孙莉，于喜波. 贯彻以人为本的思想，创造良好的人居环境[J]. 防护林科技，2006(1)：63-64.

[19]崔少宁. 关于智慧农业作业水平指标体系的思考[J]. 农机质量与监督，2020，4(10)：22，19.

[20]崔凯，冯献. 数字乡村建设视角下乡村数字经济指标体系设计研究[J]. 农业现代化研究，2020，41(6)：899-909.

[21]崔丽，傅建辉. 浅释传统农业经济效率低下的原因[J]. 广西社会科学，2006(5)：4.

[22]曹博，赵芝俊. 技术进步类型选择和我国农业技术创新路径[J]. 农业技术经济，2017(9)：80-87.

[23]董鸿鹏，吕杰. 基于波拉特法辽宁省农业信息化水平的测度[J]. 农业经济，2014，1(1)：11-15.

[24]邓洲. 促进人工智能与制造业深度融合发展的难点及政策建议[J]. 经

济纵横，2018(8)：41-49.

[25]戴珍燕．促进我国智慧农业发展的对策研究[D]．杭州：浙江海洋大学硕士学位论文，2018.

[26]丁孟春，刘宣宣，姜会明．吉林省农业信息化对农业经济增长贡献的实证研究[J]．情报科学，2016，34(11)：97-100.

[27]方创琳，Yehua Dennis Wei．河西地区可持续发展能力评价及地域分异规律[J]．地理学报，2001，5656(5)：561-569.

[28]傅泽田，邢少华，张小栓．食品质量安全可追溯关键技术发展研究[J]．农业机械学报，2013(7)：144-153.

[29]赴美国精准农业及3S技术培训团．美国精准农业考察培训报告[J]．中国农垦，2005(2)：29-33.

[30]郭守斌，魏域斌，魏玉杰．对我国智慧农业发展的思考与建议[J]．农业科技与信息，2021，4(9)：72-75.

[31]郭雅葳．物联网技术在农业生产与管理信息化中的应用[J]．农业工程技术，2019，39(8)：24-25.

[32]郭亚军．综合评价理论与方法[M]．北京：科学出版社，2002：23-26.

[33]郭素芳，刘琳琳．要素整合与农业经济增长动力转换——基于农业全要素生产率视角[J]．天津师范大学学报(社会科学版)，2017(1)：65-69，74.

[34]郭显光．改进的熵值法及其在经济效益评价中的应用[J]．系统工程理论与实践，1998(12)：98-102.

[35]葛文杰，赵春江．农业物联网研究与应用现状及发展对策研究[J]．农业机械学报，2014，45(7)：222-230，277.

[36]高雅，甘国辉．农业信息化评价指标体系初步研究[J]．农业网络信息，2009(8)：9-13，17.

[37]干春晖，郑若谷，余典范．中国产业结构变迁对经济增长和波动的影响[J]．经济研究，2011，46(5)：4-16.

[38]韩明月．面向智慧农业的物联网自动控制系统设计[D]．哈尔滨：哈尔滨工业大学硕士学位论文，2016.

[39]韩永辉，黄亮雄，邹建华．中国经济结构性减速时代的来临[J]．统计研究，2016，33(5)：23-33.

[40]黄婷婷，李德华．我国农业信息化水平的测度及影响因素分析[J]．情报科学，2008，26(4)：565-571.

[41]黄平，覃玥，李源洪，等．信息时代下四川省农地流转与规模化经营路径分析[J]．中国农业信息，2018，30(1)：9.

[42]侯秀芳，王栋．"互联网+现代农业"的创新发展体系与发展维度探析[J]．世界农业，2018，4(9)：81-87.

[43]侯秀芳，王栋．新时代下我国"智慧农业"的发展路径选择[J]．宏观经济管理，2017(12)：64-68.

[44]黄华安．我国智能化农业机械应用及发展建议研究[J]．时代农机，2019，46(3)：14-15.

[45]胡亚兰，张荣．我国智慧农业的运营模式、问题与战略对策[J]．经济体制改革，2017(4)：70-76.

[46]胡岳岷．论马克思主义农业基础地位理论的继承与发展[J]．当代经济研究，2007(8)：56-61.

[47]何玉长，方坤．人工智能与实体经济融合的理论阐释[J]．学术月刊，2018(5)：56-67.

[48]洪良荣．西方关于农业技术进步理论的研究[J]．经济学动态，1989(9)：53-57.

[49]贺泽华．基于"互联网"的智慧农业生产管理系统研究[J]．移动信息，2019(5)：3.

[50]霍利斯·钱纳里，赛尔昆．发展模式：1950—1970[M]．北京：经济科学出版社，1989.

[51]鞠晓晖．美国农业物联网生产服务体系建设对中国的启示[J]．世界农

业，2016，1（7）：39-43.

[52]蒋璐闻，梅燕.典型发达国家智慧农业发展模式对我国的启示[J].经济体制改革，2018（5）：158-164.

[53]姬长英.农业生产过程智能化的发展与展望[J].农业机械学报，1999，4（1）：108-112.

[54]蒋和平.改革开放四十年来我国农业农村现代化发展与未来发展思路[J].农业经济问题，2018（8）：51-59.

[55]贾卫国.农业面源污染与农业经济增长——以江苏省数据为考察对象[J].求索，2010（9）：31-32.

[56]江洪.智慧农业导论：理论，技术和应用[M].上海：上海交通大学出版社，2015.

[57]景月楼.发展伦理学：人与自然"和谐共生"的发展新模式[J].文化学刊，2016（3）：177-179.

[58]金玉国，张娟.基于因子分析的非市场交易费用测度比较——以省会城市为例[J].淮阴师范学院学报（哲学社会科学版），2009（31）：475-485.

[59]匡远凤，彭代彦.中国农业经济增长绩效、来源与演化[J].数量经济技术经济研究，2020，37（12）：45-65.

[60]匡昭敏，马瑞升，李莉，等.智慧农业气象服务前瞻与建设——以广西甘蔗气象服务为例[C].中国气象学会，2016：2.

[61]林海英，李文龙，赵元凤.基于农业科技创新视角的农业信息化水平与农业经济增长关系研究[J].科学管理研究，2018，36（2）：80-83.

[62]刘昊，许天瑶.我国智能化农业机械发展概况[J].农业工程，2016，6（6）：7-8.

[63]刘谊瑶.农业信息化对农业经济增长的影响[J].商业文化，2021，4（1）：86-87.

[64]刘欢.工业智能化如何影响城乡收入差距——来自农业转移劳动力就业

视角的解释[J]. 中国农村经济，2020，4(5)：55-75.

[65]刘军，曹雅茹，鲍怡发，招玉辉. 制造业智能化对收入差距的影响研究
[J]. 中国软科学，2021，4(3)：43-52.

[66]刘海启. 加快数字农业建设，为农业农村现代化增添新动能[J]. 中国
农业资源与区划，2017，38(12)：1-6.

[67]刘玮，李燕凌，胡扬名. 县域农业信息化发展水平评价[J]. 江苏农业
科学，2014，42(5)：399-403.

[68]刘世洪，许世卫. 中国农村信息化测评方法研究[J]. 中国农业科学，
2008，41(4)：1012-1022.

[69]刘乾凝. 需求与技术双驱动下的都市农业大数据智慧服务研究[J]. 农
业图书情报学刊，2018，30(3)：4.

[70]刘家玉，周林杰，荀广连，等. 基于物联网的智能农业管理系统研究与
设计——以江苏省农业物联网平台为例[J]. 江苏农业科学，2013(5)：
377-379.

[71]刘国恩，William H D，傅正泓，等. 中国的健康人力资本与收入增长
[J]. 经济学(季刊)，2004(1)：101-117.

[72]刘奇. 亟待开发的农业共享经济[J]. 中国发展观察，2017(14)：53，
56.

[73]来蔓均. 浅析自然辩证法与我国智慧农业的发展[J]. 农家参谋，2020
(21)：102-103.

[74]骆永民. 基础设施建设、交易成本与经济增长[J]. 当代经济管理，
2008(1)：14-18.

[75]龙江，靳永辉. 我国智慧农业发展态势、问题与战略对策[J]. 经济体
制改革，2018(3)：74-78.

[76]李裕瑞，王婧，刘彦随，龙花楼. 中国"四化"协调发展的区域格局及
其影响因素[J]. 地理学报，2014，69(2)：199-212.

[77]李思. 基于 DEA 及超效率 DEA 模型的农业信息化评价研究[J]. 湖北农

业科学，2011，50(6)：1292-1294.

[78]李跃艳，熊回香，李晓敏. 基于主成分分析法的期刊评价模型构建[J].
情报杂志，2019，38(7)：199-207.

[79]李雪铭，晋培育. 中国城市人居环境质量特征与时空差异分析[J]. 地
理科学，2012，32(5)：521-529.

[80]李泳琪. 我国智慧农业发展的现状和策略研究[J]. 农场经济管理，
2020(6)：35-37.

[81]李道亮. 智慧农业：中国的机遇和挑战[J]. 高科技与产业化，2015
(5)：4.

[82]李道亮. 城乡一体化发展的思维方式变革——论现代城市经济中的智慧
农业[J]. 学术前沿，2015(17)：9.

[83]李晓微. 试论智慧型农业技术的发展对农业种植的影响[J]. 建筑发展，
2021，5(1)：93-94.

[84]李周，温铁军，魏后凯，杜志雄，李成贵，金文成. 加快推进农业农村
现代化："三农"专家深度解读中共中央一号文件精神[J]. 中国农村经
济，2021(4)：2-20.

[85]李晓倩，刘学录. 土地评价指标权重赋值方法的比较分析[J]. 甘肃农
业大学学报，2012，47(5)：129-133.

[86]吕庆军，钟闻宇，由浩良. 物联网技术在智慧农业节水灌溉中的应用
[J]. 时代农机，2019，46(11)：3.

[87]吕开宇，李春肖，张崇尚. 基于主成分分析法和熵值法的地区农业保险
发展水平分析——来自2008—2013年中国省级层面的数据[J]. 农业技
术经济，2016(3)：4-15.

[88]陆明生. 多目标决策中的权系数[J]. 系统工程理论与实践，1986，6
(4)：77-78.

[89]陆美娟，左平桂，张兵. 江苏省金融支持和农业经济增长的实证分
析——基于13市面板数据的经验分析[J]. 南京农业大学学报，2009，

32（1）：146-150.

[90]罗浩轩. 新常态下中国农业经济增长的三重冲击及其治理路径——基于
1981—2013 年中国农业全要素生产率的测算[J]. 上海经济研究，2017
（2）：24-33.

[91]梁世夫，王雅鹏. 农业结构调整中政府失灵及其矫正[J]. 学术交流，
2004（3）：56-60.

[92]孟盈. 媒介发展与信息生产力的交互作用[J]. 福建师范大学学报：哲
学社会科学版，2014（6）：5.

[93]彭冲，李春风，李玉双. 产业结构变迁对经济波动的动态影响研究[J].
产业经济研究，2013（3）：91-100.

[94]乔康，汪先富，王阳. 基于物联网技术的智慧农业种植管理系统构建
[J]. 电子世界，2016，1（11）：10，12.

[95]乔家君. 改进的熵值法在河南省可持续发展能力评估中的应用[J]. 资
源科学，2004，26（1）：113-119.

[96]钱晔，孙吉红，黎斌林，彭琳，沈颖鸣，沈其螽. 大数据环境下我国智
慧农业发展策略与路径[J]. 云南农业大学学报（社会科学），2019，13
（1）：6-10.

[97]钱明华. 农业机械智能化对农业发展的影响[J]. 南方农机，2019，50
（20）：18.

[98]阮青，邓文钱. 发展智慧农业问题研究——以广西为例[J]. 桂海论丛，
2013（2）：49-52.

[99]冉红伟. 基于国际比较的中国智慧农业发展的影响因素及策略研究
[D]. 重庆：重庆师范大学硕士学位论文，2019.

[100]任俊霖，李浩，伍新木，李雪松. 基于主成分分析法的长江经济带省
会城市水生态文明评价[J]. 长江流域资源与环境，2016，25（10）：
1537-1544.

[101]苏海涛，王秀丽. 人工智能对我国产业结构的影响分析[J]. 产业创新

研究，2018(10)：18-22，51.

[102]苏 畅．印度电子农业发展及对中国"互联网+"农业的启示[J].农村经济，2016(11)：82-86.

[103]苏美岩．和谐社会：人与自然的和谐统一体——读马克思的《1844年经济学哲学手稿》[J].赤子(上中旬)，2015，03(407)：27-27.

[104]沈剑波，王应宽．中国农业信息化水平评价指标体系研究[J].农业工程学报，2019，35(24)：162-172.

[105]孙忠富，杜克明，郑飞翔，等．大数据在智慧农业中研究与应用展望[J].中国农业科技导报，2013，15(6)：63-71.

[106]孙刚，房岩，陈野夫，等．人工智能在智慧农业中的应用研究[J].吉林工程技术师范学院学报，2019，35(10)：4.

[107]孙敬水，董亚娟．人力资本、物质资本与经济增长[J].山西财经大学学报，2007(4)：37-43.

[108]宋伟，吴限．大数据助推智慧农业发展[J].人民论坛，2019(12)：100-101.

[109]宋洪远．智慧农业发展的状况、面临的问题及对策建议[J].人民论坛·学术前沿，2020(24)：62-69.

[110]宋展，胡宝贵，任高艺，杜诗青，张一铭，李乐．智慧农业研究与实践进展[J].农学学报，2018，8(12)：95-100.

[111]唐广元．智慧农业发展中面临的现实问题及其对策[J].南方农业，2021，15(11)：190-191.

[112]汪卫霞．农业信息化：中国农业经济增长的新动力[J].学术月刊，2011，43(5)：78-86.

[113]汪浩，朱长宁，谢加封，等．智慧农业的实现途径研究[J].生物学杂志，2017，34(3)：3.

[114]温忠麟．张雷，侯杰泰，刘红云．中介效应检验程序及其应用[J].心理学报，2004(5)：614-620.

[115]温涛，陈一明.数字经济与农业农村经济融合发展：实践模式、现实障碍与突破路径[J].农业经济问题，2020(7)：118-129.

[116]文燕，李敏.大数据在智慧农业中的应用与实现[J].科技展望，2016(26)：129-130.

[117]吴晓燕，许海云，宋琪，等.精准农业领域专利竞争态势分析[J].世界科技研究与发展，2020(2)：25-35.

[118]吴瑛莉，杜美丹，刘承良等.金华市智慧农业发展现状、存在问题与对策[J].天津农业科学，2016，22(3)：60-62.

[119]吴娟，陈欣.城乡居民收入差距与农业经济增长关系的实证研究[J].农业技术经济，2010(12)：25-30.

[120]王君，张于喆，张义博，等.人工智能等新技术进步影响就业的机理与对策[J].宏观经济研究，2017(10)：169-181.

[121]王丙刚.物联网技术在"智慧农业"中的应用及模式探研[J].智能建筑与智慧城市，2018(9)：73-74.

[122]王应明，傅国伟.主成分分析法在有限方案多目标决策中的应用[J].系统工程理论方法应用，1993，2(2)：43-48.

[123]王海宏，周卫红，李建龙等.我国智慧农业研究的现状·问题与发展趋势[J].安徽农业科学，2016，44(17)：279-282.

[124]王莉.我国农业机械在精确农业背景下发展存在的问题及趋势[J].河北农业，2016(12)：52-53.

[125]王丽芳.主成分分析在综合评价中的应用[J].经济研究导刊，2012(19)：219-222，267.

[126]王昊.发展智慧农业推进农业信息化[J].农业知识，2015(14)：23-24.

[127]王清源，旭海.熵权法在重大危险源应急救援评估中的应用[J].南京工业大学学报(自然科学版)，2011，33(3)：87-92.

[128]王淑婧.2001—2012年山东省农业信息化发展水平评价[J].南方农业

学报，2014，45（8）：1519-1522.

[129]王金营. 人力资本与经济增长——理论与实证[M]. 北京：中国财政经济出版社，2001.

[130]王弟海，龚六堂，李宏毅. 健康人力资本、健康投资和经济增长[J]. 管理世界，2008（3）：28-39.

[131]王鹏，尤济红. 产业结构调整中的要素配置效率——兼对"结构红利假说"的再检验[J]. 经济学动态，2015（10）：70-80.

[132]王蕊. 供应链下沉打通产销全链物流大提速助力乡村振兴[J]. 中国储运，2021（4）：58-59.

[133]闻博. 马克思主义农业发展理论及我国农业发展实践研究[D]. 东北师范大学博士学位论文，2016.

[134]魏敏，李书昊. 新时代中国经济高质量发展水平的测度研究[J]. 数量经济技术经济研究，2018，35（11）：3-20.

[135]夏露，罗明. 新形势下镇江市智慧农业发展的思考和建议[J]. 中国农业信息，2017（5）：18-20.

[136]肖峰，张坤晶. 信息革命与社会主义新形态[J]. 当代世界与社会主义，2014（2）：18-22.

[137]许竹青. 我国数字农业发展的现状、问题与政策建议[J]. 全球科技经济瞭望，2020，35（6）：19-25.

[138]夏杰长，刘诚. 行政审批改革、交易费用与中国经济增长[J]. 管理世界，2017（4）：47-59.

[139]谢幸杰，胡勇，栾婷莉. 如何开启智慧农业的破茧之旅——以传统农区河南省商水县为例[J]. 周口师范学院学报，2015，32（3）：112-115.

[140]信桂新，杨朝现，杨庆媛，李承桧，魏朝富. 用熵权法和改进 TOPSIS 模型评价高标准基本农田建设后效应[J]. 农业工程学报，2017，33（1）：238-249.

[141]宣家骥. 多目标决策[M]. 长沙：湖南科技出版社，1989：53.

[142]西奥多·W.舒尔茨等.改造传统农业[M].北京：商务印书馆，1987.

[143]袁晓庆，李奇峰，李琳，等.基于主成分分析法的农业信息化评价研究[J].江苏农业科学，2015，43(3)：398-402.

[144]袁久和，祁春节.基于熵值法的湖南省农业可持续发展能力动态评价[J].长江流域资源与环境，2013，22(2)：152-157.

[145]原小能，唐成伟.劳动力成本、交易成本与产业结构升级[J].浙江大学学报(人文社会科学版)，2015，45(5)：133-143.

[146]杨大蓉.中国智慧农业产业发展策略[J].江苏农业科学，2014，42(4)：1-2.

[147]杨玥.信息生产力对经济增长的贡献研究[J].经济研究导刊，2013(24)：9-11，36.

[148]杨文举.技术效率、技术进步、资本深化与经济增长：基于DEA的经验分析[J].世界经济，2006(5)：73-83，96.

[149]尹鹏，刘继生，陈才.东北振兴以来吉林省四化发展的协调性研究[J].地理科学，2015，35(9)：1101-1108.

[150]余祁暐，廖淑君，张羽萱.智慧农业大数据发展挑战与因应对策[J].农业生技产业季刊，2019(57)：34-41.

[151]余长林.人力资本投资结构与经济增长：基于包含教育资本、健康资本的内生增长模型理论研究[J].财经研究，2006(10)：102-112.

[152]于法稳.基于绿色发展理念的智慧农业实现路径[J].人民论坛·学术前沿，2020(24)：79-89.

[153]于宏源，蒋琪.应用智能化，网络化农业信息技术服务农业生产管理[J].中国软科学，2002(4)：3.

[154]岳昌君.高校毕业生就业状况调查的比较研究[J].北大教育经济研究(电子季刊)，2012，10(1)：1-14.

[155]姚海琳，贾若康.政府补贴与资源循环利用企业生产率——基于中国上市公司面板门槛效应实证研究[J].资源科学，2018，40(11)：2280-

2295.

[156]张悟移，闻长城，杨伟．农产品供应链智慧化成熟度评价模型研究——以云南省为例[J]．物流科技，2020，43(8)：1-6，11.

[157]张叶．智慧农业："互联网+"下的新农业模式[J]．浙江经济，2015(10)：2.

[158]张军．以5G技术为支撑推进农业生产管理智慧化[J]．农村工作通信，2020(14)：1.

[159]张帅．交易效率与缩小地区收入差距[D]．南京：南京航空航天大学硕士学位论文，2008.

[160]张挺，李闽榕，徐艳梅．乡村振兴评价指标体系构建与实证研究[J]．管理世界，2018，34(8)：99-105.

[161]张蕊，李安林，李根．我国产业结构升级与经济增长关系研究——基于地区和时间异质性的半参数平滑系数模型[J]．经济问题，2019(5)：19-27.

[162]张忠根，黄祖辉．机会成本、交易成本与农业的适度经营规模——兼论农业的组织制度选择[J]．农业经济问题，1995(5)：19-21.

[163]郑阔实．智慧农业驱动农业现代化创新发展思考[J]．合作经济与科技，2021(6)：2.

[164]郑万吉，叶阿忠．城乡收入差距、产业结构升级与经济增长——基于半参数空间面板VAR模型的研究[J]．经济学家，2015(10)：61-67.

[165]赵曦阳，张桂玲，张保柱．设施农业的智能化管理技术应用研究[J]．河南科技，2012(6)：25-25.

[166]赵春江，李瑾，冯献，郭美荣．"互联网+"现代农业国内外应用现状与发展趋势[J]．中国工程科学，2018，20(2)：50-56.

[167]赵红军，尹伯成，孙楚仁．交易效率、工业化与城市化——一个理解中国经济内生发展的理论模型与经验证据[J]．经济学(季刊)，2006(7)：1043-1065.

[168]赵金和. 合理开发利用土地资源 维护生态系统平衡[J].吉林农业:下半月,2015(10):1.

[169]周斌. 我国智慧农业的发展现状、问题及战略对策[J].农业经济,2018,1(1):6-8.

[170]周振,孔祥智. 中国"四化"协调发展格局及其影响因素研究——基于农业现代化视角[J].中国软科学,2015(10):9-26.

[171]周良武. 可持续发展:科学精神与人文精神的有机统一[J].图书情报导刊,2004,14(3):119-120.

[172]赵恒. 苏南在智慧农业发展方面的有益探索——以常熟为例[D].苏州:苏州大学硕士学位论文,2016.

[173]赵春江. 智慧农业的发展现状与未来展望[J].中国农业文摘-农业工程,2021,33(6):4-8.

[174]张滨丽,卞兴超. 基于 AHP 的黑龙江省智慧农业综合效益评估[J].中国农业资源与区划,2019,40(2):109-115.

[175]张铁山,肖皓文. 中国制造业技术创新能力和效率评价研究——基于因子分析法和数据包络法[J].工业技术经济,2015,34(10):99-106.

[176]张同斌. 从数量型"人口红利"到质量型"人力资本红利"——兼论中国经济增长的动力转换机制[J].经济科学,2016(5):5-17.

[177]张勇,蒲勇健,陈立泰. 城镇化与服务业集聚——基于系统耦合互动的观点[J].中国工业经济,2013(6):57-69.

[178]张波. 论科学精神与人文精神的辩证统一——对生态文明的阐释[J].平顶山学院学报,2009,24(1):116-119.

[179]张在一,毛学峰. "互联网+"重塑中国农业:表征、机制与本质[J].改革,2020(7):134-144.

[180]朱兴荣. 物联网在湖南智慧农业中的应用研究[J].软件工程,2013(11):60-62.

[181]朱大鹏. 精细农业、数字农业、智慧农业与农业大数据的辨析(下)

[J]. 新金融世界, 2017(10): 1.

[182]镇常青. 多目标决策中的权重调查确定方法[J]. 系统工程理论与实践, 1987, 7(2): 16-24.

[183]戴珍蓂. 促进我国智慧农业发展的对策研究[D]. 浙江海洋大学硕士学位论文, 2018.

[184]Adornis D. Nciizah. Climate Smart Agriculture: Achievements and Prospects in Africa[J]. Journal of Geoscience and Environment Protection, 2015,3(6):99-105.

[185]Ahmad S. On the Theory of Induced Invention[J]. Economic Journal,1966, 76(302):344-357.

[186]Antonacci A,Arduini F,Moscone D,et al. Nanostructured (Bio)sensors for smart agriculture[J]. Trac Trends in Analytical Chemistry,2018,98(1):95-103.

[187]Aslihan A,Nancy M C,Leslie L,Solomon A,Andrea C,Misael K. Climate Smart Agriculture? Assessing the Adaptation Implications in Zambia[J]. Journal of Agricultural Economics,2015,66(3):753-780.

[188]Acemoglu D. Technical Change, Inequality and the Labor Market[J]. Journal of Economic Literature,2002,40(1):7-72.

[189]Acemoglu D,Restrepo P. Low-skill and high-skill automation[J]. Journal of Human Capital,2017,12(2):204-232.

[190]Acemoglu D, Restrepo P. The Race Between Machine and Man: Implications of Technology for Growth,Factor Shares and Employment[J]. American Economic Review,2018,108(6):1488-1542.

[191]Acemoglu D,Restrepo P. Automation and New Tasks: The Implications of the Task Content of Technology for Labor Demand[J]. Journal of Economic Perspectives,2019,33(2):3-30.

[192]Autor D,Salomons A. Is Automation Labor-displacing? Productivity Growth,

Employment, and the Labor Share[J]. Social Science Electronic Publishing, 2018,24(8):71.

[193] Aghion P, Antonin C, Bunel S, Jaravel X. What Are the Labor and Product Market Effects of Automation? New Evidence from France [J]. CEPR Discussion Papers,2020,25(1):4-43.

[194] Arrow K. Economic Welfare and the Allocation of Resources for Invention [J]. Journal of Law & Economics,1962(12):609-626.

[195] Agiomirgianakis G, Asteriou D & Monastiriotis V. Human capital and economic growth revisited: A dynamic panal study [J]. International Advances in Economic Research,2002(8):177-187.

[196] Brynjolfsson E, Saunders A. Measuring the Information Economy[M].Paris: MIT Press,2002:15-39.

[197] Brynjolfsson E. The Productivity Paradox of Information Technology [J]. Communications of ACM,1993,36(12): 66-77.

[198] Binswanger H P. The Measurement of Technical Change Biases with Many Factors of Production[J]. American Economic Review,1974,64(6):964-976.

[199] Biswas D. Economics of information in the web economy: towards a new theory? [J]. Journal of Business Research,2004,57(7):724-733.

[200] Baskerville R, Pries-Heje J. A multiple-theory analysis of a diffusion of information technology case[J]. Information Systems Journal,2010,11(3): 181-212.

[201] Batte M T. Precision Agriculture in the 21st Century: Geospatial and Information Technologies in Crop Management [J]. American Journal of Agricultural Economics,1999,81(3):755-756.

[202] Berg A, Buffie E F, Zanna L F. Should we fear the robot revolution? (The correct answer is yes) [J]. Journal of Monetary Economics,2018,97(1):

117-148.

[203] Berg A, Buffie E F, Zanna L F. Robots, growth, and inequality[J]. Finance & Development, 2016, 53(3):10-13.

[204] Becker G. Human capital: A theoretical and empirical analysis with special reference to education[M]. Chicago: The University of Chicago Press, 1964.

[205] Bhargava, A, Jamison D T, Lau L J and Murray C J L. Modeling the Effects of Health on Economic Growth[J]. Journal of Health Economics, 2001, 12(3):423-440.

[206] Caroline M A, Kelvin M S, Jennifer T B, et al. Climate smart agriculture rapid appraisal (CSA-RA): A tool for prioritizing context-specific climate smart agriculture technologies-ScienceDirect[J]. Agricultural Systems, 2017, 151(1):192-203.

[207] Caroline H. Articulating divides in distributed knowledge practice [J]. Information, Communication & Society, 2006, 11(6):123-135.

[208] Cass D. Optimum Growth in an Aggregative Model of Capital Accumulation [J].Review of Economic Studies, 1965, 32(3):233-240.

[209] Chen G H, Chen Y T. The research progress & development trend of comprehensive evaluation methods[C]. Proceedings of 2002 International Conference on Management Science & Engineering. Harbin, 2002: 462-470.

[210] Dhingra A, Misra D C. Information Needs Assessment Model (INAM) for Identifying the Information Needs of Rural Communities [J]. Information Technologies & International Development, 2004, 2(2):77-78.

[211] Diamond P A. National Debt In A Neoclassical Growth Model[J]. American Economic Review, 1965, 55(5):1126-1150.

[212] Fedoroff N V, Battisti D S. Radically Rethinking Agriculture for the 21st Century[J]. Science, 2010, 32(7):833-834.

[213] Fagerberg J. Technological progress, structural change and productivity

growth: A compar ative study[J].Structural Change & Economic Dynamics, 2000,11(4):393-411.

[214] Gibbers R, Viacheslav I. Adamchuk. Precision Agriculture and Food Security[J]. Science Magazine,2010,18(12):828-831.

[215] Grimes S. Exploiting information and communication technologies for rural development[J]. Journal of Rural Studies,1992,8(3):269-278.

[216] Grimes S. Rural areas in the Information Society: Diminishing Distance or increasing Learning Capacity? [J]. Journal of Rural Studies,2000,16(1): 13-21.

[217] Grimes S. The Digital Economy Challenge Facing Peripheral of Rural Areas [J]. Progress In Human Geography,2003,27(2):174-193.

[218] Hayes R M, Erickson T. Added value as a function of purchases of information services[J]. The Information Society,1982,1(4): 307-338.

[219] Hemous D, Olsen M. Therise of the machines: automation, horizontal innovation and income inequality [EB/OL]. https://ssrn. com/abstract = 2526357.

[220] Hayami Y, Ruttan V W. Agricultural Productivity Differences Among Countries[J]. American Economic Review,1970,60(5):895-911.

[221] Hayami Y, VRuttan V W. Agricultural Development: An International Perspective[J]. Economic Development & Cultural Change,1985,33(2): 123-141.

[222] Hu J,Yan Y,Lu J P,et al. A study on the informatization evaluation index system of manufacturing enterprises and evaluation standard [J]. Modular Machine Tool & Automatic Manufacturing Technique,2005,12(12): 97-99.

[223] Ikoja Odongo Jr R, Insights into the information needs of women in the informal sector of Uganda[J]. South African Journal of Library & Information Science,2002,68(1):39-50.

[224] James L R, Brett J M. Mediators, Moderators, and Tests for Mediation[J]. Journal of Applied Psychology, 1984(69): 307-321.

[225] Kim T H, Bae N J, Shin C S, et al. An Approach for a Self-Growing Agricultural Knowledge Cloud in Smart Agriculture[J]. Lecture Notes in Electrical Engineering, 2013, 240(1): 699-706.

[226] Koopmans T C. On the Concept of Optimal Economic Growth, in The Economic Approach to Development Planning[M]. Amsterdam: Elsevier, 1965.

[227] Lankisch C, Prettner K, Prskawetz A. How can robots affect wage inequality? [J]. Economic Modelling, 2019, 81(1): 161-169.

[228] Lucas R E, Jr. On the Mechanism of Economic Development[J]. Journal of Monetary Economics, 1988, 22(7): 3-42.

[229] Mona N, Vishal T, Manoj K S. Climate Smart Agriculture: An Option for Changing Climatic Situation[J]. IntechOpen, 2017(10): 5772-65225.

[230] Mishra A K, Park T A. An Empirical Analysis of Internet Use by U. S. Farmers[J]. Agricultural & Resource Economics Review, 2005, 34(2): 253-264.

[231] Malecki E J. Digital Development in Rural Areas: Potential and Pitfalls[J]. Journal of Rural Studies, 2003, 19(2): 201-214.

[232] Machlup F. The production and distribution of knowledge in the United States[M]. Princeton: Princeton University Press, 1962: 33.

[233] McMillan S, King M and Tully M P. How to use the nominal group and Delphi techniques[J]. International Journal of Clinical Pharmacy, 2016, 38(3): 655-662.

[234] Mankiw G, Romer D and Weil D. A Contribution to the Empiries of Economic Growth[J]. Quarterly Journal of Economics, 1992(2): 407-437.

[235] Partha P R. Internet of things for smart agriculture: Technologies, practices

and future direction [J]. Journal of Ambient Intelligence and Smart Environments,2017,9(4):395-420.

[236]Peneder M. Industrial Structure and Aggregate Growth[J]. Structure Change and Economic Dynamics,2003,14(4):427-448.

[237] Porat M U. The information economy: definition and measurement [J]. Washington D C: US Department of Commerce, Office of Telecommunications,1977(5): 47.

[238] Ryan W. Mutual Funds Web Sites[J]. Journal of Business & Finance Librarianship. 2007,31(4):190.

[239]Ryan Womack. Mutual Funds Web Sites[J]. Journal of Business & Finance Librarianship,2007,21(4):190.

[240]Ramsey P P. A mathematical theory of saving[J]. Economic Journal,1928 (38):543-559.

[241] Romer P M. Increasing Returns and Long-Run Growth [J]. Journal of Political Economy,1986,94(5):1002-1037.

[242]Rezaei-Moghaddam J K, Karami E. A multiple criteria evaluation of sustainable agricultural development models using AHP [J]. Environ Dev Sustain,2008(10): 407-426.

[243] Spencer S J,Zanna M P,Fong G T. Establishing a causal chain: Why experiments are often more effective than mediational analyses in examining psychological processes[J]. Journal of Personality and Social Psychology, 2005(89):845-851.

[244]Salvini G,Paassen A V,Ligtenberg A,et al. A role-playing game as a tool to facilitate social learning and collective action towards Climate Smart Agriculture: Lessons learned from Apuí,Brazil[J]. Environmental Science & Policy,2016,63(1):113-121.

[245] Stefanie E, Adrian M. Payments for environmental services to promote

"climate-smart agriculture"? Potential and challenges [J]. Agricultural Economics,2016,47(S1):173-184.

[246] Shannon C E. The mathematical theory of communication [J]. Bell Labs Technical Journal,1950,3(9):31-32.

[247] Snyder H. The economics of information: A guide to economic and cost-benefit analysis for information professionals [J]. Journal of the American Society for Information Science & Technology,2010,49(4):382-383.

[248] Sistler F E. Techniques for Automation Systems in the Agriculture Industry [J]. Control & Dynamic Systems,1991,49(2):99-128.

[249] Sistler F E. Techniques for Automation Systems in the Agriculture Industry [J]. Control & Dynamic Systems,1991,49(1):99-128.

[250] Solow R. A Contribution to the Theory of Economic Growth [J]. Quarterly Journal of Economics,1956,70(1): 65-94.

[251] Schultz T W. Capital Formation by Education [J]. Journal of Political Economy,1960,68(6):571-583.

[252] Schwab K. Die vierte industrielle revolution [M]. Munich: Pantheon Verlag, 2016.

[253] Tucker M, Napier T L. Preferred Sources and Channels of Soil and Water Conservation Information among Farmers in Three US Watersheds [J]. Agriculture Ecosystems & Environment,2002,92(2):297-313.

[254] Tsitsika E V, Maravelias C D. Fishing capacity and capacity utilization of purse seiners using data envelopment analysis [J]. Fishing Science 2010,74 (4):730-735.

[255] Weil D N. Accounting for Effect of Health on Economic Growth [J]. Quarterly Journal of Economics,2007(3):1265-1306.

[256] UNDP. Work for human development: human development report 2015 [R/ OL]. https://www. undp. org/content/undp/en/home/librarypage/hdr/2015-

human-development-report. html.

[257] Zhang P. Automation, wage inequality and implications of a robot tax[J]. International Review of Economics & Finance, 2019, 59(2): 500-509.

附录一：核心指标数据

行政区划代码	地区	经度	纬度	指标	2011	2012	2013	2014	2015	2016	2017	2018	2019
340000	安徽	117.284922	31.861184	农村基本情况与农业生产条件-主要农业机械年末拥有量-农用机械总动力_万千瓦	5657.1	5902.8	6140.3	6365.8	6581	6867.5	6312.6	6543.8	6653.5
340000	安徽	117.284922	31.861184	农林牧渔业总产值及增加值-农林牧渔业总产值_亿元	3459.7	3728.3	4009.2	4223.7	4401.1	4432.3	4597.9	4672.7	5162.1
340000	安徽	117.284922	31.861184	农林牧渔业总产值及增加值-农林牧渔业增加值-农业总产值_亿元	1714.84	1867.64	2003.26	2119.21	2174.6	2137	2241.4	2253.7	2365.4
340000	安徽	117.284922	31.861184	农林牧渔业总产值及增加值-农林牧渔业总产值-林业总产值_亿元	182.1	209.5	233.1	283.1	290.1	291.1	319.1	332.9	351.3
340000	安徽	117.284922	31.861184	农林牧渔业总产值及增加值-农林牧渔业总产值-牧业总产值_亿元	1083.5	1119.7	1171.4	1182.1	1259	1319.7	1321.7	1315.8	1628.9
340000	安徽	117.284922	31.861184	农林牧渔业总产值及增加值-农林牧渔业总产值-渔业总产值_亿元	346.2	384.4	439.1	459.7	475.1	466.1	476.2	505.7	521.3
340000	安徽	117.284922	31.861184	农林牧渔业总产值及增加值-农林牧渔业增加值_亿元	2015.3	2178.7	2348.1	2481.9	2550.3	2693.2	2706.7	2775.4	
340000	安徽	117.284922	31.861184	主要农产品种植面积与产量-农作物总播种面积_千公顷	9022.9	8969.6	8945.6	8945.5	8950.5	8790.1	8726.7	8771.1	8782
340000	安徽	117.284922	31.861184	国民经济核算-地区生产总值-第一产业增加值	1868	2018.6	2173.2	2295	2376.1	2489.8	2582.3	2638	2916
340000	安徽	117.284922	31.861184	国民经济核算-地区生产总值-地区生产总值总值	27303	30697	34404	37580	39692	43686	49092	56063	60561

续表

行政区划代码	地区	经度	纬度	指标	2011	2012	2013	2014	2015	2016	2017	2018	2019
340000	安徽	117.284922	31.861184	人口-人口-年末常住人口	5972	5978	5988	5997	6011	6033	6057	6076	6092
340000	安徽	117.284922	31.861184	人口-人口-城镇人口	2675	2768	2866	2957	3064	3175	3288	3381	3474
340000	安徽	117.284922	31.861184	人口-人口-乡村人口	3297	3210	3122	3040	2947	2858	2769	2695	2618
340000	安徽	117.284922	31.861184	人口-人口出生率_死亡率和自然增长率-人口出生率	12.23	13	12.88	12.86	12.92	13.02	14.07	12.41	12.03
340000	安徽	117.284922	31.861184	人口-人口出生率_死亡率和自然增长率-人口死亡率	5.91	6.14	6.06	5.89	5.94	5.96	5.9	5.96	6.04
340000	安徽	117.284922	31.861184	人口-人口出生率_死亡率和自然增长率-人口自然增长率	6.32	6.86	6.82	6.97	6.98	7.06	8.17	6.45	5.99
340000	安徽	117.284922	31.861184	科技活动成果_技术市场技术流向地域_万元	496208.73	858507.33	1135658.31	1279108.89	1696693.95	2016749.64	2706809	3539869.14	6100148.61
110000	北京	116.407526	39.904030	农村基本情况与农业生产条件-主要农业机械年末拥有量-农用机械总动力_万千瓦	265.2	241.1	207.7	195.8	186.1	144.5	133.5	125.7	122.8
110000	北京	116.407526	39.904030	农林牧渔业总产值及增加值-农林牧渔业总产值_亿元	363.1	395.7	421.8	420.1	370.8	338.1	308.3	296.8	281.7
110000	北京	116.407526	39.904030	农林牧渔业总产值及增加值-农业总产值_亿元	163.37	166.29	170.41	155.1	154.5	145.2	129.8	114.7	102.3
110000	北京	116.407526	39.904030	农林牧渔业总产值及增加值-林业总产值_亿元	18.9	54.8	75.9	90.7	57.3	52.2	58.8	95.1	115.6
110000	北京	116.407526	39.904030	农林牧渔业总产值及增加值-牧业总产值_亿元	162.7	154.2	154.8	152.7	135.9	122.7	101.4	72	49.3
110000	北京	116.407526	39.904030	农林牧渔业总产值及增加值-渔业总产值_亿元	11.5	13	12.8	13.2	11.9	9.2	9.6	6.1	5.3
110000	北京	116.407526	39.904030	农林牧渔业总产值及增加值-农林牧渔业增加值_亿元	136.3	150.2	161.8	161.3	142.6	132	122.8	121.1	
110000	北京	116.407526	39.904030	主要农产品种植面积与产量-农作物总播种面积_千公顷	302.6	282.7	242.5	196.1	173.7	145.5	120.9	103.8	88.6

续表

行政区划代码	地区	经度	纬度	指标	2011	2012	2013	2014	2015	2016	2017	2018	2019
110000	北京	116.407526	39.904030	国民经济核算-地区生产总值第一产业增加值	134.5	148.4	159.8	159.2	140.4	129.8	121.9	120.6	114.4
110000	北京	116.407526	39.904030	国民经济核算-地区生产总值总值	86246	92758	100569	106732	113692	123391	136172	150962	161776
110000	北京	116.407526	39.904030	国民经济核算-地区生产总值人均地区生产总值	2024	2078	2125	2171	2188	2195	2194	2192	2190
110000	北京	116.407526	39.904030	人口-总人口-年末常住人口	1745	1793	1836	1878	1897	1904	1907	1909	1913
110000	北京	116.407526	39.904030	人口-总人口-城镇人口	279	285	289	293	291	291	287	283	277
110000	北京	116.407526	39.904030	人口-总人口-乡村人口	8.29	9.05	8.93	9.75	7.96	9.32	9.06	8.24	8.12
110000	北京	116.407526	39.904030	人口-人口出生率、死亡率和自然增长率-出生率	4.27	4.31	4.52	4.92	4.95	5.2	5.3	5.58	5.49
110000	北京	116.407526	39.904030	人口-人口出生率、死亡率和自然增长率-死亡率	4.02	4.74	4.41	4.83	3.01	4.12	3.76	2.66	2.63
110000	北京	116.407526	39.904030	人口-人口出生率、死亡率和自然增长率-自然增长率	6793372.65	9743474.93	9454098.16	123247134.31	11475286.2	17532413.91	18875180	22471517.21	13223782824.04
110000	北京	116.407526	39.904030	科技活动成果-技术市场技术流向地域_万元	1250.8	1286.8	1336.8	1368.4	1384.1	1269.1	1232.4	1228.3	1237.7
350000	福建	119.295144	26.100779	农村基本情况与农业生产条件-主要农业机械年末拥有量-农用机械总动力_万千瓦	2730.9	3007.4	3282	3522.3	3661.2	3784.2	3947.2	4229.5	4636.6
350000	福建	119.295144	26.100779	农林牧渔业总产值及产值及增加值-农林牧渔业总产值_亿元	1136.18	1263.71	1376.29	1529.57	1618.6	1474.5	1527	1653.4	1774.8
350000	福建	119.295144	26.100779	农林牧渔业总产值及产值及增加值-农业总产值_亿元	237.7	256.5	293.8	323.3	314.3	318.3	327.7	389	417.3
350000	福建	119.295144	26.100779	农林牧渔业总产值及产值及增加值-林业总产值_亿元	479.2	481.3	513.8	522.9	571.3	768.1	750.5	718.4	914.4
350000	福建	119.295144	26.100779	农林牧渔业总产值及产值及增加值-牧业总产值_亿元	782.6	903.4	986.3	1025.2	1082.3	1091.3	1202.1	1318.2	1361.7

续表

行政区划代码	地区	经度	纬度	指标	2011	2012	2013	2014	2015	2016	2017	2018	2019
350000	福建	119.295144	26.100779	农林牧渔业总产值及增加值-农林牧渔业增加值_亿元	1612.2	1776.7	1939	2085	2194.1	2444.8	2294.4	2463.7	
350000	福建	119.295144	26.100779	主要农产品种植面积与产量-农作物总播种面积_千公顷	2285.8	2263.1	2292.2	2305.2	2331.3	1548.8	1549.3	1577.3	1599.3
350000	福建	119.295144	26.100779	国民经济核算-地区生产总值 第一产业增加值	1492.2	1628.9	1745.2	1855.9	1932.8	2145.1	2215.1	2379	2595.5
350000	福建	119.295144	26.100779	国民经济核算-地区生产总值 人均地区生产总值	47928	52959	58255	63709	67649	74024	83758	94719	102722
350000	福建	119.295144	26.100779	人口-总人口 年末常住人口	3784	3841	3885	3945	3984	4016	4065	4104	4137
350000	福建	119.295144	26.100779	人口-总人口 城镇人口	2199	2278	2362	2446	2519	2586	2674	2749	2808
350000	福建	119.295144	26.100779	人口-总人口 乡村人口	1585	1563	1523	1499	1465	1430	1391	1355	1329
350000	福建	119.295144	26.100779	人口-人口出生率、死亡率和自然增长率人口 出生率	11.41	12.74	12.2	13.7	13.9	14.5	15	13.2	12.9
350000	福建	119.295144	26.100779	人口-人口出生率、死亡率和自然增长率人口 死亡率	5.2	5.73	6.01	6.2	6.1	6.2	6.2	6.2	6.1
350000	福建	119.295144	26.100779	人口-人口出生率、死亡率和自然增长率人口 自然增长率	6.21	7.01	6.19	7.5	7.8	8.3	8.8	7	6.8
350000	福建	119.295144	26.100779	科技活动成果-技术市场技术流向地域_万元	590675.97	1897946.57	3655125.36	3573583.29	3675993.42	2786969.15	1791234	3029988.46	4201391.04
620000	甘肃	103.826308	36.059421	农村基本情况与农业生产条件-主要农业机械年末拥有量-农用机械总动力_万千瓦	2136.5	2279.1	2418.5	2545.7	2685	1903.9	2018.6	2102.8	2174
620000	甘肃	103.826308	36.059421	农林牧渔业总产值及增加值-农林牧渔业总产值_亿元	1187.8	1358.2	1517.7	1618.8	1711.1	1443.1	1559.6	1659.4	1887.6
620000	甘肃	103.826308	36.059421	农林牧渔业总产值及增加值-农业总产值_亿元	848.45	984.24	1104.47	1174.93	1252.5	985.7	1068.6	1166.1	1306.4
620000	甘肃	103.826308	36.059421	农林牧渔业总产值及增加值-农林业总产值_亿元	17.2	20.1	22.5	25.5	28.6	30.8	31.6	33.1	38.1

续表

行政区划代码	地区	经度	纬度	指标	2011	2012	2013	2014	2015	2016	2017	2018	2019
620000	甘肃	103.826308	36.059421	农林牧渔业总产值及增加值-农林牧渔业总产值_牧业总产值_亿元	210.6	231.7	253.4	268.4	279.4	285.9	309	318.9	395.6
620000	甘肃	103.826308	36.059421	农林牧渔业总产值及增加值-农林牧渔业总产值_渔业总产值_亿元	1.6	1.8	2	2.1	2.2	2.2	2.1	2	2
620000	甘肃	103.826308	36.059421	农林牧渔业总产值及增加值-农林牧渔业增加值_亿元	678.7	780.5	879.9	939.2	995.5	1027.7	896	962.1	
620000	甘肃	103.826308	36.059421	主要农产品种植面积与产量-农作物总播种面积_千公顷	4094.8	4099.8	4155.9	4197.5	4229.3	3749.2	3752	3773.6	3831.6
620000	甘肃	103.826308	36.059421	国民经济核算-地区生产总值第一产业增加值	525.6	590.9	658.1	695.8	733.4	800.8	859.8	926.1	1059.3
620000	甘肃	103.826308	36.059421	国民经济核算-地区生产总值人均地区生产总值	18846	21141	23647	25724	25946	27396	29103	32178	34707
620000	甘肃	103.826308	36.059421	人口-总人口_年末常住人口	2552	2550	2537	2531	2523	2520	2522	2515	2509
620000	甘肃	103.826308	36.059421	人口-总人口_城镇人口	951	989	1027	1070	1116	1161	1214	1250	1272
620000	甘肃	103.826308	36.059421	人口-总人口_乡村人口	1601	1561	1510	1461	1407	1359	1308	1265	1237
620000	甘肃	103.826308	36.059421	人口-人口出生率、死亡率和自然增长率-人口出生率	12.08	12.11	12.16	12.21	12.36	12.18	12.54	11.07	10.6
620000	甘肃	103.826308	36.059421	人口-人口出生率、死亡率和自然增长率-人口死亡率	6.03	6.05	6.08	6.11	6.15	6.18	6.52	6.65	6.75
620000	甘肃	103.826308	36.059421	人口-人口出生率、死亡率和自然增长率-人口自然增长率	6.05	6.06	6.08	6.1	6.21	6	6.02	4.42	3.85
620000	甘肃	103.826308	36.059421	科技活动成果_技术市场技术流向地域_万元	394749.65	590800.77	1232183.19	1238124.82	1181036.17	1727321.43	1473137	1834255.36	2395555.31
440000	广东	113.266530	23.132191	农村基本情况与农业生产条件-主要农业机械年末拥有量-农用机械总动力_万千瓦	2414.8	2496.7	2564.9	2632.4	2696.8	2390.5	2410.8	2429.9	2455.8
440000	广东	113.266530	23.132191	农林牧渔业总产值及增加值-农林牧渔业总产值_亿元	4384.4	4656.8	4946.8	5234.2	5394.7	5817.6	5969.9	6318.1	7175.9

续表

行政区划代码	地区	经度	纬度	指标	2011	2012	2013	2014	2015	2016	2017	2018	2019
440000	广东	113.266530	23.132191	农林牧渔业总产值及增加值-农林牧渔业总产值-农业总产值_亿元	2042.16	2229.27	2444.7	2613.18	2793.8	2763.8	2890	3089.6	3530.2
440000	广东	113.266530	23.132191	农林牧渔业总产值及增加值-农林牧渔业总产值-林业总产值_亿元	208.7	222.7	249.4	279.8	296.7	330	356.1	390.6	408.5
440000	广东	113.266530	23.132191	农林牧渔业总产值及增加值-农林牧渔业总产值-牧业总产值_亿元	1146.4	1134.1	1106.9	1077.4	1117.1	1318.9	1202.3	1184.7	1404.1
440000	广东	113.266530	23.132191	农林牧渔业总产值及增加值-农林牧渔业总产值-渔业总产值_亿元	843	914	975.3	1080.3	1117.2	1179.1	1276.1	1383.8	1524.8
440000	广东	113.266530	23.132191	农林牧渔业总产值及增加值-农林牧渔业增加值_亿元	2665.2	2847.3	3047.5	3242.6	3426.1	3781.8	3712.7	3946.5	
440000	广东	113.266530	23.132191	主要农产品种植面积与产量-农作物总播种面积_千公顷	4572	4629.6	4698.1	4744.9	4784.7	4181.6	4227.5	4279.4	4357.4
440000	广东	113.266530	23.132191	国民经济核算-地区生产总值第一产业增加值_亿元	2553.2	2711.3	2876.4	3038.7	3189.8	3500.5	3611.4	3836.4	4350.6
440000	广东	113.266530	23.132191	国民经济核算-地区生产总值人均地区生产总值_元	50076	52308	56029	59909	64516	69671	76218	81625	86956
440000	广东	113.266530	23.132191	人口-总人口-年末常住人口	10756	11041	11270	11489	11678	11908	12141	12348	12489
440000	广东	113.266530	23.132191	人口-总人口-城镇人口	7160	7414	7674	7884	8117	8353	8589	8867	9073
440000	广东	113.266530	23.132191	人口-总人口-乡村人口	3596	3627	3596	3605	3561	3555	3552	3481	3416
440000	广东	113.266530	23.132191	人口-人口出生率、死亡率和自然增长率-出生率	10.45	11.6	10.71	10.8	11.12	11.85	13.68	12.79	12.54
440000	广东	113.266530	23.132191	人口-人口出生率、死亡率和自然增长率-死亡率	4.35	4.65	4.69	4.7	4.32	4.41	4.52	4.55	4.46
440000	广东	113.266530	23.132191	人口-人口出生率、死亡率和自然增长率-自然增长率	6.1	6.95	6.02	6.1	6.8	7.44	9.16	8.24	8.08
440000	广东	113.266530	23.132191	科技活动成果_技术市场技术流向地域_万元	2249581.26	4215378.63	4838313.77	5607249.35	6521066.01	7925607.19	14514041	18471137.23	231256930.23

续表

行政区划代码	地区	经度	纬度	指标	2011	2012	2013	2014	2015	2016	2017	2018	2019
450000	广西	108.327546	22.815478	农村基本情况与农业生产条件-主要农业机械年末拥有量-农用机械总动力_万千瓦	3033.1	3195.9	3383	3567.5	3803.2	3527.3	3658.3	3750.8	3840
450000	广西	108.327546	22.815478	农林牧渔业总产值及增加值-农林牧渔业总产值_亿元	3323.4	3490.7	3755.2	3947.7	4094.6	4560.2	4698.2	4909.2	5498.8
450000	广西	108.327546	22.815478	农林牧渔业总产值及增加值-农林牧渔业总产值-农业总产值_亿元	1602.48	1724	1868.3	1993.98	2146.4	2342.2	2538.9	2717.5	3102.3
450000	广西	108.327546	22.815478	农林牧渔业总产值及增加值-农林牧渔业总产值-林业总产值_亿元	217.4	245.3	287.6	303.2	313.9	323.5	346.4	379.9	410.5
450000	广西	108.327546	22.815478	农林牧渔业总产值及增加值-农林牧渔业总产值-牧业总产值_亿元	1096.6	1072.8	1101.2	1087.2	1140.3	1281.5	1128.6	1072.3	1189.7
450000	广西	108.327546	22.815478	农林牧渔业总产值及增加值-农林牧渔业总产值-渔业总产值_亿元	303.1	331.7	366.7	413.1	429.8	423.7	471	504.3	538.9
450000	广西	108.327546	22.815478	农林牧渔业总产值及增加值-农林牧渔业增加值_亿元	2047.2	2172.6	2343.9	2473.9	2633	2873.5	2964.6	3116.4	
450000	广西	108.327546	22.815478	主要农产品种植面积与产量-农作物总播种面积_千公顷	5996.5	6082.6	6137.2	5929.9	6134.7	5966.7	5969.9	5972.4	5989.2
450000	广西	108.327546	22.815478	国民经济核算-地区生产总值-第一产业增加值	2006.4	2126.4	2290.6	2413.4	2565.5	2800.3	2878.3	3021.1	3389.7
450000	广西	108.327546	22.815478	国民经济核算-地区生产总值-人均地区生产总值	22234	24181	26416	28603	30890	33340	36441	39837	42778
450000	广西	108.327546	22.815478	人口-总人口-年末常住人口	4655	4694	4731	4770	4811	4857	4907	4947	4982
450000	广西	108.327546	22.815478	人口-总人口-城镇人口	1950	2041	2134	2220	2309	2392	2482	2564	2639
450000	广西	108.327546	22.815478	人口-总人口-乡村人口	2705	2653	2597	2550	2502	2465	2425	2383	2343
450000	广西	108.327546	22.815478	人口-人口出生率死亡率和自然增长率-人口出生率	13.71	14.2	14.28	14.07	14.05	13.82	15.14	14.12	13.31

续表

行政区划代码	地区	经度	纬度	指标	2011	2012	2013	2014	2015	2016	2017	2018	2019
450000	广西	108.327546	22.815478	人口-人口出生率、死亡率和自然增长率-人口死亡率	6.04	6.31	6.35	6.21	6.15	5.95	6.22	5.96	6.14
450000	广西	108.327546	22.815478	人口-人口出生率、死亡率和自然增长率-人口自然增长率	7.67	7.89	7.93	7.86	7.9	7.87	8.92	8.16	7.17
450000	广西	108.327546	22.815478	科技活动成果_技术市场技术流向地域_万元	185302.11	329823.04	1285552.34	1150460.66	576560.3	687699.78	782951	1922079.02	3167211.73
520000	贵州	106.707410	26.598194	农村基本情况与农业生产条件-主要农业机械年末拥有量-农用机械动力_万千瓦	1851.4	2106.7	2240.8	2458.4	2575.2	2041.1	2181.4	2376.7	2484.6
520000	贵州	106.707410	26.598194	农林牧渔业总产值及增加值-农林牧渔业总产值_亿元	1165.5	1436.6	1663	2118.5	2263	3123.1	3413.9	3619.5	3889
520000	贵州	106.707410	26.598194	农林牧渔业总产值及增加值-农林牧渔业总产值_农业总产值_亿元	655.3	864.86	997.12	1321.86	1772.6	1900.6	2077	2288.7	2535.7
520000	贵州	106.707410	26.598194	农林牧渔业总产值及增加值-农林牧渔业总产值_林业总产值_亿元	46.7	54.2	69.9	99.6	137.7	195	228.8	253.3	275.4
520000	贵州	106.707410	26.598194	农林牧渔业总产值及增加值-农林牧渔业总产值_牧业总产值_亿元	381.9	421.5	482.7	569.3	665.2	820.8	885.8	846.3	829.6
520000	贵州	106.707410	26.598194	农林牧渔业总产值及增加值-农林牧渔业总产值_渔业总产值_亿元	19.9	28.2	38.3	47	55.9	59.1	60.1	54.8	57.7
520000	贵州	106.707410	26.598194	农林牧渔业总产值及增加值-农林牧渔业增加值_亿元	726.2	891.9	1031.7	1316.1	1712.7	1944.3	2140	2272.7	
520000	贵州	106.707410	26.598194	主要农产品种植面积与产量-农作物总播种面积_千公顷	5021.2	5182.9	5390.1	5516.5	5542.2	5604.8	5659.4	5477.2	5481.6
520000	贵州	106.707410	26.598194	国民经济核算-地区生产总值_地区生产总值第一产业增加值_亿元	699.6	862.7	999.3	1281.5	1642	1861.8	2032.3	2156	2280.6
520000	贵州	106.707410	26.598194	国民经济核算-地区生产总值_人均地区生产总值_总产值	16024	18947	22089	25101	28547	31589	35988	40271	43727
520000	贵州	106.707410	26.598194	人口-总人口_年末常住人口	3530	3587	3632	3677	3708	3758	3803	3822	3848

续表

行政区划代码	地区	经度	纬度	指标	2011	2012	2013	2014	2015	2016	2017	2018	2019
520000	贵州	106.707410	26.598194	人口-总人口-城镇人口	1237	1302	1376	1480	1593	1712	1816	1893	1981
520000	贵州	106.707410	26.598194	人口-总人口-乡村人口	2293	2285	2256	2197	2115	2046	1987	1929	1867
520000	贵州	106.707410	26.598194	人口-人口出生率、死亡率和自然增长率-人口出生率	13.31	13.27	13.05	12.98	13	13.43	13.98	13.9	13.65
520000	贵州	106.707410	26.598194	人口-人口出生率、死亡率和自然增长率-人口死亡率	6.93	6.96	7.15	7.18	7.2	6.93	6.88	6.85	6.95
520000	贵州	106.707410	26.598194	人口-人口出生率、死亡率和自然增长率-人口自然增长率	6.38	6.31	5.9	5.8	5.8	6.5	7.1	7.05	6.7
520000	贵州	106.707410	26.598194	科技活动成果_技术市场技术流向地域_万元	319684.47	445839.23	368679.29	1258371.59	1761018.29	1673802.01	1932987	5133301.9	3989215.22
460000	海南	110.349228	20.017377	农村基本情况与农业生产条件-主要农业机械年末期有量-农用机械总动力_万千瓦	444.3	479.7	502.1	517.3	511.6	516.6	569.8	565.8	581.2
460000	海南	110.349228	20.017377	农林牧渔业总产值及增加值-农林牧渔业总产值_亿元	1002.4	1082.1	1144.9	1252.2	1321.1	1433.9	1488.9	1535.7	1689.4
460000	海南	110.349228	20.017377	农林牧渔业总产值及增加值-农业总产值_亿元	401	460.72	485.4	568.22	613.9	676.6	707.4	729.5	819.6
460000	海南	110.349228	20.017377	农林牧渔业总产值及增加值-林业总产值_亿元	161.4	137.9	121.2	103.2	99.2	97.8	107.7	110.4	106.4
460000	海南	110.349228	20.017377	农林牧渔业总产值及增加值-牧业总产值_亿元	207.1	214.1	225.5	228	238.5	276.9	245.1	245.3	300.8
460000	海南	110.349228	20.017377	农林牧渔业总产值及增加值-渔业总产值_亿元	204.6	236.3	275.5	310.2	324.9	333.1	372.8	387.4	390.9
460000	海南	110.349228	20.017377	农林牧渔业总产值及增加值-农林牧渔业增加值_亿元	659.2	711.5	756.3	832.6	880.5	977.6	993.3	1020.2	
460000	海南	110.349228	20.017377	主要农产品种植面积与产量-农作物总播种面积_千公顷	838.3	854.6	848.2	859.6	845.3	731.9	709.4	712.9	676.2

续表

行政区划代码	地区	经度	纬度	指标	2011	2012	2013	2014	2015	2016	2017	2018	2019
460000	海南	110.349228	20.017377	国民经济核算-地区生产总值第一产业增加值	636.6	683.9	723.6	793.2	835.4	924.7	962.8	986	1079
460000	海南	110.349228	20.017377	国民经济核算-地区生产总值	28014	30993	34053	37166	39704	43009	46631	50263	53929
460000	海南	110.349228	20.017377	国民经济核算-地区人均地区生产总值	890	910	920	936	945	957	972	982	995
460000	海南	110.349228	20.017377	人口-总人口-年末常住人口	448	464	481	499	519	543	564	581	591
460000	海南	110.349228	20.017377	人口-总人口-城镇人口	442	446	439	437	426	414	408	401	404
460000	海南	110.349228	20.017377	人口-总人口-乡村人口	14.72	14.66	14.59	14.56	14.57	14.57	14.73	14.48	12.87
460000	海南	110.349228	20.017377	人口-人口出生率,死亡率和自然增长率-人口出生率	5.75	5.81	5.9	5.95	6	6	6.01	6.01	6.11
460000	海南	110.349228	20.017377	人口-人口出生率,死亡率和自然增长率-人口死亡率	8.97	8.85	8.69	8.61	8.57	8.57	8.72	8.47	6.76
460000	海南	110.349228	20.017377	人口-人口出生率,死亡率和自然增长率-人口自然增长率	13121.25	1296588.55	608831.69	649806.13	281751.12	397635.75	812430	792136.13	710454.21
460000	海南	110.349228	20.017377	科技活动成果_技术市场技术流向地域_万元	10349.2	10553.8	10762.7	10942.9	11102.8	7402	7580.6	7706.2	7830.7
130000	河北	114.468664	38.037057	农村基本情况与农业生产条件-主要农业机械年末拥有量-农用机械总动力_万千瓦	4895.9	5340.1	5832.9	5994.8	6154.4	5299.7	5373.4	5707	6061.5
130000	河北	114.468664	38.037057	农林牧渔业总产值-农林牧渔业总产值_亿元	2775.27	3095.29	3473.27	3453.42	3441.4	2772.9	2890.6	3085.9	3114.9
130000	河北	114.468664	38.037057	农林牧渔业总产值-农林牧渔业总产值增加值-农林牧渔业总产值_亿元	58.8	77.9	96.3	108.1	121.5	148.3	175.5	186.6	231.4
130000	河北	114.468664	38.037057	农林牧渔业总产值-农林牧渔业总产值及增加值-农业总产值_亿元	1674	1747.7	1818.2	1952	1904.1	1846.2	1735.8	1813.8	2035.4
130000	河北	114.468664	38.037057	农林牧渔业总产值-农林牧渔业总产值及增加值-牧业总产值_亿元	163.6	177.7	178.7	191	198.7	190.3	195.9	207.5	212.5

续表

行政区划代码	地区	经度	纬度	指标	2011	2012	2013	2014	2015	2016	2017	2018	2019
130000	河北	114.468664	38.037057	农林牧渔业总产值及增加值-农林牧渔业增加值_亿元	2905.7	3186.7	3500.4	3576.5	3578.7	3644.8	3297.8	3521.7	
130000	河北	114.468664	38.037057	主要农产品种植面积与产量-农作物总播种面积_千公顷	8773.7	8781.8	8749.2	8713.1	8739.8	8467.5	8381.6	8197.1	8132.7
130000	河北	114.468664	38.037057	国民经济核算-地区生产总值-第一产业增加值	2702.8	2914	3141.9	3164.7	3100.5	3082.5	3130	3338.6	3518.4
130000	河北	114.468664	38.037057	国民经济核算-地区生产总值-地区生产总值	29647	31844	33346	34507	35994	38688	41451	43808	47036
130000	河北	114.468664	38.037057	国民经济核算-地区生产总值-人均地区生产总值	7232	7262	7288	7323	7345	7375	7409	7426	7447
130000	河北	114.468664	38.037057	人口-总人口-年末常住人口	3297	3384	3500	3615	3795	3973	4130	4257	4377
130000	河北	114.468664	38.037057	人口-总人口-城镇人口	3935	3878	3788	3708	3550	3402	3279	3169	3070
130000	河北	114.468664	38.037057	人口-总人口-乡村人口	13.02	12.88	13.04	13.18	11.35	12.42	13.2	11.26	10.83
130000	河北	114.468664	38.037057	人口-人口出生率、死亡率和自然增长率-人口出生率	6.52	6.41	6.87	6.23	5.79	6.36	6.6	6.38	6.12
130000	河北	114.468664	38.037057	人口-人口出生率、死亡率和自然增长率-人口死亡率	6.5	6.47	6.17	6.95	5.56	6.06	6.6	4.88	4.71
130000	河北	114.468664	38.037057	人口-人口出生率、死亡率和自然增长率-人口自然增长率	690142.25	1152464.87	964906.8	1528309.12	1453071.45	1842885.75	3032426	4956253.44	5835793.68
130000	河北	114.468664	38.037057	科技活动成果_技术市场技术流向地域_万元	10515.8	10872.7	11150	11476.8	11710.1	9855	10038.3	10204.5	10357
410000	河南	113.753602	34.765515	农村基本情况与农业生产条件-主要农业机械年末拥有量-农业用机械总动力_万千瓦	6218.6	6679	7198.1	7549.1	7898.8	7405.4	7562.5	7757.9	8541.8
410000	河南	113.753602	34.765515	农林牧渔业总产值及增加值-农林牧渔业总产值_亿元	3599.9	3958.95	4202.3	4491.95	4610.7	4459.3	4552.1	4973.7	5408.6
410000	河南	113.753602	34.765515	农林牧渔业总产值及增加值-农业总产值_亿元	127.3	140.9	152.3	152.4	134.3	121.3	128.9	129	140.8
410000	河南	113.753602	34.765515	农林牧渔业总产值及增加值-农、林业总产值_亿元									

续表

行政区划代码	地区	经度	纬度	指标	2011	2012	2013	2014	2015	2016	2017	2018	2019
410000	河南	113.753602	34.765515	农林牧渔业总产值及增加值-农林牧渔业总产值-牧业总产值,亿元	2198.4	2255.6	2486.3	2505.2	2445.3	2356	2368.9	2067.7	2316.5
410000	河南	113.753602	34.765515	农林牧渔业总产值及增加值-农林牧渔业总产值-渔业总产值,亿元	72.5	86.4	93.5	105.1	123.6	107.3	107.8	122.7	118.2
410000	河南	113.753602	34.765515	农林牧渔业总产值及增加值-农林牧渔业增加值,亿元	3512.2	3769.5	4059	4261.7	4348.4	4440	4310.5	4500.5	
410000	河南	113.753602	34.765515	主要农产品种植面积与产量-农作物总播种面积,千公顷	14258.6	14262.2	14323.5	14378.3	14425	14902.7	14732.5	14783.4	14714
410000	河南	113.753602	34.765515	国民经济核算-地区总产值-第一产增加值	3349.3	3577.2	3827.2	3988.2	4015.6	4063.6	4139.3	4311.1	4635.7
410000	河南	113.753602	34.765515	国民经济核算-地区总产值-人均地区生产总值	27901	30497	33114	35982	38338	41326	45723	50714	54356
410000	河南	113.753602	34.765515	人口-总人口-年末常住人口	9461	9532	9573	9645	9701	9778	9829	9864	9901
410000	河南	113.753602	34.765515	人口-总人口-城镇人口	3829	4002	4174	4345	4561	4770	4970	5153	5348
410000	河南	113.753602	34.765515	人口-总人口-乡村人口	5632	5530	5399	5300	5140	5008	4859	4711	4553
410000	河南	113.753602	34.765515	人口-人口出生率死亡率和自然增长率-人口出生率	11.56	11.87	12.27	12.8	12.7	13.26	12.95	11.72	11.02
410000	河南	113.753602	34.765515	人口-人口出生率死亡率和自然增长率-人口死亡率	6.62	6.71	6.76	7.02	7.05	7.11	6.97	6.8	6.84
410000	河南	113.753602	34.765515	人口-人口出生率死亡率和自然增长率-人口自然增长率	4.94	5.16	5.51	5.78	5.65	6.15	5.98	4.92	4.18
410000	河南	113.753602	34.765515	科技活动成果-技术市场技术流向地域,万元	622589.87	620635.54	1095851.7	1185519.7	1276013.11	1540512.52	2019391	3725204.8	4155088.19
230000	黑龙江	126.661669	45.742347	农村基本情况与农业生产条件-主要农业机械年末拥有量-农用机械总动力,万千瓦	4097.8	4552.9	4849.3	5155.5	5442.3	5634.3	5813.8	6084.7	6359.1
230000	黑龙江	126.661669	45.742347	农林牧渔业总产值及增加值-农林牧渔业总产值,亿元	3223.5	3952.3	4633.3	4894.8	5150.4	5202.9	5586.6	5624.3	5930

续表

行政区代码	地区	经度	纬度	指标	2011	2012	2013	2014	2015	2016	2017	2018	2019
230000	黑龙江	126.661669	45.742347	农林牧渔业总产值及增加值-农林牧渔业总产值-农林牧渔业总产值_亿元	1801.84	2315.64	2856.34	3015.61	2911.9	3189.7	3471.3	3635	3774.5
230000	黑龙江	126.661669	45.742347	农林牧渔业总产值及增加值-农林牧渔业总产值-农林业总产值_亿元	110.2	134.5	180.6	195.7	204.2	163.7	175.2	186.4	193.9
230000	黑龙江	126.661669	45.742347	农林牧渔业总产值及增加值-农林牧渔业总产值-牧业总产值_亿元	1189.9	1350.7	1430.1	1486.1	1704.8	1627.1	1701.7	1542.4	1671.8
230000	黑龙江	126.661669	45.742347	农林牧渔业总产值及增加值-农林牧渔业总产值-渔业总产值_亿元	58.9	77.9	82.5	102.7	117.6	92	98	105.7	123.1
230000	黑龙江	126.661669	45.742347	农林牧渔业总产值及增加值-农林牧渔业增加值_亿元	1701.5	2113.7	2516.8	2659.6	2687.8	2731.7	3036.9	3079.9	
230000	黑龙江	126.661669	45.742347	主要农产品种植面积与产量-农作物总播种面积_千公顷	12222.9	12237	12200.8	12225.9	12294	14829.5	14767.6	14673.3	14770.1
230000	黑龙江	126.661669	45.742347	国民经济核算-地区生产总值-第一产业增加值	1695.5	2119.6	2539.6	2691	2712.2	2751.2	2965.3	3001.2	3183.2
230000	黑龙江	126.661669	45.742347	国民经济核算-地区生产总值-人均地区生产总值_元	26093	29352	32068	33464	32759	34025	35887	38199	41156
230000	黑龙江	126.661669	45.742347	人口-总人口-年末常住人口	3782	3724	3666	3608	3529	3463	3399	3327	3255
230000	黑龙江	126.661669	45.742347	人口-总人口-城镇人口	2136	2118	2128	2137	2134	2116	2104	2111	2103
230000	黑龙江	126.661669	45.742347	人口-总人口-乡村人口	1646	1606	1538	1471	1395	1347	1295	1216	1152
230000	黑龙江	126.661669	45.742347	人口-人口出生率_死亡率和自然增长率-出生率	6.99	7.3	6.86	7.37	6	6.12	6.22	5.98	5.73
230000	黑龙江	126.661669	45.742347	人口-人口出生率_死亡率和自然增长率-死亡率	5.92	6.03	6.08	6.46	6.6	6.61	6.63	6.67	6.74
230000	黑龙江	126.661669	45.742347	人口-人口出生率_死亡率和自然增长率-自然增长率	1.07	1.27	0.78	0.91	-0.6	-0.49	-0.41	-0.69	-1.01
230000	黑龙江	126.661669	45.742347	科技活动成果_技术市场技术流向地域_万元	644749.08	735467.92	840683.44	1085741.18	1076757.22	1755113.02	1150198	1606833.81	1161358.49

续表

行政区划代码	地区	经度	纬度	指标	2011	2012	2013	2014	2015	2016	2017	2018	2019
420000	湖北	114.341861	30.546498	农村基本情况与农业生产条件-主要农业机械年末拥有量-农用机械总动力_万千瓦	3571.2	3842.2	4081.1	4292.9	4468.1	4187.8	4335.1	4424.6	4515.7
420000	湖北	114.341861	30.546498	农林牧渔业总产值_亿元	4252.9	4732.1	5160.6	5452.8	5745.5	5864	6129.7	6207.8	6681.9
420000	湖北	114.341861	30.546498	农林牧渔业总产值及增加值-农林牧渔业总产值_亿元	2299.3	2488.06	2678.08	2761.67	2780.4	2794.8	2962.5	3033.8	3257.9
420000	湖北	114.341861	30.546498	农林牧渔业总产值及增加值-农林牧渔业总产值-农业总产值_亿元	86.1	100.1	122	157	180.6	203.4	213.3	235.2	258.5
420000	湖北	114.341861	30.546498	农林牧渔业总产值及增加值-农林牧渔业总产值-林业总产值_亿元	1205.8	1334	1395.4	1427.7	1503.3	1527.3	1478.1	1386.5	1521.5
420000	湖北	114.341861	30.546498	农林牧渔业总产值及增加值-农林牧渔业总产值-牧业总产值_亿元	508.8	626.2	748.4	844.2	922.8	1030	1089.1	1106	1152.7
420000	湖北	114.341861	30.546498	农林牧渔业总产值及增加值-农林牧渔业总产值-渔业总产值_亿元	2607.4	2848.8	3098.2	3256	3417.3	3780.8	3690.3	3733.6	
420000	湖北	114.341861	30.546498	农林牧渔业总产值及增加值-农林牧渔业增加值_亿元	8009.6	8078.9	8106.2	8112.3	7952.4	7908.5	7956.1	7952.9	7815.9
420000	湖北	114.341861	30.546498	主要农产品种植面积与产量-农作物总播种面积_千公顷	2469.2	2674.8	2883.7	3001.6	3109.9	3406.5	3529	3548.2	3809.4
420000	湖北	114.341861	30.546498	国民经济核算-地区生产总值-第一产业增加值	34719	39149	43835	48635	52021	56844	63169	71097	76712
420000	湖北	114.341861	30.546498	国民经济核算-地区生产总值-地区生产总值人均地区生产总值	5760	5781	5798	5816	5850	5885	5904	5917	5927
420000	湖北	114.341861	30.546498	人口-总人口-年末常住人口	2983	3077	3160	3241	3345	3447	3535	3609	3665
420000	湖北	114.341861	30.546498	人口-总人口-城镇人口	2777	2704	2638	2575	2505	2438	2369	2308	2262
420000	湖北	114.341861	30.546498	人口-总人口-乡村人口	10.39	11	11.08	11.86	10.74	12.04	12.6	11.54	11.35
420000	湖北	114.341861	30.546498	人口-人口出生率、死亡率和自然增长率-人口出生率									

续表

行政区代码	地区	经度	纬度	指标	2011	2012	2013	2014	2015	2016	2017	2018	2019
420000	湖北	114.341861	30.546498	人口-人口出生率_死亡率和自然增长率人口死亡率	6.01	6.12	6.15	6.96	5.83	6.97	7.01	7	7.08
420000	湖北	114.341861	30.546498	人口-人口出生率_死亡率和自然增长率自然增长率	4.38	4.88	4.93	4.9	4.91	5.07	5.59	4.54	4.27
420000	湖北	114.341861	30.546498	科技活动成果_技术市场技术流向地域_万元	863389.93	1914445.13	2164284.56	3283726.32	4949463.44	6420258.06	6777445	8284674.14	9447835.88
430000	湖南	112.983810	28.112444	农村基本情况与农业生产条件-主要农业机械年末拥有量-农用机械总动力_万千瓦	4935.6	5189.2	5434	5672.1	5894.1	6097.5	6254.8	6338.6	6471.8
430000	湖南	112.983810	28.112444	农林牧渔业总产值及增加值-农林牧渔业总产值_亿元	4508.2	4904.1	5043.6	5304.8	5499.6	5057.5	5213.5	5361.6	6405.1
430000	湖南	112.983810	28.112444	农林牧渔业总产值及增加值-农林牧渔业总产值-农业总产值_亿元	2391.67	2651.69	2726.75	2884.73	3043.5	2485.5	2597.6	2664.3	3052.1
430000	湖南	112.983810	28.112444	农林牧渔业总产值及增加值-农林牧渔业总产值-农林业总产值_亿元	239.1	260	287.7	304.8	317.4	321.6	325	387.1	430.7
430000	湖南	112.983810	28.112444	农林牧渔业总产值及增加值-农林牧渔业总产值-牧业总产值_亿元	1425.6	1488.6	1467.4	1503.2	1601.7	1549.6	1505.8	1464.6	2003.1
430000	湖南	112.983810	28.112444	农林牧渔业总产值及增加值-农林牧渔业总产值-渔业总产值_亿元	255	279.9	309.9	338.9	366.9	354.9	393.1	417.2	441.8
430000	湖南	112.983810	28.112444	农林牧渔业总产值及增加值-农林牧渔业增加值_亿元	2768	3004.2	3099.2	3266.9	3462	3725.9	3165.3	3265.9	
430000	湖南	112.983810	28.112444	主要农产品种植面积与产量-农作物总播种面积_千公顷	8402	8511.9	8650	8764.5	8717	8341.5	8322	8111.1	8122.8
430000	湖南	112.983810	28.112444	国民经济核算-地区生产总值第一产业增加值	2420	2567.9	2589.2	2671	2747.9	2915.6	2998.4	3084.2	3647.2
430000	湖南	112.983810	28.112444	国民经济核算-地区生产总值_人均地区生产总值	28766	32203	35702	39181	43155	46606	51030	54763	60104
430000	湖南	112.983810	28.112444	人口-总人口_年末常住人口	6581	6590	6600	6611	6615	6625	6633	6635	6640

续表

行政区划代码	地区	经度	纬度	指标	2011	2012	2013	2014	2015	2016	2017	2018	2019
430000	湖南	112.983810	28.112444	人口-总人口-城镇人口	2959	3046	3144	3238	3360	3491	3623	3722	3815
430000	湖南	112.983810	28.112444	人口-总人口-乡村人口	3622	3544	3456	3373	3255	3134	3010	2913	2825
430000	湖南	112.983810	28.112444	人口-人口出生率_死亡率和自然增长率-出生率	13.35	13.58	13.5	13.52	13.58	13.57	13.27	12.19	10.39
430000	湖南	112.983810	28.112444	人口-人口出生率_死亡率和自然增长率-死亡率	6.8	7.01	6.96	6.89	6.86	7.01	7.08	7.08	7.28
430000	湖南	112.983810	28.112444	人口-人口出生率_死亡率和自然增长率-自然增长率	6.55	6.57	6.54	6.63	6.72	6.56	6.19	5.11	3.11
430000	湖南	112.983810	28.112444	科技活动成果_技术市场技术流向地域_万元	387985.5	568206.11	1097109.47	1230541.12	1516117.15	1020776.1	1777636	1946548.09	3437257.33
220000	吉林	125.325990	43.896536	农村基本情况与农业生产条件-主要农业机械年末拥有量-农用机械总动力_万千瓦	2355	2554.7	2730	2919.1	3152.5	3105.3	3284.7	3466	3653.7
220000	吉林	125.325990	43.896536	农林牧渔业总产值及增加值-农林牧渔业总产值_亿元	2275.1	2502	2670.6	2763	2882.3	2167.9	2064.3	2184.3	2442.7
220000	吉林	125.325990	43.896536	农林牧渔业总产值及增加值-农业总产值_亿元	1020.44	1166.58	1261.68	1342.54	1400.4	949	895.8	993	1014.1
220000	吉林	125.325990	43.896536	农林牧渔业总产值及增加值-林业总产值_亿元	81.9	98.1	98.1	104.4	109.8	72.6	69.4	73.3	68.1
220000	吉林	125.325990	43.896536	农林牧渔业总产值及增加值-牧业总产值_亿元	1074.5	1130.4	1198.5	1195	1244.9	1033.4	982.4	1001.6	1239.6
220000	吉林	125.325990	43.896536	农林牧渔业总产值及增加值-渔业总产值_亿元	31.1	34.1	36.7	40.1	39.9	40.3	41.7	39	40.1
220000	吉林	125.325990	43.896536	农林牧渔业总产值及增加值-农林牧渔业增加值_亿元	1277.4	1412.1	1509.3	1570.2	1644.6	1549.3	1137.7	1204.8	
220000	吉林	125.325990	43.896536	主要农产品种植面积与产量-农作物总播种面积_千公顷	5222.3	5315.1	5413.1	5615.3	5679.1	6063.2	6086.2	6080.9	6117.1

续表

行政区划代码	地区	经度	纬度	指标	2011	2012	2013	2014	2015	2016	2017	2018	2019
220000	吉林	125.325990	43.896536	国民经济核算-地区生产总值第一产业增加值	1105.9	1195.6	1250.2	1270.2	1270.6	1130.1	1095.4	1160.7	1287.3
220000	吉林	125.325990	43.896536	国民经济核算-地区生产总值人均地区生产总值	28270	32005	35139	37539	38128	40259	42890	44925	47554
220000	吉林	125.325990	43.896536	人口-总人口年末常住人口	2725	2698	2668	2642	2613	2567	2526	2484	2448
220000	吉林	125.325990	43.896536	人口-总人口城镇人口	1455	1471	1487	1501	1506	1508	1508	1512	1509
220000	吉林	125.325990	43.896536	人口-总人口乡村人口	1270	1227	1181	1141	1107	1059	1018	972	939
220000	吉林	125.325990	43.896536	人口-人口出生率死亡率和自然增长率人口出生率	6.53	5.73	5.36	6.62	5.87	5.55	6.76	6.62	6.05
220000	吉林	125.325990	43.896536	人口-人口出生率死亡率和自然增长率人口死亡率	5.51	5.37	5.04	6.22	5.53	5.6	6.5	6.26	6.9
220000	吉林	125.325990	43.896536	人口-人口出生率死亡率和自然增长率人口自然增长率	1.02	0.36	0.32	0.4	0.34	-0.05	0.26	0.36	-0.85
220000	吉林	125.325990	43.896536	科技活动成果-技术市场技术流向地域_万元	337303.45	462966.12	469841.62	507986.58	545214.22	931122.66	1993711	4319205.15	4659198.21
220000	吉林	125.325990	43.896536	农村基本情况与农业生产条件-主要农业机械年末拥有量-农用机械总动力_万千瓦	4106.1	4214.6	4405.6	4650	4825.5	4906.6	4991.4	5017.7	5112
320000	江苏	118.763232	32.061707	农林牧渔业总产值及增加值-农林牧渔业总产值_亿元	5237.4	5808.8	6158	6443.4	6611.3	7179	7161.2	7192.5	7503.2
320000	江苏	118.763232	32.061707	农林牧渔业总产值及增加值-农业总产值_亿元	2640.95	2966.72	3167.78	3362.81	3722.1	3663.4	3764.7	3735	3828.6
320000	江苏	118.763232	32.061707	农林牧渔业总产值及增加值-农林业总产值_亿元	92.8	99.7	107.3	118.2	129.1	129.3	136.7	147.3	162
320000	江苏	118.763232	32.061707	农林牧渔业总产值及增加值-牧业总产值_亿元	1190.5	1226.2	1222.2	1182.7	1262.1	1326.7	1158	1091.3	1213
320000	江苏	118.763232	32.061707	农林牧渔业总产值及增加值-渔业总产值_亿元	1060.4	1235.4	1351.1	1426.7	1517.5	1621.9	1623.4	1707.9	1741

续表

行政区划代码	地区	经度	纬度	指标	2011	2012	2013	2014	2015	2016	2017	2018	2019
320000	江苏	118.763232	32.061707	农林牧渔业总产值产值及增加值-农林牧渔业增加值_亿元	3064.8	3418.3	3646.1	3835.2	4209.5	4323.5	4314.5	4429.4	
320000	江苏	118.763232	32.061707	主要农产品种植面积与产量-农作物总播种面积_千公顷	7663.2	7651.6	7683.6	7678.6	7745	7639.9	7556.2	7520.2	7443.6
320000	江苏	118.763232	32.061707	国民经济核算-地区生产总值 第一产业增加值	2908.8	3241.4	3447.5	3607.4	3952.5	4039.8	4045.2	4141.7	4297.2
320000	江苏	118.763232	32.061707	国民经济核算-地区生产总值 人均地区生产总值	61464	66533	72768	78711	85871	92658	102202	110508	116650
320000	江苏	118.763232	32.061707	人口-总人口 年末常住人口	8023	8120	8192	8281	8315	8381	8423	8446	8469
320000	江苏	118.763232	32.061707	人口-总人口-城镇人口	4975	5116	5275	5441	5612	5777	5911	6013	6137
320000	江苏	118.763232	32.061707	人口-总人口-乡村人口	3048	3004	2917	2840	2703	2604	2512	2433	2332
320000	江苏	118.763232	32.061707	人口-人口出生率、死亡率和自然增长率-人口出生率	9.59	9.44	9.44	9.45	9.05	9.76	9.71	9.32	9.12
320000	江苏	118.763232	32.061707	人口-人口出生率、死亡率和自然增长率-人口死亡率	6.98	6.99	7.01	7.02	7.03	7.03	7.03	7.03	7.04
320000	江苏	118.763232	32.061707	人口-人口出生率、死亡率和自然增长率-人口自然增长率	2.61	2.45	2.43	2.43	2.02	2.73	2.68	2.29	2.08
320000	江苏	118.763232	32.061707	科技活动成果-技术市场技术流向地域_万元	3754843	5149286.71	5979774.62	7001906.4	10163395.75	9055930.83	9195511	14386429.89	17673662.64
360000	江西	115.909228	28.675696	农村基本情况与农业生产条件-主要农业机械年末拥有量-农用机械总动力_万千瓦	4200	4599.7	2014.1	2118.4	2260.8	2201.6	2309.6	2382	2470.7
360000	江西	115.909228	28.675696	农林牧渔业总产值产值及增加值-农林牧渔业总产值_亿元	2207.3	2399.3	2578.4	2726.5	2835.5	3019.9	3069	3148.6	3481.3
360000	江西	115.909228	28.675696	农林牧渔业总产值产值及增加值-农林牧渔业增加值-农业总产值_亿元	917.82	1003.21	1072.8	1144.08	1326.9	1435.3	1489.3	1549.2	1624.3
360000	江西	115.909228	28.675696	农林牧渔业总产值产值及增加值-农林牧渔业增加值-农林业总产值_亿元	206.1	228.9	252.7	274.2	293.7	294.6	296.5	319.6	342.8

续表

行政区划代码	地区	经度	纬度	指标	2011	2012	2013	2014	2015	2016	2017	2018	2019
360000	江西	115.909228	28.675696	农林牧渔业总产值及增加值-农林牧渔业总产值-牧业总产值_亿元	734.3	752.7	796.4	814.9	719.8	770.5	709.7	672.2	888.9
360000	江西	115.909228	28.675696	农林牧渔业总产值及增加值-农林牧渔业总产值-渔业总产值_亿元	272.2	333.1	370.2	400.7	420	408.1	453.1	473.9	476.5
360000	江西	115.909228	28.675696	农林牧渔业总产值及增加值-农林牧渔业增加值_亿元	1391.1	1520.2	1636.5	1735.3	1827.8	1962.4	1898.5	1947.5	
360000	江西	115.909228	28.675696	主要农产品种植面积与产量-农作物总播种面积_千公顷	5486.8	5524.9	5552.6	5570.5	5579.1	5668.9	5638.5	5555.8	5521.2
360000	江西	115.909228	28.675696	国民经济核算-地区生产总值第一产业增加值	1320.5	1439.1	1540.7	1626.9	1714.5	1794.1	1835.3	1877.3	2057.7
360000	江西	115.909228	28.675696	国民经济核算-地区生产总值-人均地区生产总值_总值	25928	28624	31952	34988	37436	40950	44878	50347	54640
360000	江西	115.909228	28.675696	人口-总人口-年末常住人口	4474	4475	4476	4480	4485	4496	4511	4513	4516
360000	江西	115.909228	28.675696	人口-总人口-城镇人口	2047	2121	2195	2265	2346	2427	2513	2588	2668
360000	江西	115.909228	28.675696	人口-总人口-乡村人口	2427	2354	2281	2215	2139	2069	1998	1925	1848
360000	江西	115.909228	28.675696	人口-人口出生率、死亡率和自然增长率-出生率	13.48	13.46	13.19	13.24	13.2	13.45	13.79	13.43	12.59
360000	江西	115.909228	28.675696	人口-人口出生率、死亡率和自然增长率-死亡率	5.98	6.14	6.28	6.26	6.24	6.16	6.08	6.06	6.03
360000	江西	115.909228	28.675696	人口-人口出生率、死亡率和自然增长率-自然增长率	7.5	7.32	6.91	6.98	6.96	7.29	7.71	7.37	6.56
360000	江西	115.909228	28.675696	科技活动成果_技术市场技术流向地域_万元	420568.56	575279.35	1077970.1	745702.34	1077100.14	1880987.06	1990802	2427625.67	2988142.76
210000	辽宁	123.429440	41.835441	农村基本情况与农业生产条件-主要农业机械年末拥有量-农用机械总动力_万千瓦	2399.9	2526.9	2632	2730.2	2813.9	2168.5	2215.1	2243.7	2353.9
210000	辽宁	123.429440	41.835441	农林牧渔业总产值及增加值-农林牧渔业总产值_亿元	3633.6	4062.4	4349.7	4498.4	4667.9	3764.1	3851.6	4061.9	4368.2

续表

行政区划代码	地区	经度	纬度	指标	2011	2012	2013	2014	2015	2016	2017	2018	2019
210000	辽宁	123.429440	41.835441	农林牧渔业总产值及增加值-农林牧渔业总产值-农业总产值_亿元	1307.15	1539.65	1673.86	1734.13	2068.6	1589.9	1620.5	1749.4	1912
210000	辽宁	123.429440	41.835441	农林牧渔业总产值及增加值-农林牧渔业总产值-林业总产值_亿元	107.4	128.7	136.5	152.4	166.1	134	140.3	149.5	117.4
210000	辽宁	123.429440	41.835441	农林牧渔业总产值及增加值-农林牧渔业总产值-牧业总产值_亿元	1521.1	1621.2	1675.4	1717.5	1561.4	1277.6	1289.2	1346.2	1479.5
210000	辽宁	123.429440	41.835441	农林牧渔业总产值及增加值-农林牧渔业总产值-渔业总产值_亿元	560	618.7	689.3	699.8	689.8	559.5	592.2	628.5	669.6
210000	辽宁	123.429440	41.835441	农林牧渔业总产值及增加值-农林牧渔业增加值_亿元	1915.6	2155.8	2321.6	2403.2	2505.1	2296.6	2000.4	2109	
210000	辽宁	123.429440	41.835441	主要农产品种植面积与产量-农作物总播种面积_千公顷	4145.7	4210.6	4208.8	4164.1	4219.9	4242.7	4172.3	4207.1	4217.1
210000	辽宁	123.429440	41.835441	国民经济核算-地区生产总值第一产业增加值	1693.4	1869.3	1973.4	2002	2053.7	1841.2	1902.3	2020.6	2178
210000	辽宁	123.429440	41.835441	国民经济核算-地区生产总值人均地区生产总值	37353	40778	43956	45915	46482	47069	50221	54657	58019
210000	辽宁	123.429440	41.835441	人口-总人口-年末常住人口	4379	4375	4365	4358	4338	4327	4312	4291	4277
210000	辽宁	123.429440	41.835441	人口-总人口-城镇人口	2805	2872	2901	2922	2952	2980	2996	3015	3046
210000	辽宁	123.429440	41.835441	人口-总人口-乡村人口	1574	1503	1464	1436	1386	1347	1316	1276	1231
210000	辽宁	123.429440	41.835441	人口-人口出生率、死亡率和自然增长率-出生率	5.71	6.15	6.09	6.49	6.17	6.6	6.49	6.39	6.45
210000	辽宁	123.429440	41.835441	人口-人口出生率、死亡率和自然增长率-死亡率	6.05	6.54	6.12	6.23	6.59	6.78	6.93	7.39	7.25
210000	辽宁	123.429440	41.835441	人口-人口出生率、死亡率和自然增长率-自然增长率	-0.34	-0.39	-0.03	0.26	-0.42	-0.18	-0.44	-1	-0.8
210000	辽宁	123.429440	41.835441	科技活动成果-技术市场技术流向地域_万元	3966798.03	3978887.95	2482136.91	2504925.26	2312704.73	2000312.02	2909887	2732167.55	3558535.66

续表

行政区划代码	地区	经度	纬度	指标	2011	2012	2013	2014	2015	2016	2017	2018	2019
150000	内蒙古	111.765617	40.817498	农村基本情况与农业生产条件-主要农业机械年末拥有量-农用机械总动力_万千瓦	3172.7	3280.6	3430.6	3632.6	3805.1	3331.1	3483.6	3663.7	3866.4
150000	内蒙古	111.765617	40.817498	农林牧渔业总产值及增加值-农林牧渔业总产值_亿元	2204.5	2449.3	2699.5	2779.8	2845.2	2803.5	2813.5	2985.3	3176.3
150000	内蒙古	111.765617	40.817498	农林牧渔业总产值及增加值-农林牧渔业总产值-农业总产值_亿元	1057.85	1171.97	1328.07	1408.44	1418.3	1477.6	1434.7	1512.5	1606.3
150000	内蒙古	111.765617	40.817498	农林牧渔业总产值及增加值-农林牧渔业总产值-林业总产值_亿元	93.2	97.8	96.1	96.4	99.4	98.6	99.9	100.3	100.9
150000	内蒙古	111.765617	40.817498	农林牧渔业总产值及增加值-农林牧渔业总产值-牧业总产值_亿元	998.3	1118.9	1208.5	1205.7	1160.9	1149.7	1200.6	1294.3	1390.5
150000	内蒙古	111.765617	40.817498	农林牧渔业总产值及增加值-农林牧渔业总产值-渔业总产值_亿元	23.5	26.1	29	29.1	30.8	33	31.3	29.2	27.8
150000	内蒙古	111.765617	40.817498	农林牧渔业总产值及增加值-农林牧渔业增加值_亿元	1306.3	1448.6	1598.2	1651.7	1642.5	1663.9	1677.7	1779.5	
150000	内蒙古	111.765617	40.817498	主要农产品种植面积与产量-农作物总播种面积_千公顷	7109.9	7154	7211.2	7356	7567.9	8957.2	9014.2	8824.1	8885
150000	内蒙古	111.765617	40.817498	国民经济核算-地区生产总值-第一产业增加值	1309.7	1453.2	1582.9	1638	1630.2	1650.6	1649.8	1750.7	1863.3
150000	内蒙古	111.765617	40.817498	国民经济核算-地区生产总值-人均地区生产总值	38276	42441	46320	49585	52972	56560	61196	66491	71170
150000	内蒙古	111.765617	40.817498	人口-总人口-年末常住人口	2470	2464	2455	2449	2440	2436	2433	2422	2415
150000	内蒙古	111.765617	40.817498	人口-总人口-城镇人口	1409	1439	1469	1493	1515	1544	1572	1587	1605
150000	内蒙古	111.765617	40.817498	人口-总人口-乡村人口	1061	1025	986	956	925	892	861	835	810
150000	内蒙古	111.765617	40.817498	人口-人口出生率、死亡率和自然增长率人口出生率	8.94	9.17	8.98	9.31	7.72	9.03	9.47	8.35	8.23

续表

行政区划代码	地区	经度	纬度	指标	2011	2012	2013	2014	2015	2016	2017	2018	2019
150000	内蒙古	111.765617	40.817498	人口-人口出生率、死亡率和自然增长率_人口死亡率	5.43	5.52	5.62	5.75	5.32	5.69	5.74	5.95	5.66
150000	内蒙古	111.765617	40.817498	人口-人口出生率、死亡率和自然增长率_人口自然增长率	3.51	3.65	3.36	3.56	2.4	3.34	3.73	2.4	2.57
150000	内蒙古	111.765617	40.817498	科技活动成果_技术市场技术流向地域_万元	721484.92	2176970.63	1583402.96	1564933.32	1885988.78	1427117.39	1574598	2268741.12	1794584.4
640000	宁夏	106.258754	38.471317	农村基本情况与农业生产条件-主要农业机械年末拥有量-农用机械动力_万千瓦	768.7	787.3	802	813	831.3	580.5	605.4	621.9	632.2
640000	宁夏	106.258754	38.471317	农林牧渔业总产值及增加值-农林牧渔业总产值_亿元	354.7	385.1	430	445.5	465.2	496.3	517.4	575.8	584.8
640000	宁夏	106.258754	38.471317	农林牧渔业总产值及增加值-农业总产值_亿元	223.61	240.46	269	273.96	311	299.7	309	344.6	330.8
640000	宁夏	106.258754	38.471317	农林牧渔业总产值及增加值-农林业总产值_亿元	9.3	9.8	9.8	10	11.6	10.1	9.7	9.2	11.2
640000	宁夏	106.258754	38.471317	农林牧渔业总产值及增加值-牧业总产值_亿元	97.6	105.7	120	126.8	122.9	146.5	155.7	176.1	197.8
640000	宁夏	106.258754	38.471317	农林牧渔业总产值及增加值-渔业总产值_亿元	10.2	13.4	13.2	14.9	15.8	17	18.6	19.7	17.4
640000	宁夏	106.258754	38.471317	农林牧渔业总产值及增加值-农林牧渔业增加值_亿元	184.1	199.4	222.3	229.6	251.7	256.3	266.3	296.1	
640000	宁夏	106.258754	38.471317	主要农产品种植面积与产量-农作物总播种面积_千公顷	1260.4	1241.2	1264.7	1253.2	1264.6	1118.8	1132.6	1164.6	1153
640000	宁夏	106.258754	38.471317	国民经济核算-地区生产总值第一产业增加值	175	189	210.7	216.9	236.8	241	250.6	279.4	280
640000	宁夏	106.258754	38.471317	国民经济核算-地区生产总值人均地区生产总值	30161	32609	35135	36815	37876	40339	45718	49614	52537
640000	宁夏	106.258754	38.471317	人口-总人口_年末常住人口	648	659	666	678	684	695	705	710	717

续表

行政区划代码	地区	经度	纬度	指　标	2011	2012	2013	2014	2015	2016	2017	2018	2019
640000	宁夏	106.258754	38.471317	人口-总人口-城镇人口	325	337	352	372	390	408	430	441	456
640000	宁夏	106.258754	38.471317	人口-总人口-乡村人口	323	322	314	306	294	287	275	269	261
640000	宁夏	106.258754	38.471317	人口-人口出生率、死亡率和自然增长率-人口出生率	13.65	13.26	13.12	13.1	12.62	13.69	13.44	13.32	13.72
640000	宁夏	106.258754	38.471317	人口-人口出生率、死亡率和自然增长率-人口死亡率	4.68	4.33	4.5	4.53	4.58	4.72	4.75	5.54	5.69
640000	宁夏	106.258754	38.471317	人口-人口出生率、死亡率和自然增长率-人口自然增长率	8.97	8.93	8.62	8.57	8.04	8.97	8.69	7.78	8.03
640000	宁夏	106.258754	38.471317	科技活动成果_技术市场技术流向地域_万元	166052.73	314191.3	330579.93	285500.54	286118.21	427186.67	770094	964199.42	507719.25
630000	青海	101.780199	36.620901	农村基本情况与农业生产条件-主要农业机械年末拥有量-农用机械总动力_万千瓦	430.7	435	410.6	440.9	453.9	458.6	462.4	472.1	484.2
630000	青海	101.780199	36.620901	农林牧渔业总产值及增加值-农林牧渔业总产值_亿元	230.8	263.9	310.3	327.5	333.4	338.8	364.1	405.9	454.4
630000	青海	101.780199	36.620901	农林牧渔业总产值及增加值-农业总产值_亿元	102.91	117.09	138.35	144.21	145	155.5	162.4	169.2	181.3
630000	青海	101.780199	36.620901	农林牧渔业总产值及增加值-林业总产值_亿元	4.2	4.6	5.7	6.6	7.4	8.3	9	10.4	11.3
630000	青海	101.780199	36.620901	农林牧渔业总产值及增加值-牧业总产值_亿元	119.3	137.1	160.1	169.1	158.4	165.7	183	216	250.8
630000	青海	101.780199	36.620901	农林牧渔业总产值及增加值-渔业总产值_亿元	0.2	0.6	1.3	2.2	2.8	3.3	3.4	3.6	3.9
630000	青海	101.780199	36.620901	农林牧渔业总产值及增加值-农林牧渔业增加值_亿元	155.1	176.8	207.6	219	212.2	224.7	242	272	
630000	青海	101.780199	36.620901	主要农产品种植面积与产量-农作物总播种面积_千公顷	547.7	554.2	555.8	553.7	558.4	557.7	555.3	557.3	553.5

续表

行政区划代码	地区	经度	纬度	指标	2011	2012	2013	2014	2015	2016	2017	2018	2019
630000	青海	101.780199	36.620901	国民经济核算-地区生产总值-第一产业增加值	152.6	174.2	204.7	215.9	208.9	221.2	238.4	268.1	301.9
630000	青海	101.780199	36.620901	国民经济核算-地区生产总值-人均地区生产总值	24233	26639	30005	32218	34883	38968	42211	46854	49976
630000	青海	101.780199	36.620901	人口-总人口-年末常住人口	568	571	571	576	577	582	586	587	590
630000	青海	101.780199	36.620901	人口-总人口-城镇人口	264	273	281	293	298	312	325	336	347
630000	青海	101.780199	36.620901	人口-总人口-乡村人口	304	298	290	283	279	270	261	251	243
630000	青海	101.780199	36.620901	人口-人口出生率、死亡率和自然增长率-人口出生率	14.43	14.3	14.16	14.67	14.72	14.7	14.42	14.31	13.66
630000	青海	101.780199	36.620901	人口-人口出生率、死亡率和自然增长率-人口死亡率	6.12	6.06	6.13	6.18	6.17	6.18	6.17	6.25	6.08
630000	青海	101.780199	36.620901	人口-人口出生率、死亡率和自然增长率-自然增长率	8.31	8.24	8.03	8.49	8.55	8.52	8.25	8.06	7.58
630000	青海	101.780199	36.620901	科技活动成果_技术市场技术流向地域_万元	283464.31	436530.75	558258.66	500927.86	471048.66	792632.28	775210	762852.3	1048158.18
370000	山东	117.020359	36.668530	农村基本情况与农业生产条件-主要农业机械年末拥有量-农用机械总动力_万千瓦	12098.3	12419.9	12739.8	13101.4	13353	9797.6	10144	10415.2	10679.8
370000	山东	117.020359	36.668530	农林牧渔业总产值及增加值-农林牧渔业总产值_亿元	7409.7	7945.8	8750	9198.3	9590.8	9075.6	9140.4	9397.4	9671.7
370000	山东	117.020359	36.668530	农林牧渔业总产值及增加值-农业总产值_亿元	3843.62	3960.62	4509.88	4765.78	4929.9	4387.5	4403.2	4678.3	4914.4
370000	山东	117.020359	36.668530	农林牧渔业总产值及增加值-林业总产值_亿元	100	107	120.3	131.5	139.9	147.5	165.1	181.6	197.7
370000	山东	117.020359	36.668530	农林牧渔业总产值及增加值-牧业总产值_亿元	2171.9	2285.9	2359	2418.3	2523.2	2620.3	2501.4	2432.7	2412.1
370000	山东	117.020359	36.668530	农林牧渔业总产值及增加值-渔业总产值_亿元	999.1	1267.1	1397.4	1481.7	1524.7	1409.7	1476	1425.9	1397.4

续表

行政区划代码	地区	经度	纬度	指标	2011	2012	2013	2014	2015	2016	2017	2018	2019
370000	山东	117.020359	36.668530	农林牧渔业总产值及增加值-农林牧渔业增加值_亿元	3973.8	4281.7	4742.6	4992.9	5182.9	5171.1	5114.7	5272.5	
370000	山东	117.020359	36.668530	主要农产品种植面积与产量-农作物总播种面积_千公顷	10865.4	10867	10976.4	11037.9	11026.5	11278.6	11107.8	11076.8	10933.1
370000	山东	117.020359	36.668530	国民经济核算-地区生产总值-地区生产总值第一产业增加值	3768.6	4047.1	4454.1	4662.8	4902.8	4830.3	4832.7	4950.5	5117
370000	山东	117.020359	36.668530	国民经济核算-地区生产总值-地区生产总值总值	40581	44348	48673	51933	56205	59239	62993	66284	69901
370000	山东	117.020359	36.668530	国民经济核算-地区生产总值-人均地区生产总值	9665	9708	9746	9808	9866	9973	10033	10077	10106
370000	山东	117.020359	36.668530	人口-总人口-年末常住人口	4916	5051	5210	5372	5621	5897	6099	6193	6252
370000	山东	117.020359	36.668530	人口-总人口-城镇人口	4749	4657	4536	4436	4245	4076	3934	3884	3854
370000	山东	117.020359	36.668530	人口-总人口-乡村人口	11.5	11.9	11.41	14.23	12.55	17.89	17.54	13.26	11.77
370000	山东	117.020359	36.668530	人口-人口出生率死亡率和自然增长率-人口出生率	6.4	6.95	6.4	6.84	6.67	7.05	7.4	7.18	7.5
370000	山东	117.020359	36.668530	人口-人口出生率死亡率和自然增长率-人口死亡率	5.1	4.95	5.01	7.39	5.88	10.84	10.14	6.08	4.27
370000	山东	117.020359	36.668530	科技活动成果_技术市场技术流向地域_万元	1877483.06	1825538.42	2497618.09	4031552.11	3865607.33	5052400.99	6759784	9386978.43	11109982.95
140000	山西	112.562398	37.873531	农村基本情况与农业生产条件-主要农业机械年末拥有量-农用机械总动力_万千瓦	2927.3	3056.1	3183.3	3286.2	3351.7	1744.3	1376.3	1441.1	1517.6
140000	山西	112.562398	37.873531	农林牧渔业总产值及增加值-农林牧渔业总产值_亿元	1207.6	1304.3	1447	1530.5	1546.7	1429.9	1418.7	1460.6	1626.5
140000	山西	112.562398	37.873531	农林牧渔业总产值及增加值-农业总产值_亿元	767.14	847.41	932.14	984.03	969.5	824.4	861.9	894.9	936.8
140000	山西	112.562398	37.873531	农林牧渔业总产值及增加值-农林业总产值_亿元	73.5	79.1	90.1	98.5	97.4	92.7	97.7	99.9	101.3

续表

行政区划代码	地区	经度	纬度	指标	2011	2012	2013	2014	2015	2016	2017	2018	2019
140000	山西	112.562398	37.873531	农林牧渔业总产值及增加值-农林牧渔业总产值_牧业总产值_亿元	295.7	298.8	338.8	354.6	359	415.6	358.8	361.5	478.6
140000	山西	112.562398	37.873531	农林牧渔业总产值及增加值-农林牧渔业总产值_渔业总产值_亿元	7.5	8.4	9.5	9.8	9.9	7.6	7.7	6.9	6.9
140000	山西	112.562398	37.873531	农林牧渔业总产值及增加值-农林牧渔业增加值_亿元	641.4	698.3	776.6	828.2	824.1	827.3	764.1	788.1	
140000	山西	112.562398	37.873531	主要农产品种植面积与产量-农作物总播种面积_千公顷	3797.4	3808.1	3782.4	3783.4	3767.6	3591.5	3577.6	3555.2	3524.4
140000	山西	112.562398	37.873531	国民经济核算-地区生产总值_第一产业增加值	586.6	642	697.6	736.6	726.2	724.3	719.2	740.8	825.3
140000	山西	112.562398	37.873531	国民经济核算-地区生产总值_人均地区生产总值	30534	32864	33848	34248	33593	33972	41242	45517	48469
140000	山西	112.562398	37.873531	人口-总人口_年末常住人口	3562	3548	3535	3528	3519	3514	3510	3502	3497
140000	山西	112.562398	37.873531	人口-总人口_城镇人口	1774	1821	1869	1916	1966	2012	2057	2096	2143
140000	山西	112.562398	37.873531	人口-总人口_乡村人口	1788	1727	1666	1612	1553	1502	1453	1406	1354
140000	山西	112.562398	37.873531	人口-人口出生率_死亡率和自然增长率_出生率	10.47	10.7	10.81	10.92	9.98	10.29	11.06	9.63	9.12
140000	山西	112.562398	37.873531	人口-人口出生率_死亡率和自然增长率_死亡率	5.61	5.83	5.57	5.93	5.56	5.52	5.45	5.32	5.85
140000	山西	112.562398	37.873531	人口-人口出生率_死亡率和自然增长率_自然增长率	4.86	4.87	5.24	4.99	4.42	4.77	5.61	4.31	3.27
140000	山西	112.562398	37.873531	科技活动成果_技术市场技术流向地域_万元	707458.65	1112605.64	990081.86	2076794.18	972416.55	2340759.69	2493192	2510500.38	4446688.87
610000	陕西	108.954239	34.265472	农村基本情况与农业生产条件-主要农业机械年末拥有量-农用机械总动力_万千瓦	2182.9	2350.2	2452.7	2552.1	2667.3	2171.9	2242.5	2311.8	2331.5
610000	陕西	108.954239	34.265472	农林牧渔业总产值及增加值-农林牧渔业总产值_亿元	2058.6	2303.2	2562.5	2741.8	2878.5	2994.8	3077.6	3240	3536.8

续表

行政区划代码	地区	经度	纬度	指标	2011	2012	2013	2014	2015	2016	2017	2018	2019
610000	陕西	108.954239	34.265472	农林牧渔业总产值及增加值-农林牧渔业总产值-农业总产值_亿元	1360.7	1526.28	1714.79	1870.78	1910.7	1997.8	2095.3	2245	2445.8
610000	陕西	108.954239	34.265472	农林牧渔业总产值及增加值-农林牧渔业总产值-林业总产值_亿元	42.3	58.4	67.6	73.6	75.8	85.5	96.9	104.6	106.1
610000	陕西	108.954239	34.265472	农林牧渔业总产值及增加值-农林牧渔业总产值-牧业总产值_亿元	553.4	598.7	643.7	648.3	665.5	734.7	695.2	682.8	757.2
610000	陕西	108.954239	34.265472	农林牧渔业总产值及增加值-农林牧渔业总产值-渔业总产值_亿元	10.6	14.6	17.8	19.9	23.6	26.2	27.5	29.8	31.4
610000	陕西	108.954239	34.265472	农林牧渔业总产值及增加值-农林牧渔业总产值-农林牧渔业增加值_亿元	1220.9	1370.2	1526	1635.8	1673.2	1776.3	1830.6	1927.3	
610000	陕西	108.954239	34.265472	主要农产品种植面积与产量-农作物总播种面积_千公顷	4181	4238.3	4269	4262.1	4284.5	4160.2	4063.9	4091	4132.1
610000	陕西	108.954239	34.265472	国民经济核算-地区生产总值-第一产业增加值_亿元	1187.4	1314.8	1463.5	1566.9	1599.7	1696.1	1741.1	1830.2	1991.1
610000	陕西	108.954239	34.265472	国民经济核算-地区生产总值-人均地区生产总值	32467	37453	41906	45610	46654	49341	55216	61115	65506
610000	陕西	108.954239	34.265472	人口-总人口-年末常住人口	3765	3787	3804	3827	3846	3874	3904	3931	3944
610000	陕西	108.954239	34.265472	人口-总人口-城镇人口	1783	1883	1962	2029	2105	2185	2267	2345	2417
610000	陕西	108.954239	34.265472	人口-总人口-乡村人口	1982	1904	1842	1798	1741	1689	1637	1586	1527
610000	陕西	108.954239	34.265472	人口-人口出生率、死亡率和自然增长率-出生率	9.75	10.12	10.01	10.13	10.1	10.64	11.11	10.67	10.55
610000	陕西	108.954239	34.265472	人口-人口出生率、死亡率和自然增长率-死亡率	6.06	6.24	6.15	6.26	6.28	6.23	6.24	6.24	6.28
610000	陕西	108.954239	34.265472	人口-人口出生率、死亡率和自然增长率-自然增长率	3.69	3.88	3.86	3.87	3.82	4.41	4.87	4.43	4.27
610000	陕西	108.954239	34.265472	科技活动成果_技术市场技术流向地域_万元	1005119.23	1725710.82	3620612.02	2796771.56	2985237.18	3590983.94	5218569	5913691.26	6926312.84

续表

行政区划代码	地区	经度	纬度	指标	2011	2012	2013	2014	2015	2016	2017	2018	2019
310000	上海	121.473701	31.230416	农村基本情况与农业生产条件-主要农业机械-年末拥有量-农用机械总动力_万千瓦	105.7	112.7	113.2	117.8	119	122.3	121.8	94	98
310000	上海	121.473701	31.230416	农林牧渔业总产值及增加值-农林牧渔业总产值_亿元	314.6	321.7	323.5	322.2	300.8	300.8	292.6	289.6	284.8
310000	上海	121.473701	31.230416	农林牧渔业总产值及增加值-农业总产值_亿元	165.07	171.48	172.28	169.51	162	146.6	146.4	150.1	145.8
310000	上海	121.473701	31.230416	农林牧渔业总产值及增加值-林业总产值_亿元	7.6	9.5	9.6	8.8	12.2	13.2	15.3	15.8	18.3
310000	上海	121.473701	31.230416	农林牧渔业总产值及增加值-牧业总产值_亿元	77.4	72.6	70	69.9	65.6	80.2	61.2	48.3	48.2
310000	上海	121.473701	31.230416	农林牧渔业总产值及增加值-渔业总产值_亿元	54.7	57.5	59.9	62.5	51.8	50.3	58.4	56.2	55
310000	上海	121.473701	31.230416	农林牧渔业总产值及增加值-农林牧渔业增加值_亿元	124.9	127.8	129.3	128.6	114	113.5	115.1	111.2	
310000	上海	121.473701	31.230416	主要农产品种植面积与产量-农作物总播种面积_千公顷	400.6	387.9	377.3	357	340.2	303.8	284.9	282.3	261.4
310000	上海	121.473701	31.230416	国民经济核算-地区生产总值-第一产业增加值	126.4	129.3	131.6	132	125.5	114.3	110.8	104.8	107.1
310000	上海	121.473701	31.230416	国民经济核算-地区生产总值-人均地区生产总值	85897	89613	95746	102827	109186	121369	133489	145767	153299
310000	上海	121.473701	31.230416	人口-总人口-年末常住人口	2356	2399	2448	2467	2458	2467	2466	2475	2481
310000	上海	121.473701	31.230416	人口-总人口-城镇人口	2104	2142	2193	2203	2176	2196	2197	2206	2214
310000	上海	121.473701	31.230416	人口-总人口-乡村人口	252	257	255	264	282	271	269	269	267
310000	上海	121.473701	31.230416	人口-人口出生率、死亡率和自然增长率-人口出生率	6.97	9.56	8.18	8.35	7.52	9	8.1	7.2	7

续表

行政区划代码	地区	经度	纬度	指标	2011	2012	2013	2014	2015	2016	2017	2018	2019
310000	上海	121.473701	31.230416	人口-人口出生率、死亡率和自然增长率-人口死亡率	5.1	5.36	5.24	5.21	5.07	5	5.3	5.4	5.5
310000	上海	121.473701	31.230416	人口-人口出生率、死亡率和自然增长率-自然增长率	1.87	4.2	2.94	3.14	2.45	4	2.8	1.8	1.5
310000	上海	121.473701	31.230416	科技活动成果_技术市场技术流向地域_万元	3403479.39	4085672.88	4319821.98	4472395.7	5101282.05	4319878.07	7121410	8281683.66	8806900.97
510000	四川	104.075931	30.651651	农村基本情况与农业生产条件-农业机械年末拥有量-农用机械总动力_万千瓦	3426.1	3694	3953.1	4160.1	4404.5	4267.3	4420.3	4603.9	4682.3
510000	四川	104.075931	30.651651	农林牧渔业总产值及增加值-农林牧渔业总产值_亿元	4932.7	5433.1	5620.3	5888.1	6097.8	6816.9	6955.5	7195.6	7889.3
510000	四川	104.075931	30.651651	农林牧渔业总产值及增加值-农林牧渔业总产值-农业总产值_亿元	2454.26	2764.9	2903.48	3078.61	3335.5	3701.6	4004.2	4153.7	4395
510000	四川	104.075931	30.651651	农林牧渔业总产值及增加值-农林牧渔业总产值-林业总产值_亿元	130.1	151.5	179.4	196	205.8	329.3	346.8	358.7	372.2
510000	四川	104.075931	30.651651	农林牧渔业总产值及增加值-农林牧渔业总产值-牧业总产值_亿元	2127.2	2269.9	2267.6	2318.8	2515.6	2405.5	2199.7	2246.1	2647.9
510000	四川	104.075931	30.651651	农林牧渔业总产值及增加值-农林牧渔业总产值-渔业总产值_亿元	147.2	163.8	177.5	192.4	210.5	220	234.9	247.9	263.5
510000	四川	104.075931	30.651651	农林牧渔业总产值及增加值-农林牧渔业增加值_亿元	2983.5	3297.2	3425.6	3594.2	3745.3	4005.4	4365.1	4543.6	
510000	四川	104.075931	30.651651	主要农产品种植面积与产量-农作物总播种面积_千公顷	9565.6	9657	9682.2	9668.6	9689.9	9493.8	9575.1	9615.3	9693
510000	四川	104.075931	30.651651	国民经济核算-地区生产总值第一产业增加值	2854.6	3142.6	3257.4	3524.7	3661	3900.6	4262.5	4427.4	4807.5
510000	四川	104.075931	30.651651	国民经济核算-地区生产总值-人均地区生产总值总额	26136	29627	32750	35563	37150	40297	45835	51658	55619
510000	四川	104.075931	30.651651	人口-总人口-年末常住人口	8064	8085	8109	8139	8196	8251	8289	8321	8351

续表

行政区划代码	地区	经度	纬度	指标	2011	2012	2013	2014	2015	2016	2017	2018	2019
510000	四川	104.075931	30.651651	人口-人口-总人口-城镇人口	3375	3505	3646	3785	3956	4126	4292	4452	4623
510000	四川	104.075931	30.651651	人口-人口-总人口-乡村人口	4689	4580	4463	4354	4240	4126	3997	3869	3728
510000	四川	104.075931	30.651651	人口-人口出生率_死亡率和自然增长率-人口出生率	9.79	9.89	9.9	10.22	10.3	10.48	11.26	11.05	10.7
510000	四川	104.075931	30.651651	人口-人口出生率_死亡率和自然增长率-人口死亡率	6.81	6.92	6.9	7.02	6.94	6.99	7.03	7.01	7.09
510000	四川	104.075931	30.651651	人口-人口出生率_死亡率和自然增长率-人口自然增长率	2.98	2.97	3	3.2	3.36	3.49	4.23	4.04	3.61
510000	四川	104.075931	30.651651	科技活动成果_技术市场技术流向地域_万元	809442.19	1406276	2705992.63	2305204.46	2932643.6	3317870.93	5366053	5886135.05	8147275.13
120000	天津	117.200983	39.084158	农村基本情况与农业生产条件-主要农业机械年末拥有量-农业用机械总动力_万千瓦	583.9	568.1	554.2	552.3	546.9	470	464.7	348	359.8
120000	天津	117.200983	39.084158	农林牧渔业总产值及增加值-农林牧渔业总产值_亿元	349.5	375.6	412.4	441.7	453.4	395.6	382.1	390.5	414.4
120000	天津	117.200983	39.084158	农林牧渔业总产值及增加值-农林牧渔业总产值-农业总产值_亿元	179.87	195.99	217.16	230.74	238	181.9	183.2	197.2	202.9
120000	天津	117.200983	39.084158	农林牧渔业总产值及增加值-农林牧渔业总产值-农林业总产值_亿元	2.5	2.8	3.1	3.2	7.7	8.4	9	12.7	24.9
120000	天津	117.200983	39.084158	农林牧渔业总产值及增加值-农林牧渔业总产值-农牧业总产值_亿元	98.5	105	108.6	117.6	130.2	119	108	95.8	100.4
120000	天津	117.200983	39.084158	农林牧渔业总产值及增加值-农林牧渔业总产值-农渔业总产值_亿元	58.6	61.7	73.2	79.5	80.4	74.4	69.8	71.1	71.4
120000	天津	117.200983	39.084158	农林牧渔业总产值及增加值-农林牧渔业增加值-农林牧渔业增加值_亿元	159.7	171.6	188.5	201.5	210.5	222	174	180.6	
120000	天津	117.200983	39.084158	主要农产品种植面积与产量-农作物总播种面积_千公顷	468	479	473.5	479	469	443.7	439.5	429.3	410.3

续表

行政区划代码	地区	经度	纬度	指标	2011	2012	2013	2014	2015	2016	2017	2018	2019
120000	天津	117.200983	39.084158	国民经济核算-地区生产总值-第一产业增加值	141.1	147.9	154.8	158.8	162.3	168.5	169	175.3	185.4
120000	天津	117.200983	39.084158	国民经济核算-地区生产总值-人均地区生产总值	61458	66517	71345	74960	75868	79647	87280	95689	101557
120000	天津	117.200983	39.084158	人口-总人口-年末常住人口	1341	1378	1410	1429	1439	1443	1410	1383	1385
120000	天津	117.200983	39.084158	人口-总人口-城镇人口	1079	1124	1160	1180	1193	1202	1178	1161	1168
120000	天津	117.200983	39.084158	人口-总人口-乡村人口	262	254	250	249	246	241	232	222	217
120000	天津	117.200983	39.084158	人口-人口出生率、死亡率和自然增长率-人口出生率	8.58	8.75	8.28	8.19	5.84	7.37	7.65	6.67	6.73
120000	天津	117.200983	39.084158	人口-人口出生率、死亡率和自然增长率-人口死亡率	6.08	6.12	6	6.05	5.61	5.54	5.05	5.42	5.3
120000	天津	117.200983	39.084158	人口-人口出生率、死亡率和自然增长率-人口自然增长率	2.5	2.63	2.28	2.14	0.23	1.83	2.6	1.25	1.43
120000	天津	117.200983	39.084158	科技活动成果_技术市场技术流向地域_万元	1739670.56	2047914.97	2360529.15	3407686.04	3307078.65	3891987.46	4212348	3475942.1	4615189.11
540000	西藏	91.117212	29.646922	农村基本情况与农业生产条件-主要农业机械年末拥有量-农用机械总动力_万千瓦	427.9	465	517.3	570.8	619.7	635.1	523.1	545.8	559
540000	西藏	91.117212	29.646922	农林牧渔业总产值及增加值-农林牧渔业总产值_亿元	109.4	118.3	128	138.7	145	173	178.2	195.5	212.8
540000	西藏	91.117212	29.646922	农林牧渔业总产值及增加值-农业总产值_亿元	49.62	53.39	57.92	63.26	68	52.2	78.4	88.1	94.9
540000	西藏	91.117212	29.646922	农林牧渔业总产值及增加值-林业总产值_亿元	2.4	2.6	2.7	2.6	2.1	2.4	2.9	3.2	3.5
540000	西藏	91.117212	29.646922	农林牧渔业总产值及增加值-牧业总产值_亿元	54.1	59	64.2	69.3	75.3	113.8	92.2	98.4	108.4
540000	西藏	91.117212	29.646922	农林牧渔业总产值及增加值-渔业总产值_亿元	0.2	0.2	0.2	0.2	0.2	0.2	0.3	0.3	0.4

续表

行政区划代码	地区	经度	纬度	指标	2011	2012	2013	2014	2015	2016	2017	2018	2019
540000	西藏	91.117212	29.646922	农牧渔业总产值及增加值-农林牧渔业增加值_亿元	74.4	80.3	86.8	93.9	100.8	118.7	125.9	132.2	
540000	西藏	91.117212	29.646922	主要农产品种植面积与产量-农作物总播种面积_千公顷	241.4	244	248.6	251	252.8	263.1	254.1	270.4	271.5
540000	西藏	91.117212	29.646922	国民经济核算-地区生产总值-地区生产总值第一产业增加值	69.8	75.3	81.2	88.1	93.6	110.5	118.2	128.3	138.2
540000	西藏	91.117212	29.646922	国民经济核算-地区生产总值-地区生产总值_人均地区生产总值	20083	22762	26209	29275	31847	35015	39158	44051	47491
540000	西藏	91.117212	29.646922	人口-总人口-年末常住人口	309	315	317	325	330	340	349	354	361
540000	西藏	91.117212	29.646922	人口-总人口-城镇人口	70	72	76	85	95	107	116	120	125
540000	西藏	91.117212	29.646922	人口-总人口-乡村人口	239	243	241	240	235	233	233	234	236
540000	西藏	91.117212	29.646922	人口-人口出生率、死亡率和自然增长率-人口出生率	15.39	15.48	15.77	15.76	15.75	15.79	16	15.22	14.6
540000	西藏	91.117212	29.646922	人口-人口出生率、死亡率和自然增长率-人口死亡率	5.13	5.21	5.39	5.21	5.1	5.11	4.95	4.58	4.46
540000	西藏	91.117212	29.646922	人口-人口出生率、死亡率和自然增长率-人口自然增长率	10.26	10.27	10.38	10.55	10.65	10.68	11.05	10.64	10.14
540000	西藏	91.117212	29.646922	科技活动成果-技术市场技术流向地域_万元	32012.36	37319.23	72179.73	101985.42	169821.28	195055.24	219609	724997.75	1122274.72
650000	新疆	87.627704	43.793026	农村基本情况与农业生产条件-主要农业机械年末拥有量-农业用机械总动力_万千瓦	1796.7	1968.9	2165.9	2341.8	2489.3	2552.2	2638.8	2731.8	2789
650000	新疆	87.627704	43.793026	农牧渔业总产值及增加值-农林牧渔业总产值_亿元	1955.4	2275.7	2538.9	2744	2915.8	3165.9	3326.6	3637.8	3850.6
650000	新疆	87.627704	43.793026	农牧渔业总产值及增加值-农林牧渔业增加值-农业总产值_亿元	1437.89	1675	1806.11	1955.4	2005.4	2201.7	2313.2	2541.2	2616.3
650000	新疆	87.627704	43.793026	农牧渔业总产值及增加值-农林牧渔业增加值-农林业总产值_亿元	38.1	43	48.1	49.4	53.2	50.3	54.3	62.7	65.6

续表

行政区划代码	地区	经度	纬度	指标	2011	2012	2013	2014	2015	2016	2017	2018	2019
650000	新疆	87.627704	43.793026	农林牧渔业总产值及增加值-农林牧渔业总产值-牧业总产值_亿元	415	485.4	604.2	651.2	649.5	720.7	748.5	796.4	915.3
650000	新疆	87.627704	43.793026	农林牧渔业总产值及增加值-渔业总产值_亿元	14.2	15.3	17.2	19.6	21.8	22.2	23.2	28.1	27.5
650000	新疆	87.627704	43.793026	农林牧渔业总产值及增加值-农林牧渔业增加值_亿元	1139	1320.6	1468.3	1574.6	1598.7	1691.8	1640.3	1791	
650000	新疆	87.627704	43.793026	主要农产品种植面积与产量-农作物总播种面积_千公顷	4983.5	5123.9	5212.3	5517.6	5757.3	5921.3	5887	6068.9	6170
650000	新疆	87.627704	43.793026	国民经济核算-地区生产总值-第一产业增加值	1047.2	1204.1	1326.6	1406.7	1409.7	1473.2	1551.8	1692.1	1781.8
650000	新疆	87.627704	43.793026	国民经济核算-地区生产总值-人均地区生产总值	29624	33103	36988	40193	39520	40020	45476	51238	53542
650000	新疆	87.627704	43.793026	人口-人口-年末常住人口	2225	2253	2285	2325	2385	2428	2480	2520	2559
650000	新疆	87.627704	43.793026	人口-总人口-城镇人口	973	996	1027	1088	1163	1224	1287	1361	1421
650000	新疆	87.627704	43.793026	人口-总人口-乡村人口	1252	1257	1258	1237	1222	1204	1193	1159	1138
650000	新疆	87.627704	43.793026	人口-人口出生率、死亡率和自然增长率-出生率	14.99	15.32	15.84	16.44	15.59	15.34	15.88	10.69	8.14
650000	新疆	87.627704	43.793026	人口-人口出生率、死亡率和自然增长率-死亡率	4.42	4.48	4.92	4.97	4.51	4.26	4.48	4.56	4.45
650000	新疆	87.627704	43.793026	人口-人口出生率、死亡率和自然增长率-自然增长率	10.57	10.84	10.92	11.47	11.08	11.08	11.4	6.13	3.69
650000	新疆	87.627704	43.793026	科技活动成果_技术市场流向地域_万元	371294.4	601533.78	1307378.46	1010449.27	1212578.1	936110.96	985539	1502263.94	1758195.62
530000	云南	102.710002	25.045806	农村基本情况与农业生产条件-主要农业机械总动力_万千瓦	2628.4	2874.5	3070.3	3215	3333	3440.6	3534.5	2693.5	2714.4
530000	云南	102.710002	25.045806	农林牧渔业总产值及增加值-农林牧渔业总产值_亿元	2306.5	2680.2	3056	3263.3	3459.6	3704.7	3872.9	4108.9	4935.7

续表

行政区划代码	地区	经度	纬度	指标	2011	2012	2013	2014	2015	2016	2017	2018	2019
530000	云南	102.710002	25.045806	农林牧渔业总产值及增加值-农林牧渔业总产值_亿元	1124.72	1398.18	1639.4	1806.3	1841.5	1888.8	1982.5	2234.7	2680.2
530000	云南	102.710002	25.045806	农林牧渔业总产值及增加值-农业总产值_亿元	245.7	225.8	293.3	303.1	317.1	330.4	381.5	396.9	395.5
530000	云南	102.710002	25.045806	农林牧渔业总产值及增加值-林业总产值_亿元	808.2	913	962.6	975.8	1031	1286.1	1289.5	1237.1	1600.7
530000	云南	102.710002	25.045806	农林牧渔业总产值及增加值-牧业总产值_亿元	55.9	63.1	70.4	78.1	81.7	76.4	87.7	98.3	105.4
530000	云南	102.710002	25.045806	农林牧渔业总产值及增加值-渔业总产值_亿元	1411.1	1654.6	1895.2	2027.3	2098.3	2242.2	2388.6	2552.6	
530000	云南	102.710002	25.045806	主要农产品种植面积与产量-农作物总播种面积_千公顷	6667.5	6920.4	7148.2	7194.4	7185.6	6786.6	6790.8	6890.8	6938.9
530000	云南	102.710002	25.045806	国民经济核算-地区生产总值-地区生产总值第一产业增加值	1396.6	1640.4	1878.5	2007.4	2079.3	2225.5	2338.4	2498.7	3037.7
530000	云南	102.710002	25.045806	国民经济核算-地区生产总值-地区生产总值人均地区生产总值	20653	23992	27665	30217	32117	35051	39458	44446	49323
530000	云南	102.710002	25.045806	人口-总人口-年末常住人口	4620	4631	4641	4653	4663	4677	4693	4703	4714
530000	云南	102.710002	25.045806	人口-总人口-城镇人口	1690	1782	1856	1918	2002	2088	2172	2231	2294
530000	云南	102.710002	25.045806	人口-总人口-乡村人口	2930	2849	2785	2735	2661	2589	2521	2472	2420
530000	云南	102.710002	25.045806	人口-人口出生率、死亡率和自然增长率出生率	12.71	12.63	12.6	12.65	12.88	13.16	13.53	13.19	12.63
530000	云南	102.710002	25.045806	人口-人口出生率、死亡率和自然增长率死亡率	6.36	6.41	6.43	6.45	6.48	6.55	6.68	6.32	6.2
530000	云南	102.710002	25.045806	人口-人口出生率、死亡率和自然增长率自然增长率	6.35	6.22	6.17	6.2	6.4	6.61	6.85	6.87	6.43
530000	云南	102.710002	25.045806	科技活动成果_技术市场技术流向地域_万元	346494.62	805864.45	1010724.06	977835.44	1735785.95	1714433.94	1770997	3278498.23	2150068.68

续表

行政区划代码	地区	经度	纬度	指标	2011	2012	2013	2014	2015	2016	2017	2018	2019
330000	浙江	120.152791	30.267446	农村基本情况与农业生产条件-主要农业机械年末拥有量-一次用机械总动力_万千瓦	2461.2	2489.4	2462.2	2420.1	2360.7	2136.7	2072.3	2009.3	1908
330000	浙江	120.152791	30.267446	农林牧渔业总产值及增加值-农林牧渔业总产值_亿元	2534.9	2658.7	2837.4	2844.6	2877.6	3038.5	3093.4	3157.3	3355.2
330000	浙江	120.152791	30.267446	农林牧渔业总产值及增加值-农林牧渔业总产值-农业总产值_亿元	1152.04	1229.36	1336.79	1385.96	1434.7	1455.3	1494.5	1518	1595
330000	浙江	120.152791	30.267446	农林牧渔业总产值及增加值-农林牧渔业总产值-林业总产值_亿元	134.1	142.1	141.5	147	151.6	158.1	170.2	177	185.5
330000	浙江	120.152791	30.267446	农林牧渔业总产值及增加值-农林牧渔业总产值-牧业总产值_亿元	546.3	549	546.2	472.2	426.2	455.6	371.3	331.8	395.2
330000	浙江	120.152791	30.267446	农林牧渔业总产值及增加值-农林牧渔业总产值-渔业总产值_亿元	655.8	687	758	779.4	855.9	899.1	979.3	1043.3	1080.9
330000	浙江	120.152791	30.267446	农林牧渔业总产值及增加值-农林牧渔业增加值_亿元	1583	1667.9	1787.2	1806.6	1865.3	2000.2	1972.8	2017.9	
330000	浙江	120.152791	30.267446	主要农产品种植面积与产量-农作物总播种面积_千公顷	2462.7	2324.2	2311.9	2274	2290.5	1946.5	1981.1	1978.7	1999.6
330000	浙江	120.152791	30.267446	国民经济核算-地区生产总值-第一产业增加值	1535.2	1610.8	1718.7	1726.6	1771.4	1890.4	1933.9	1975.9	2086.7
330000	浙江	120.152791	30.267446	国民经济核算-地区生产总值-人均地区生产总值	57828	61097	65105	68569	73276	78384	85612	93230	98770
330000	浙江	120.152791	30.267446	人口-总人口-年末常住人口	5570	5685	5784	5890	5985	6072	6170	6273	6375
330000	浙江	120.152791	30.267446	人口-总人口-城镇人口	3470	3576	3698	3826	3969	4112	4252	4392	4563
330000	浙江	120.152791	30.267446	人口-总人口-乡村人口	2100	2109	2086	2064	2016	1960	1918	1881	1812
330000	浙江	120.152791	30.267446	人口-人口出生率、死亡率和自然增长率人口-出生率	9.47	10.12	10.01	10.51	10.52	11.22	11.92	11.02	10.51

续表

行政区划代码	地区	经度	纬度	指标	2011	2012	2013	2014	2015	2016	2017	2018	2019
330000	浙江	120.152791	30.267446	人口-人口出生率_死亡率和自然增长率_人口死亡率	5.4	5.52	5.45	5.51	5.5	5.52	5.56	5.58	5.52
330000	浙江	120.152791	30.267446	人口-人口出生率_死亡率和自然增长率_人口自然增长率	4.07	4.6	4.56	5	5.02	5.7	6.36	5.44	4.99
330000	浙江	120.152791	30.267446	科技活动成果_技术市场向地域_万元	953168.02	2933985.15	1697662.64	1985478.2	2019061.13	2883153.82	4698659	7176735.4	11151567.45
500000	重庆	106.551556	29.563009	农村基本情况与农业生产条件-主要农业机械年末拥有量-农用机械总动力_万千瓦	1140.3	1162	1198.9	1243.3	1299.7	1318.7	1352.6	1428.1	1464.7
500000	重庆	106.551556	29.563009	农林牧渔业总产值产值及增加值-农林牧渔业总产值_亿元	1265.3	1402	1513.7	1595	1667.6	1851.6	1902.5	2052.4	2337.8
500000	重庆	106.551556	29.563009	农林牧渔业总产值产值及增加值-农林牧渔业总产值-农业总产值_亿元	751.22	841.81	909.18	967.87	1033.7	1123.8	1165.7	1292.7	1397.5
500000	重庆	106.551556	29.563009	农林牧渔业总产值产值及增加值-农林牧渔业总产值-林业总产值_亿元	38.1	43.5	48	53.6	60.4	73.4	85.2	101.1	113.1
500000	重庆	106.551556	29.563009	农林牧渔业总产值产值及增加值-农林牧渔业总产值-牧业总产值_亿元	425.3	453.9	482.8	486.4	542.9	538.7	522.5	520.1	679.5
500000	重庆	106.551556	29.563009	农林牧渔业总产值产值及增加值-农林牧渔业总产值-渔业总产值_亿元	34.9	45	53.8	64.9	74.9	85.3	94.8	100.4	105.3
500000	重庆	106.551556	29.563009	农林牧渔业总产值产值及增加值-农林牧渔业增加值_亿元	844.5	940	1016.7	1076.7	1168.7	1324.7	1300.3	1405	
500000	重庆	106.551556	29.563009	主要农产品种植面积与产量-农作物总播种面积_千公顷	3413.1	3477.7	3515.9	3540.4	3575.8	3333.1	3339.6	3348.5	3345.7
500000	重庆	106.551556	29.563009	国民经济核算-地区生产总值第一产业增加值	794.1	879.7	941.2	990.8	1067.7	1237	1276.1	1378.7	1551.6
500000	重庆	106.551556	29.563009	国民经济核算-地区生产总值-地区生产总值	34864	39180	43527	48311	52480	58327	64171	68460	74337
500000	重庆	106.551556	29.563009	人口-总人口-年末常住人口	2944	2975	3011	3043	3070	3110	3144	3163	3188

续表

行政区划代码	地区	经度	纬度	指标	2011	2012	2013	2014	2015	2016	2017	2018	2019
500000	重庆	106.551556	29.563009	人口-总人口-城镇人口	1619	1685	1755	1818	1887	1970	2044	2107	2175
500000	重庆	106.551556	29.563009	人口-总人口-乡村人口	1325	1290	1256	1225	1183	1140	1100	1056	1013
500000	重庆	106.551556	29.563009	人口-人口出生率_死亡率和自然增长率-出生率	9.88	10.86	10.37	10.67	11.05	11.77	11.18	11.02	10.48
500000	重庆	106.551556	29.563009	人口-人口出生率_死亡率和自然增长率-死亡率	6.71	6.86	6.77	7.05	7.19	7.24	7.27	7.54	7.57
500000	重庆	106.551556	29.563009	人口-人口出生率_死亡率和自然增长率-自然增长率	3.17	4	3.6	3.62	3.86	4.53	3.91	3.48	2.91
500000	重庆	106.551556	29.563009	科技活动成果_技术市场技术流向地域_万元	842699.34	2264447.11	1624915.22	1911584.87	1843372.89	5248893.07	2341008	5179206.26	2523162.87

附录二：与本书相关的代表性政策依据

政策依据一：2022年中央一号文件

中共中央　国务院
关于做好 **2022** 年全面推进乡村振兴重点工作的意见

（中发〔2022〕1号）

当前，全球新冠疫情仍在蔓延，世界经济复苏脆弱，气候变化挑战突出，我国经济社会发展各项任务极为繁重艰巨。党中央认为，从容应对百年变局和世纪疫情，推动经济社会平稳健康发展，必须着眼国家重大战略需要，稳住农业基本盘、做好"三农"工作，接续全面推进乡村振兴，确保农业稳产增产、农民稳步增收、农村稳定安宁。做好2022年"三农"工作，要以习近平新时代中国特色社会主义思想为指导，全面贯彻党的十九大和十九届历次全会精神，深入贯彻中央经济工作会议精神，坚持稳中求进工作总基调，立足新发展阶段、贯彻新发展理念、构建新发展格局、推动高质量发展，促进共同富裕，坚持和加强党对"三农"工作的全面领导，牢牢守住保障国家粮食安全和不发生规模性返贫两条底线，突出年度性任务、针对性举措、实效性导向，充分发挥农村基层党组织领导作用，扎实有序做好乡村发展、乡村建设、乡村治理重点工作，推动乡村振兴取得新进展、农业农村现代化迈出新步伐。

一、全力抓好粮食生产和重要农产品供给

（一）稳定全年粮食播种面积和产量。坚持中国人的饭碗任何时候都要牢牢端在自己手中，饭碗主要装中国粮，全面落实粮食安全党政同责，严格粮食安全责任制考核，确保粮食播种面积稳定、产量保持在1.3万亿斤以上。主产区、主销区、产销平衡区都要保面积、保产量，不断提高主产区粮食综合生产能力，切实稳定和提高主销区粮食自给率，确保产销平衡区粮食基本自给。推进国家粮食安全产业带建设。大力开展绿色高质高效行动，深入实施优质粮食工程，提升粮食单产和品质。推进黄河流域农业深度节水控水，通过提升用水效率、发展旱作农业，稳定粮食播种面积。积极应对小麦晚播等不利影响，加强冬春田间管理，促进弱苗转壮。

（二）大力实施大豆和油料产能提升工程。加大耕地轮作补贴和产油大县奖励力度，集中支持适宜区域、重点品种、经营服务主体，在黄淮海、西北、西南地区推广玉米大豆带状复合种植，在东北地区开展粮豆轮作，在黑龙江省部分地下水超采区、寒地井灌稻区推进水改旱、稻改豆试点，在长江流域开发冬闲田扩种油菜。开展盐碱地种植大豆示范。支持扩大油茶种植面积，改造提升低产林。

（三）保障"菜篮子"产品供给。加大力度落实"菜篮子"市长负责制。稳定生猪生产长效性支持政策，稳定基础产能，防止生产大起大落。加快扩大牛羊肉和奶业生产，推进草原畜牧业转型升级试点示范。稳定水产养殖面积，提升渔业发展质量。稳定大中城市常年菜地保有量，大力推进北方设施蔬菜、南菜北运基地建设，提高蔬菜应急保供能力。完善棉花目标价格政策。探索开展糖料蔗完全成本保险和种植收入保险。开展天然橡胶老旧胶园更新改造试点。

（四）合理保障农民种粮收益。按照让农民种粮有利可图、让主产区抓粮有积极性的目标要求，健全农民种粮收益保障机制。2022年适当提高稻谷、

小麦最低收购价，稳定玉米、大豆生产者补贴和稻谷补贴政策，实现三大粮食作物完全成本保险和种植收入保险主产省产粮大县全覆盖。加大产粮大县奖励力度，创新粮食产销区合作机制。支持家庭农场、农民合作社、农业产业化龙头企业多种粮、种好粮。聚焦关键薄弱环节和小农户，加快发展农业社会化服务，支持农业服务公司、农民合作社、农村集体经济组织、基层供销合作社等各类主体大力发展单环节、多环节、全程生产托管服务，开展订单农业、加工物流、产品营销等，提高种粮综合效益。

（五）统筹做好重要农产品调控。健全农产品全产业链监测预警体系，推动建立统一的农产品供需信息发布制度，分类分品种加强调控和应急保障。深化粮食购销领域监管体制机制改革，开展专项整治，依法从严惩治系统性腐败。加强智能粮库建设，促进人防技防相结合，强化粮食库存动态监管。严格控制以玉米为原料的燃料乙醇加工。做好化肥等农资生产储备调运，促进保供稳价。坚持节约优先，落实粮食节约行动方案，深入推进产运储加消全链条节粮减损，强化粮食安全教育，反对食物浪费。

二、强化现代农业基础支撑

（六）落实"长牙齿"的耕地保护硬措施。实行耕地保护党政同责，严守18亿亩耕地红线。按照耕地和永久基本农田、生态保护红线、城镇开发边界的顺序，统筹划定落实三条控制线，把耕地保有量和永久基本农田保护目标任务足额带位置逐级分解下达，由中央和地方签订耕地保护目标责任书，作为刚性指标实行严格考核、一票否决、终身追责。分类明确耕地用途，严格落实耕地利用优先序，耕地主要用于粮食和棉、油、糖、蔬菜等农产品及饲草饲料生产，永久基本农田重点用于粮食生产，高标准农田原则上全部用于粮食生产。引导新发展林果业上山上坡，鼓励利用"四荒"资源，不与粮争地。落实和完善耕地占补平衡政策，建立补充耕地立项、实施、验收、管护全程监管机制，确保补充可长期稳定利用的耕地，实现补充耕地产能与所占耕地相当。改进跨省域补充耕地国家统筹管理办法。加大耕地执法监督力度，严厉查处违法违规占用耕地从事非农建设。强化耕地用途管制，严格管控耕地转为其他农用地。巩固提升受污染耕地安全利用水平。稳妥有序开展农村乱占耕地建房专项整治试点。巩固"大棚房"问题专项清理整治成果。落实工商资本流转农村土地审查审核和风险防范制度。

（七）全面完成高标准农田建设阶段性任务。多渠道增加投入，2022 年建设高标准农田 1 亿亩，累计建成高效节水灌溉面积 4 亿亩。统筹规划、同步实施高效节水灌溉与高标准农田建设。各地要加大中低产田改造力度，提升耕地地力等级。研究制定增加农田灌溉面积的规划。实施重点水源和重大引调水等水资源配置工程。加大大中型灌区续建配套与改造力度，在水土资源条件适宜地区规划新建一批现代化灌区，优先将大中型灌区建成高标准农田。深入推进国家黑土地保护工程。实施黑土地保护性耕作 8000 万亩。积极挖掘潜力增加耕地，支持将符合条件的盐碱地等后备资源适度有序开发为耕地。研究制定盐碱地综合利用规划和实施方案。分类改造盐碱地，推动由主要治理盐碱地适应作物向更多选育耐盐碱植物适应盐碱地转变。支持盐碱地、干旱半干旱地区国家农业高新技术产业示范区建设。启动全国第三次土壤普查。

（八）大力推进种源等农业关键核心技术攻关。全面实施种业振兴行动方案。加快推进农业种质资源普查收集，强化精准鉴定评价。推进种业领域国家重大创新平台建设。启动农业生物育种重大项目。加快实施农业关键核心技术攻关工程，实行"揭榜挂帅""部省联动"等制度，开展长周期研发项目试点。强化现代农业产业技术体系建设。开展重大品种研发与推广后补助试点。贯彻落实种子法，实行实质性派生品种制度，强化种业知识产权保护，依法严厉打击套牌侵权等违法犯罪行为。

（九）提升农机装备研发应用水平。全面梳理短板弱项，加强农机装备工程化协同攻关，加快大马力机械、丘陵山区和设施园艺小型机械、高端智能机械研发制造并纳入国家重点研发计划予以长期稳定支持。实施农机购置与应用补贴政策，优化补贴兑付方式。完善农机性能评价机制，推进补贴机具有进有出、优机优补，重点支持粮食烘干、履带式作业、玉米大豆带状复合种植、油菜籽收获等农机，推广大型复合智能农机。推动新生产农机排放标准升级。开展农机研发制造推广应用一体化试点。

(十)加快发展设施农业。因地制宜发展塑料大棚、日光温室、连栋温室等设施。集中建设育苗工厂化设施。鼓励发展工厂化集约养殖、立体生态养殖等新型养殖设施。推动水肥一体化、饲喂自动化、环境控制智能化等设施装备技术研发应用。在保护生态环境基础上，探索利用可开发的空闲地、废弃地发展设施农业。

(十一)有效防范应对农业重大灾害。加大农业防灾减灾救灾能力建设和投入力度。修复水毁灾损农业、水利基础设施，加强沟渠疏浚以及水库、泵站建设和管护。加强防汛抗旱应急物资储备。强化农业农村、水利、气象灾害监测预警体系建设，增强极端天气应对能力。加强基层动植物疫病防控体系建设，落实属地责任，配齐配强专业人员，实行定责定岗定人，确保非洲猪瘟、草地贪夜蛾等动植物重大疫病防控责有人负、活有人干、事有人管。做好人畜共患病源头防控。加强外来入侵物种防控管理，做好普查监测、入境检疫、国内防控，对已传入并造成严重危害的，要"一种一策"精准治理、有效灭除。加强中长期气候变化对农业影响研究。

三、坚决守住不发生规模性返贫底线

(十二)完善监测帮扶机制。精准确定监测对象，将有返贫致贫风险和突发严重困难的农户纳入监测范围，简化工作流程，缩短认定时间。针对发现的因灾因病因疫等苗头性问题，及时落实社会救助、医疗保障等帮扶措施。强化监测帮扶责任落实，确保工作不留空当、政策不留空白。继续开展巩固脱贫成果后评估工作。

(十三)促进脱贫人口持续增收。推动脱贫地区更多依靠发展来巩固拓展脱贫攻坚成果，让脱贫群众生活更上一层楼。巩固提升脱贫地区特色产业，完善联农带农机制，提高脱贫人口家庭经营性收入。逐步提高中央财政衔接推进乡村振兴补助资金用于产业发展的比重，重点支持帮扶产业补上技术、设施、营销等短板，强化龙头带动作用，促进产业提档升级。巩固光伏扶贫工程成效，在有条件的脱贫地区发展光伏产业。压实就业帮扶责任，确保脱贫劳动力就业规模稳定。深化东西部劳务协作，做好省内转移就业工作。延续支持帮扶车间发展优惠政策。发挥以工代赈作用，具备条件的可提高劳务报酬发放比例。统筹用好乡村公益岗位，实行动态管理。逐步调整优化生态护林员政策。

（十四）加大对乡村振兴重点帮扶县和易地搬迁集中安置区支持力度。在乡村振兴重点帮扶县实施一批补短板促发展项目。编制国家乡村振兴重点帮扶县巩固拓展脱贫攻坚成果同乡村振兴有效衔接实施方案。做好国家乡村振兴重点帮扶县科技特派团选派，实行产业技术顾问制度，有计划开展教育、医疗干部人才组团式帮扶。建立健全国家乡村振兴重点帮扶县发展监测评价机制。加大对国家乡村振兴重点帮扶县信贷资金投入和保险保障力度。完善易地搬迁集中安置区配套设施和公共服务，持续加大安置区产业培育力度，开展搬迁群众就业帮扶专项行动。落实搬迁群众户籍管理、合法权益保障、社会融入等工作举措，提升安置社区治理水平。

（十五）推动脱贫地区帮扶政策落地见效。保持主要帮扶政策总体稳定，细化落实过渡期各项帮扶政策，开展政策效果评估。拓展东西部协作工作领域，深化区县、村企、学校、医院等结对帮扶。在东西部协作和对口支援框架下，继续开展城乡建设用地增减挂钩节余指标跨省域调剂。持续做好中央单位定点帮扶工作。扎实做好脱贫人口小额信贷工作。创建消费帮扶示范城市和产地示范区，发挥脱贫地区农副产品网络销售平台作用。

四、聚焦产业促进乡村发展

（十六）持续推进农村一二三产业融合发展。鼓励各地拓展农业多种功能、挖掘乡村多元价值，重点发展农产品加工、乡村休闲旅游、农村电商等产业。支持农业大县聚焦农产品加工业，引导企业到产地发展粮油加工、食品制造。推进现代农业产业园和农业产业强镇建设，培育优势特色产业集群，继续支持创建一批国家农村产业融合发展示范园。实施乡村休闲旅游提升计划。支持农民直接经营或参与经营的乡村民宿、农家乐特色村（点）发展。将符合要求的乡村休闲旅游项目纳入科普基地和中小学学农劳动实践基地范围。实施"数商兴农"工程，推进电子商务进乡村。促进农副产品直播带货规范健康发展。开展农业品种培优、品质提升、品牌打造和标准化生产提升行动，推进食用农产品承诺达标合格证制度，完善全产业链质量安全追溯体系。加快落实保障和规范农村一二三产业融合发展用地政策。

（十七）大力发展县域富民产业。支持大中城市疏解产业向县域延伸，引导产业有序梯度转移。大力发展县域范围内比较优势明显、带动农业农村能力强、就业容量大的产业，推动形成"一县一业"发展格局。加强县域基层创新，强化产业链与创新链融合。加快完善县城产业服务功能，促进产业向园区集中、龙头企业做强做大。引导具备条件的中心镇发展专业化中小微企业集聚区，推动重点村发展乡村作坊、家庭工场。

（十八）加强县域商业体系建设。实施县域商业建设行动，促进农村消费扩容提质升级。加快农村物流快递网点布局，实施"快递进村"工程，鼓励发展"多站合一"的乡镇客货邮综合服务站、"一点多能"的村级寄递物流综合服务点，推进县乡村物流共同配送，促进农村客货邮融合发展。支持大型流通企业以县城和中心镇为重点下沉供应链。加快实施"互联网+"农产品出村进城工程，推动建立长期稳定的产销对接关系。推动冷链物流服务网络向农村延伸，整县推进农产品产地仓储保鲜冷链物流设施建设，促进合作联营、成网配套。支持供销合作社开展县域流通服务网络建设提升行动，建设县域集采集配中心。

（十九）促进农民就地就近就业创业。落实各类农民工稳岗就业政策。发挥大中城市就业带动作用。实施县域农民工市民化质量提升行动。鼓励发展共享用工、多渠道灵活就业，规范发展新就业形态，培育发展家政服务、物流配送、养老托育等生活性服务业。推进返乡入乡创业园建设，落实各项扶持政策。大力开展适合农民工就业的技能培训和新职业新业态培训。合理引导灵活就业农民工按规定参加职工基本医疗保险和城镇职工基本养老保险。

（二十）推进农业农村绿色发展。加强农业面源污染综合治理，深入推进农业投入品减量化，加强畜禽粪污资源化利用，推进农膜科学使用回收，支持秸秆综合利用。建设国家农业绿色发展先行区。开展农业绿色发展情况评价。开展水系连通及水美乡村建设。实施生态保护修复重大工程，复苏河湖生态环境，加强天然林保护修复、草原休养生息。科学推进国土绿化。支持牧区发展和牧民增收，落实第三轮草原生态保护补助奖励政策。研发应用减碳增汇型农业技术，探索建立碳汇产品价值实现机制。实施生物多样性保护重大工程。巩固长江禁渔成果，强化退捕渔民安置保障，加强常态化执法监管。强化水生生物养护，规范增殖放流。构建以国家公园为主体的自然保护地体系。出台推进乡村生态振兴的指导意见。

五、扎实稳妥推进乡村建设

（二十一）健全乡村建设实施机制。落实乡村振兴为农民而兴、乡村建设为农民而建的要求，坚持自下而上、村民自治、农民参与，启动乡村建设行动实施方案，因地制宜、有力有序推进。坚持数量服从质量、进度服从实效，求好不求快，把握乡村建设的时度效。立足村庄现有基础开展乡村建设，不盲目拆旧村、建新村，不超越发展阶段搞大融资、大开发、大建设，避免无效投入造成浪费，防范村级债务风险。统筹城镇和村庄布局，科学确定村庄分类，加快推进有条件有需求的村庄编制村庄规划，严格规范村庄撤并。开展传统村落集中连片保护利用示范，健全传统村落监测评估、警示退出、撤并事前审查等机制。保护特色民族村寨。实施"拯救老屋行动"。推动村庄小型建设项目简易审批，规范项目管理，提高资金绩效。总结推广村民自治组织、农村集体经济组织、农民群众参与乡村建设项目的有效做法。明晰乡村建设项目产权，以县域为单位组织编制村庄公共基础设施管护责任清单。

(二十二)接续实施农村人居环境整治提升五年行动。从农民实际需求出发推进农村改厕，具备条件的地方可推广水冲卫生厕所，统筹做好供水保障和污水处理；不具备条件的可建设卫生旱厕。巩固户厕问题摸排整改成果。分区分类推进农村生活污水治理，优先治理人口集中村庄，不适宜集中处理的推进小型化生态化治理和污水资源化利用。加快推进农村黑臭水体治理。推进生活垃圾源头分类减量，加强村庄有机废弃物综合处置利用设施建设，推进就地利用处理。深入实施村庄清洁行动和绿化美化行动。

(二十三)扎实开展重点领域农村基础设施建设。有序推进乡镇通三级及以上等级公路、较大人口规模自然村(组)通硬化路，实施农村公路安全生命防护工程和危桥改造。扎实开展农村公路管理养护体制改革试点。稳步推进农村公路路况自动化检测。推进农村供水工程建设改造，配套完善净化消毒设施设备。深入实施农村电网巩固提升工程。推进农村光伏、生物质能等清洁能源建设。实施农房质量安全提升工程，继续实施农村危房改造和抗震改造，完善农村房屋建设标准规范。加强对用作经营的农村自建房安全隐患整治。

(二十四)大力推进数字乡村建设。推进智慧农业发展，促进信息技术与农机农艺融合应用。加强农民数字素养与技能培训。以数字技术赋能乡村公共服务，推动"互联网+政务服务"向乡村延伸覆盖。着眼解决实际问题，拓展农业农村大数据应用场景。加快推动数字乡村标准化建设，研究制定发展评价指标体系，持续开展数字乡村试点。加强农村信息基础设施建设。

(二十五)加强基本公共服务县域统筹。加快推进以县城为重要载体的城镇化建设。加强普惠性、基础性、兜底性民生建设，推动基本公共服务供给由注重机构行政区域覆盖向注重常住人口服务覆盖转变。实施新一轮学前教育行动计划，多渠道加快农村普惠性学前教育资源建设，办好特殊教育。扎实推进城乡学校共同体建设。深入推进紧密型县域医疗卫生共同体建设，实施医保按总额付费，加强监督考核，实现结余留用、合理超支分担。推动农村基层定点医疗机构医保信息化建设，强化智能监控全覆盖，加强医疗保障基金监管。落实对特殊困难群体参加城乡居民基本医保的分类资助政策。有条件的地方可提供村卫生室运行经费补助，分类落实村医养老保障、医保等社会保障待遇。提升县级敬老院失能照护能力和乡镇敬老院集中供养水平，鼓励在有条件的村庄开展日间照料、老年食堂等服务。加强乡镇便民服务和社会工作服务，实施村级综合服务设施提升工程。健全分层分类的社会救助体系，切实保障困难农民群众基本生活。健全基层党员、干部关爱联系制度，经常探访空巢老人、留守儿童、残疾人。完善未成年人关爱保护工作网络。

六、突出实效改进乡村治理

(二十六)加强农村基层组织建设。强化县级党委抓乡促村职责，深化乡镇管理体制改革，健全乡镇党委统一指挥和统筹协调机制，加强乡镇、村集中换届后领导班子建设，全面开展农村基层干部乡村振兴主题培训。持续排查整顿软弱涣散村党组织。发挥驻村第一书记和工作队抓党建促乡村振兴作用。完善村级重要事项、重大问题经村党组织研究讨论机制，全面落实"四议两公开"制度。深入开展市县巡察，强化基层监督，加强基层纪检监察组织与村务监督委员会的沟通协作、有效衔接，强化对村干部的监督。健全党组织领导的自治、法治、德治相结合的乡村治理体系，推行网格化管理、数字化赋能、精细化服务。推进村委会规范化建设。深化乡村治理体系建设试点示范。开展村级议事协商创新实验。推广村级组织依法自治事项、依法协助政府工作事项等清单制，规范村级组织机构牌子和证明事项，推行村级基础信息统计"一张表"制度，减轻村级组织负担。

(二十七)创新农村精神文明建设有效平台载体。依托新时代文明实践中心、县级融媒体中心等平台开展对象化分众化宣传教育，弘扬和践行社会主义核心价值观。在乡村创新开展"听党话、感党恩、跟党走"宣传教育活动。探索统筹推动城乡精神文明融合发展的具体方式，完善全国文明村镇测评体系。启动实施文化产业赋能乡村振兴计划。整合文化惠民活动资源，支持农民自发组织开展村歌、"村晚"、广场舞、趣味运动会等体现农耕农趣农味的文化体育活动。办好中国农民丰收节。加强农耕文化传承保护，推进非物质文化遗产和重要农业文化遗产保护利用。推广积分制等治理方式，有效发挥村规民约、家庭家教家风作用，推进农村婚俗改革试点和殡葬习俗改革，开展高价彩礼、大操大办等移风易俗重点领域突出问题专项治理。

（二十八）切实维护农村社会平安稳定。推进更高水平的平安法治乡村建设。创建一批"枫桥式公安派出所""枫桥式人民法庭"。常态化开展扫黑除恶专项斗争，持续打击"村霸"。防范黑恶势力、家族宗族势力等对农村基层政权的侵蚀和影响。依法严厉打击农村黄赌毒和侵害农村妇女儿童人身权利的违法犯罪行为。加强农村法治宣传教育。加强基层社会心理服务和危机干预，构建一站式多元化矛盾纠纷化解机制。加强农村宗教工作力量。统筹推进应急管理与乡村治理资源整合，加快推进农村应急广播主动发布终端建设，指导做好人员紧急转移避险工作。开展农村交通、消防、安全生产、自然灾害、食品药品安全等领域风险隐患排查和专项治理，依法严厉打击农村制售假冒伪劣农资、非法集资、电信诈骗等违法犯罪行为。加强农业综合行政执法能力建设。落实基层医疗卫生机构疾病预防控制责任。健全农村新冠肺炎疫情常态化防控工作体系，严格落实联防联控、群防群控措施。

七、加大政策保障和体制机制创新力度

（二十九）扩大乡村振兴投入。继续把农业农村作为一般公共预算优先保障领域，中央预算内投资进一步向农业农村倾斜，压实地方政府投入责任。加强考核监督，稳步提高土地出让收入用于农业农村的比例。支持地方政府发行政府债券用于符合条件的乡村振兴公益性项目。提高乡村振兴领域项目储备质量。强化预算绩效管理和监督。

（三十）强化乡村振兴金融服务。对机构法人在县域、业务在县域、资金主要用于乡村振兴的地方法人金融机构，加大支农支小再贷款、再贴现支持力度，实施更加优惠的存款准备金政策。支持各类金融机构探索农业农村基

础设施中长期信贷模式。加快农村信用社改革，完善省(自治区)农村信用社联合社治理机制，稳妥化解风险。完善乡村振兴金融服务统计制度，开展金融机构服务乡村振兴考核评估。深入开展农村信用体系建设，发展农户信用贷款。加强农村金融知识普及教育和金融消费权益保护。积极发展农业保险和再保险。优化完善"保险+期货"模式。强化涉农信贷风险市场化分担和补偿，发挥好农业信贷担保作用。

(三十一)加强乡村振兴人才队伍建设。发现和培养使用农业领域战略科学家。启动"神农英才"计划，加快培养科技领军人才、青年科技人才和高水平创新团队。深入推行科技特派员制度。实施高素质农民培育计划、乡村产业振兴带头人培育"头雁"项目、乡村振兴青春建功行动、乡村振兴巾帼行动。落实艰苦边远地区基层事业单位公开招聘倾斜政策，对县以下基层专业技术人员开展职称评聘"定向评价、定向使用"工作，对中高级专业技术岗位实行总量控制、比例单列。完善耕读教育体系。优化学科专业结构，支持办好涉农高等学校和职业教育。培养乡村规划、设计、建设、管理专业人才和乡土人才。鼓励地方出台城市人才下乡服务乡村振兴的激励政策。

(三十二)抓好农村改革重点任务落实。开展第二轮土地承包到期后再延长30年整县试点。巩固提升农村集体产权制度改革成果，探索建立农村集体资产监督管理服务体系，探索新型农村集体经济发展路径。稳慎推进农村宅基地制度改革试点，规范开展房地一体宅基地确权登记。稳妥有序推进农村集体经营性建设用地入市。推动开展集体经营性建设用地使用权抵押融资。依法依规有序开展全域土地综合整治试点。深化集体林权制度改革。健全农垦国有农用地使用权管理制度。开展农村产权流转交易市场规范化建设试点。制定新阶段深化农村改革实施方案。

八、坚持和加强党对"三农"工作的全面领导

(三十三)压实全面推进乡村振兴责任。制定乡村振兴责任制实施办法，明确中央和国家机关各部门推进乡村振兴责任，强化五级书记抓乡村振兴责

任。开展省级党政领导班子和领导干部推进乡村振兴战略实绩考核。完善市县党政领导班子和领导干部推进乡村振兴战略实绩考核制度，鼓励地方对考核排名靠前的市县给予适当激励，对考核排名靠后、履职不力的进行约谈。落实各级党委和政府负责同志乡村振兴联系点制度。借鉴推广浙江"千万工程"经验，鼓励地方党委和政府开展现场观摩、交流学习等务实管用活动。开展《乡村振兴战略规划（2018—2022 年）》实施总结评估。加强集中换届后各级党政领导干部特别是分管"三农"工作的领导干部培训。

（三十四）建强党的农村工作机构。各级党委农村工作领导小组要发挥"三农"工作牵头抓总、统筹协调等作用，一体承担巩固拓展脱贫攻坚成果、全面推进乡村振兴议事协调职责。推进各级党委农村工作领导小组议事协调规范化制度化建设，建立健全重点任务分工落实机制，协同推进乡村振兴。加强各级党委农村工作领导小组办公室建设，充实工作力量，完善运行机制，强化决策参谋、统筹协调、政策指导、推动落实、督导检查等职责。

（三十五）抓点带面推进乡村振兴全面展开。开展"百县千乡万村"乡村振兴示范创建，采取先创建后认定方式，分级创建一批乡村振兴示范县、示范乡镇、示范村。推进农业现代化示范区创建。广泛动员社会力量参与乡村振兴，深入推进"万企兴万村"行动。按规定建立乡村振兴表彰激励制度。

让我们紧密团结在以习近平同志为核心的党中央周围，真抓实干，埋头苦干，奋力开创全面推进乡村振兴新局面，以实际行动迎接党的二十大胜利召开！

政策依据二：2021年中央一号文件

中共中央　国务院
关于全面推进乡村振兴加快农业农村现代化的意见
（中发〔2021〕1号）

　　党的十九届五中全会审议通过的《中共中央关于制定国民经济和社会发展第十四个五年规划和二〇三五年远景目标的建议》，对新发展阶段优先发展农业农村、全面推进乡村振兴作出总体部署，为做好当前和今后一个时期"三农"工作指明了方向。

　　"十三五"时期，现代农业建设取得重大进展，乡村振兴实现良好开局。粮食年产量连续保持在1.3万亿斤以上，农民人均收入较2010年翻一番。新时代脱贫攻坚目标任务如期完成，现行标准下农村贫困人口全部脱贫，贫困县全部摘帽，易地扶贫搬迁任务全面完成，消除了绝对贫困和区域性整体贫困，创造了人类减贫史上的奇迹。农村人居环境明显改善，农村改革向纵深推进，农村社会保持和谐稳定，农村即将同步实现全面建成小康社会目标。农业农村发展取得新的历史性成就，为党和国家战胜各种艰难险阻、稳定经济社会发展大局，发挥了"压舱石"作用。实践证明，以习近平同志为核心的党中央驰而不息重农强农的战略决策完全正确，党的"三农"政策得到亿万农民衷心拥护。

　　"十四五"时期，是乘势而上开启全面建设社会主义现代化国家新征程、向第二个百年奋斗目标进军的第一个五年。民族要复兴，乡村必振兴。全面建设社会主义现代化国家，实现中华民族伟大复兴，最艰巨最繁重的任务依然在农村，最广泛最深厚的基础依然在农村。解决好发展不平衡不充分问题，重点难点在"三农"，迫切需要补齐农业农村短板弱项，推动城乡协调发展；构建新发展格局，潜力后劲在"三农"，迫切需要扩大农村需求，畅通城乡经济循环；应对国内外各种风险挑战，基础支撑在"三农"，迫切需要稳住农业基本盘，守好"三农"基础。党中央认为，新发展阶段"三农"工作依然极端重要，须臾不可放松，务必抓紧抓实。要坚持把解决好"三农"问题作为全党工作重中之重，把全面推进乡村振兴作为实现中华民族伟大复兴的一项重大任务，举全党全社会之力加快农业农村现代化，让广大农民过上更加美好的生活。

一、总体要求

（一）指导思想。以习近平新时代中国特色社会主义思想为指导，全面贯彻党的十九大和十九届二中、三中、四中、五中全会精神，贯彻落实中央经济工作会议精神，统筹推进"五位一体"总体布局，协调推进"四个全面"战略布局，坚定不移贯彻新发展理念，坚持稳中求进工作总基调，坚持加强党对"三农"工作的全面领导，坚持农业农村优先发展，坚持农业现代化与农村现代化一体设计、一并推进，坚持创新驱动发展，以推动高质量发展为主题，统筹发展和安全，落实加快构建新发展格局要求，巩固和完善农村基本经营制度，深入推进农业供给侧结构性改革，把乡村建设摆在社会主义现代化建设的重要位置，全面推进乡村产业、人才、文化、生态、组织振兴，充分发挥农业产品供给、生态屏障、文化传承等功能，走中国特色社会主义乡村振兴道路，加快农业农村现代化，加快形成工农互促、城乡互补、协调发展、共同繁荣的新型工农城乡关系，促进农业高质高效、乡村宜居宜业、农民富裕富足，为全面建设社会主义现代化国家开好局、起好步提供有力支撑。

（二）目标任务。2021年，农业供给侧结构性改革深入推进，粮食播种面积保持稳定、产量达到1.3万亿斤以上，生猪产业平稳发展，农产品质量和食品安全水平进一步提高，农民收入增长继续快于城镇居民，脱贫攻坚成果持续巩固。农业农村现代化规划启动实施，脱贫攻坚政策体系和工作机制同乡村振兴有效衔接、平稳过渡，乡村建设行动全面启动，农村人居环境整治提升，农村改革重点任务深入推进，农村社会保持和谐稳定。

到 2025 年，农业农村现代化取得重要进展，农业基础设施现代化迈上新台阶，农村生活设施便利化初步实现，城乡基本公共服务均等化水平明显提高。农业基础更加稳固，粮食和重要农产品供应保障更加有力，农业生产结构和区域布局明显优化，农业质量效益和竞争力明显提升，现代乡村产业体系基本形成，有条件的地区率先基本实现农业现代化。脱贫攻坚成果巩固拓展，城乡居民收入差距持续缩小。农村生产生活方式绿色转型取得积极进展，化肥农药使用量持续减少，农村生态环境得到明显改善。乡村建设行动取得明显成效，乡村面貌发生显著变化，乡村发展活力充分激发，乡村文明程度得到新提升，农村发展安全保障更加有力，农民获得感、幸福感、安全感明显提高。

二、实现巩固拓展脱贫攻坚成果同乡村振兴有效衔接

（三）设立衔接过渡期。脱贫攻坚目标任务完成后，对摆脱贫困的县，从脱贫之日起设立 5 年过渡期，做到扶上马送一程。过渡期内保持现有主要帮扶政策总体稳定，并逐项分类优化调整，合理把握节奏、力度和时限，逐步实现由集中资源支持脱贫攻坚向全面推进乡村振兴平稳过渡，推动"三农"工作重心历史性转移。抓紧出台各项政策完善优化的具体实施办法，确保工作不留空档、政策不留空白。

（四）持续巩固拓展脱贫攻坚成果。健全防止返贫动态监测和帮扶机制，对易返贫致贫人口及时发现、及时帮扶，守住防止规模性返贫底线。以大中型集中安置区为重点，扎实做好易地搬迁后续帮扶工作，持续加大就业和产业扶持力度，继续完善安置区配套基础设施、产业园区配套设施、公共服务设施，切实提升社区治理能力。加强扶贫项目资产管理和监督。

（五）接续推进脱贫地区乡村振兴。实施脱贫地区特色种养业提升行动，广泛开展农产品产销对接活动，深化拓展消费帮扶。持续做好有组织劳务输出工作。统筹用好公益岗位，对符合条件的就业困难人员进行就业援助。在

农业农村基础设施建设领域推广以工代赈方式，吸纳更多脱贫人口和低收入人口就地就近就业。在脱贫地区重点建设一批区域性和跨区域重大基础设施工程。加大对脱贫县乡村振兴支持力度。在西部地区脱贫县中确定一批国家乡村振兴重点帮扶县集中支持。支持各地自主选择部分脱贫县作为乡村振兴重点帮扶县。坚持和完善东西部协作和对口支援、社会力量参与帮扶等机制。

（六）加强农村低收入人口常态化帮扶。开展农村低收入人口动态监测，实行分层分类帮扶。对有劳动能力的农村低收入人口，坚持开发式帮扶，帮助其提高内生发展能力，发展产业、参与就业，依靠双手勤劳致富。对脱贫人口中丧失劳动能力且无法通过产业就业获得稳定收入的人口，以现有社会保障体系为基础，按规定纳入农村低保或特困人员救助供养范围，并按困难类型及时给予专项救助、临时救助。

三、加快推进农业现代化

（七）提升粮食和重要农产品供给保障能力。地方各级党委和政府要切实扛起粮食安全政治责任，实行粮食安全党政同责。深入实施重要农产品保障战略，完善粮食安全省长责任制和"菜篮子"市长负责制，确保粮、棉、油、糖、肉等供给安全。"十四五"时期各省（自治区、直辖市）要稳定粮食播种面积、提高单产水平。加强粮食生产功能区和重要农产品生产保护区建设。建设国家粮食安全产业带。稳定种粮农民补贴，让种粮有合理收益。坚持并完善稻谷、小麦最低收购价政策，完善玉米、大豆生产者补贴政策。深入推进农业结构调整，推动品种培优、品质提升、品牌打造和标准化生产。鼓励发展青贮玉米等优质饲草饲料，稳定大豆生产，多措并举发展油菜、花生等油料作物。健全产粮大县支持政策体系。扩大稻谷、小麦、玉米三大粮食作物完全成本保险和收入保险试点范围，支持有条件的省份降低产粮大县三大粮食作物农业保险保费县级补贴比例。深入推进优质粮食工程。加快构建现代养殖体系，保护生猪基础产能，健全生猪产业平稳有序发展长效机制，积极发展牛羊产业，继续实施奶业振兴行动，推进水产绿色健康养殖。推进渔港建设和管理改革。促进木本粮油和林下经济发展。优化农产品贸易布局，实施农产品进口多元化战略，支持企业融入全球农产品供应链。保持打击重点农产品走私高压态势。加强口岸检疫和外来入侵物种防控。开展粮食节约行动，减少生产、流通、加工、存储、消费环节粮食损耗浪费。

（八）打好种业翻身仗。农业现代化，种子是基础。加强农业种质资源保护开发利用，加快第三次农作物种质资源、畜禽种质资源调查收集，加强国家作物、畜禽和海洋渔业生物种质资源库建设。对育种基础性研究以及重点育种项目给予长期稳定支持。加快实施农业生物育种重大科技项目。深入实施农作物和畜禽良种联合攻关。实施新一轮畜禽遗传改良计划和现代种业提升工程。尊重科学、严格监管，有序推进生物育种产业化应用。加强育种领域知识产权保护。支持种业龙头企业建立健全商业化育种体系，加快建设南繁硅谷，加强制种基地和良种繁育体系建设，研究重大品种研发与推广后补助政策，促进育繁推一体化发展。

（九）坚决守住18亿亩耕地红线。统筹布局生态、农业、城镇等功能空间，科学划定各类空间管控边界，严格实行土地用途管制。采取"长牙齿"的措施，落实最严格的耕地保护制度。严禁违规占用耕地和违背自然规律绿化造林、挖湖造景，严格控制非农建设占用耕地，深入推进农村乱占耕地建房专项整治行动，坚决遏制耕地"非农化"、防止"非粮化"。明确耕地利用优先序，永久基本农田重点用于粮食特别是口粮生产，一般耕地主要用于粮食和棉、油、糖、蔬菜等农产品及饲草饲料生产。明确耕地和永久基本农田不同的管制目标和管制强度，严格控制耕地转为林地、园地等其他类型农用地，强化土地流转用途监管，确保耕地数量不减少、质量有提高。实施新一轮高标准农田建设规划，提高建设标准和质量，健全管护机制，多渠道筹集建设资金，中央和地方共同加大粮食主产区高标准农田建设投入，2021年建设1亿亩旱涝保收、高产稳产高标准农田。在高标准农田建设中增加的耕地作为占补平衡补充耕地指标在省域内调剂，所得收益用于高标准农田建设。

加强和改进建设占用耕地占补平衡管理，严格新增耕地核实认定和监管。健全耕地数量和质量监测监管机制，加强耕地保护督察和执法监督，开展"十三五"时期省级政府耕地保护责任目标考核。

（十）强化现代农业科技和物质装备支撑。实施大中型灌区续建配套和现代化改造。到 2025 年全部完成现有病险水库除险加固。坚持农业科技自立自强，完善农业科技领域基础研究稳定支持机制，深化体制改革，布局建设一批创新基地平台。深入开展乡村振兴科技支撑行动。支持高校为乡村振兴提供智力服务。加强农业科技社会化服务体系建设，深入推行科技特派员制度。打造国家热带农业科学中心。提高农机装备自主研制能力，支持高端智能、丘陵山区农机装备研发制造，加大购置补贴力度，开展农机作业补贴。强化动物防疫和农作物病虫害防治体系建设，提升防控能力。

（十一）构建现代乡村产业体系。依托乡村特色优势资源，打造农业全产业链，把产业链主体留在县城，让农民更多分享产业增值收益。加快健全现代农业全产业链标准体系，推动新型农业经营主体按标生产，培育农业龙头企业标准"领跑者"。立足县域布局特色农产品产地初加工和精深加工，建设现代农业产业园、农业产业强镇、优势特色产业集群。推进公益性农产品市场和农产品流通骨干网络建设。开发休闲农业和乡村旅游精品线路，完善配套设施。推进农村一二三产业融合发展示范园和科技示范园区建设。把农业现代化示范区作为推进农业现代化的重要抓手，围绕提高农业产业体系、生产体系、经营体系现代化水平，建立指标体系，加强资源整合、政策集成，以县（市、区）为单位开展创建，到 2025 年创建 500 个左右示范区，形成梯次推进农业现代化的格局。创建现代林业产业示范区。组织开展"万企兴万村"行动。稳步推进反映全产业链价值的农业及相关产业统计核算。

（十二）推进农业绿色发展。实施国家黑土地保护工程，推广保护性耕作模式。健全耕地休耕轮作制度。持续推进化肥农药减量增效，推广农作物病虫害绿色防控产品和技术。加强畜禽粪污资源化利用。全面实施秸秆综合利用和农膜、农药包装物回收行动，加强可降解农膜研发推广。在长江经济带、黄河流域建设一批农业面源污染综合治理示范县。支持国家农业绿色发展先行区建设。加强农产品质量和食品安全监管，发展绿色农产品、有机农产品和地理标志农产品，试行食用农产品达标合格证制度，推进国家农产品质量安全县创建。加强水生生物资源养护，推进以长江为重点的渔政执法能力建设，确保十年禁渔令有效落实，做好退捕渔民安置保障工作。发展节水农业和旱作农业。推进荒漠化、石漠化、坡耕地水土流失综合治理和土壤污染防治、重点区域地下水保护与超采治理。实施水系连通及农村水系综合整治，强化河湖长制。巩固退耕还林还草成果，完善政策、有序推进。实行林长制。科学开展大规模国土绿化行动。完善草原生态保护补助奖励政策，全面推进草原禁牧轮牧休牧，加强草原鼠害防治，稳步恢复草原生态环境。

(十三)推进现代农业经营体系建设。突出抓好家庭农场和农民合作社两类经营主体，鼓励发展多种形式适度规模经营。实施家庭农场培育计划，把农业规模经营户培育成有活力的家庭农场。推进农民合作社质量提升，加大对运行规范的农民合作社扶持力度。发展壮大农业专业化社会化服务组织，将先进适用的品种、投入品、技术、装备导入小农户。支持市场主体建设区域性农业全产业链综合服务中心。支持农业产业化龙头企业创新发展、做大做强。深化供销合作社综合改革，开展生产、供销、信用"三位一体"综合合作试点，健全服务农民生产生活综合平台。培育高素质农民，组织参加技能评价、学历教育，设立专门面向农民的技能大赛。吸引城市各方面人才到农村创业创新，参与乡村振兴和现代农业建设。

四、大力实施乡村建设行动

(十四)加快推进村庄规划工作。2021年基本完成县级国土空间规划编制，明确村庄布局分类。积极有序推进"多规合一"实用性村庄规划编制，对有条件、有需求的村庄尽快实现村庄规划全覆盖。对暂时没有编制规划的村庄，严格按照县乡两级国土空间规划中确定的用途管制和建设管理要求进行建设。编制村庄规划要立足现有基础，保留乡村特色风貌，不搞大拆大建。

按照规划有序开展各项建设，严肃查处违规乱建行为。健全农房建设质量安全法律法规和监管体制，3 年内完成安全隐患排查整治。完善建设标准和规范，提高农房设计水平和建设质量。继续实施农村危房改造和地震高烈度设防地区农房抗震改造。加强村庄风貌引导，保护传统村落、传统民居和历史文化名村名镇。加大农村地区文化遗产遗迹保护力度。乡村建设是为农民而建，要因地制宜、稳扎稳打，不刮风搞运动。严格规范村庄撤并，不得违背农民意愿、强迫农民上楼，把好事办好、把实事办实。

（十五）加强乡村公共基础设施建设。继续把公共基础设施建设的重点放在农村，着力推进往村覆盖、往户延伸。实施农村道路畅通工程。有序实施较大人口规模自然村(组)通硬化路。加强农村资源路、产业路、旅游路和村内主干道建设。推进农村公路建设项目更多向进村入户倾斜。继续通过中央车购税补助地方资金、成品油税费改革转移支付、地方政府债券等渠道，按规定支持农村道路发展。继续开展"四好农村路"示范创建。全面实施路长制。开展城乡交通一体化示范创建工作。加强农村道路桥梁安全隐患排查，落实管养主体责任。强化农村道路交通安全监管。实施农村供水保障工程。加强中小型水库等稳定水源工程建设和水源保护，实施规模化供水工程建设和小型工程标准化改造，有条件的地区推进城乡供水一体化，到 2025 年农村自来水普及率达到 88%。完善农村水价水费形成机制和工程长效运营机制。实施乡村清洁能源建设工程。加大农村电网建设力度，全面巩固提升农村电力保障水平。推进燃气下乡，支持建设安全可靠的乡村储气罐站和微管网供气系统。发展农村生物质能源。加强煤炭清洁化利用。实施数字乡村建设发展工程。推动农村千兆光网、第五代移动通信(5G)、移动物联网与城市同步规划建设。完善电信普遍服务补偿机制，支持农村及偏远地区信息通信基础设施建设。加快建设农业农村遥感卫星等天基设施。发展智慧农业，建立农业农村大数据体系，推动新一代信息技术与农业生产经营深度融合。完善农业气象综合监测网络，提升农业气象灾害防范能力。加强乡村公共服务、社会治理等数字化智能化建设。实施村级综合服务设施提升工程。加强村级客运站点、文化体育、公共照明等服务设施建设。

（十六）实施农村人居环境整治提升五年行动。分类有序推进农村厕所革命，加快研发干旱、寒冷地区卫生厕所适用技术和产品，加强中西部地区农村户用厕所改造。统筹农村改厕和污水、黑臭水体治理，因地制宜建设污水处理设施。健全农村生活垃圾收运处置体系，推进源头分类减量、资源化处理利用，建设一批有机废弃物综合处置利用设施。健全农村人居环境设施管护机制。有条件的地区推广城乡环卫一体化第三方治理。深入推进村庄清洁和绿化行动。开展美丽宜居村庄和美丽庭院示范创建活动。

（十七）提升农村基本公共服务水平。建立城乡公共资源均衡配置机制，强化农村基本公共服务供给县乡村统筹，逐步实现标准统一、制度并轨。提高农村教育质量，多渠道增加农村普惠性学前教育资源供给，继续改善乡镇寄宿制学校办学条件，保留并办好必要的乡村小规模学校，在县城和中心镇新建改扩建一批高中和中等职业学校。完善农村特殊教育保障机制。推进县域内义务教育学校校长教师交流轮岗，支持建设城乡学校共同体。面向农民就业创业需求，发展职业技术教育与技能培训，建设一批产教融合基地。开展耕读教育。加快发展面向乡村的网络教育。加大涉农高校、涉农职业院校、涉农学科专业建设力度。全面推进健康乡村建设，提升村卫生室标准化建设和健康管理水平，推动乡村医生向执业（助理）医师转变，采取派驻、巡诊等方式提高基层卫生服务水平。提升乡镇卫生院医疗服务能力，选建一批中心卫生院。加强县级医院建设，持续提升县级疾控机构应对重大疫情及突发公共卫生事件能力。加强县域紧密型医共体建设，实行医保总额预算管理。加强妇幼、老年人、残疾人等重点人群健康服务。健全统筹城乡的就业政策和服务体系，推动公共就业服务机构向乡村延伸。深入实施新生代农民工职业技能提升计划。完善统一的城乡居民基本医疗保险制度，合理提高政府补助标准和个人缴费标准，健全重大疾病医疗保险和救助制度。落实城乡居民基本养老保险待遇确定和正常调整机制。推进城乡低保制度统筹发展，逐步提高特困人员供养服务质量。加强对农村留守儿童和妇女、老年人以及困境儿童的关爱服务。健全县乡村衔接的三级养老服务网络，推动村级幸福院、日间照料中心等养老服务设施建设，发展农村普惠型养老服务和互助性养老。推进农村公益性殡葬设施建设。推进城乡公共文化服务体系一体建设，创新实施文化惠民工程。

（十八）全面促进农村消费。加快完善县乡村三级农村物流体系，改造提升农村寄递物流基础设施，深入推进电子商务进农村和农产品出村进城，推动城乡生产与消费有效对接。促进农村居民耐用消费品更新换代。加快实施农产品仓储保鲜冷链物流设施建设工程，推进田头小型仓储保鲜冷链设施、产地低温直销配送中心、国家骨干冷链物流基地建设。完善农村生活性服务业支持政策，发展线上线下相结合的服务网点，推动便利化、精细化、品质化发展，满足农村居民消费升级需要，吸引城市居民下乡消费。

（十九）加快县域内城乡融合发展。推进以人为核心的新型城镇化，促进大中小城市和小城镇协调发展。把县域作为城乡融合发展的重要切入点，强化统筹谋划和顶层设计，破除城乡分割的体制弊端，加快打通城乡要素平等交换、双向流动的制度性通道。统筹县域产业、基础设施、公共服务、基本农田、生态保护、城镇开发、村落分布等空间布局，强化县城综合服务能力，把乡镇建设成为服务农民的区域中心，实现县乡村功能衔接互补。壮大县域经济，承接适宜产业转移，培育支柱产业。加快小城镇发展，完善基础设施和公共服务，发挥小城镇连接城市、服务乡村作用。推进以县城为重要载体的城镇化建设，有条件的地区按照小城市标准建设县城。积极推进扩权强镇，规划建设一批重点镇。开展乡村全域土地综合整治试点。推动在县域就业的农民工就地市民化，增加适应进城农民刚性需求的住房供给。鼓励地方建设返乡入乡创业园和孵化实训基地。

（二十）强化农业农村优先发展投入保障。继续把农业农村作为一般公共预算优先保障领域。中央预算内投资进一步向农业农村倾斜。制定落实提高土地出让收益用于农业农村比例考核办法，确保按规定提高用于农业农村的比例。各地区各部门要进一步完善涉农资金统筹整合长效机制。支持地方政府发行一般债券和专项债券用于现代农业设施建设和乡村建设行动，制定出台操作指引，做好高质量项目储备工作。发挥财政投入引领作用，支持以市场化方式设立乡村振兴基金，撬动金融资本、社会力量参与，重点支持乡村产业发展。坚持为农服务宗旨，持续深化农村金融改革。运用支农支小再贷款、再贴现等政策工具，实施最优惠的存款准备金率，加大对机构法人在县域、业务在县域的金融机构的支持力度，推动农村金融机构回归本源。鼓励银行业金融机构建立服务乡村振兴的内设机构。明确地方政府监管和风险处置责任，稳妥规范开展农民合作社内部信用合作试点。保持农村信用合作社等县域农村金融机构法人地位和数量总体稳定，做好监督管理、风险化解、深化改革工作。完善涉农金融机构治理结构和内控机制，强化金融监管部门的监管责任。支持市县构建域内共享的涉农信用信息数据库，用3年时间基本建成比较完善的新型农业经营主体信用体系。发展农村数字普惠金融。大力开展农户小额信用贷款、保单质押贷款、农机具和大棚设施抵押贷款业务。鼓励开发专属金融产品支持新型农业经营主体和农村新产业新业态，增加首贷、信用贷。加大对农业农村基础设施投融资的中长期信贷支持。加强对农业信贷担保放大倍数的量化考核，提高农业信贷担保规模。将地方优势特色农产品保险以奖代补做法逐步扩大到全国。健全农业再保险制度。发挥"保险+期货"在服务乡村产业发展中的作用。

（二十一）深入推进农村改革。完善农村产权制度和要素市场化配置机制，充分激发农村发展内生动力。坚持农村土地农民集体所有制不动摇，坚持家庭承包经营基础性地位不动摇，有序开展第二轮土地承包到期后再延长30年试点，保持农村土地承包关系稳定并长久不变，健全土地经营权流转服务体系。积极探索实施农村集体经营性建设用地入市制度。完善盘活农村存量建设用地政策，实行负面清单管理，优先保障乡村产业发展、乡村建设用地。根据乡村休闲观光等产业分散布局的实际需要，探索灵活多样的供地新方式。加强宅基地管理，稳慎推进农村宅基地制度改革试点，探索宅基地所有权、资格权、使用权分置有效实现形式。规范开展房地一体宅基地日常登记颁证工作。规范开展城乡建设用地增减挂钩，完善审批实施程序、节余指标调剂及收益分配机制。2021 年基本完成农村集体产权制度改革阶段性任务，发展壮大新型农村集体经济。保障进城落户农民土地承包权、宅基地使用权、集体收益分配权，研究制定依法自愿有偿转让的具体办法。加强农村产权流转交易和管理信息网络平台建设，提供综合性交易服务。加快农业综合行政执法信息化建设。深入推进农业水价综合改革。继续深化农村集体林权制度改革。

五、加强党对"三农"工作的全面领导

（二十二）强化五级书记抓乡村振兴的工作机制。全面推进乡村振兴的深度、广度、难度都不亚于脱贫攻坚，必须采取更有力的举措，汇聚更强大的力量。要深入贯彻落实《中国共产党农村工作条例》，健全中央统筹、省负总责、市县乡抓落实的农村工作领导体制，将脱贫攻坚工作中形成的组织推动、要素保障、政策支持、协作帮扶、考核督导等工作机制，根据实际需要运用到推进乡村振兴，建立健全上下贯通、精准施策、一抓到底的乡村振兴工作体系。省、市、县级党委要定期研究乡村振兴工作。县委书记应当把主要精力放在"三农"工作上。建立乡村振兴联系点制度，省、市、县级党委和政府负责同志都要确定联系点。开展县乡村三级党组织书记乡村振兴轮训。加强党对乡村人才工作的领导，将乡村人才振兴纳入党委人才工作总体部署，健全适合乡村特点的人才培养机制，强化人才服务乡村激励约束。加快建设政治过硬、本领过硬、作风过硬的乡村振兴干部队伍，选派优秀干部到乡村振兴一线岗位，把乡村振兴作为培养锻炼干部的广阔舞台，对在艰苦地区、关键岗位工作表现突出的干部优先重用。

（二十三）加强党委农村工作领导小组和工作机构建设。充分发挥各级党委农村工作领导小组牵头抓总、统筹协调作用，成员单位出台重要涉农政策要征求党委农村工作领导小组意见并进行备案。各地要围绕"五大振兴"目标任务，设立由党委和政府负责同志领导的专项小组或工作专班，建立落实台

账，压实工作责任。强化党委农村工作领导小组办公室决策参谋、统筹协调、政策指导、推动落实、督促检查等职能，每年分解"三农"工作重点任务，落实到各责任部门，定期调度工作进展。加强党委农村工作领导小组办公室机构设置和人员配置。

（二十四）加强党的农村基层组织建设和乡村治理。充分发挥农村基层党组织领导作用，持续抓党建促乡村振兴。有序开展乡镇、村集中换届，选优配强乡镇领导班子、村"两委"成员特别是村党组织书记。在有条件的地方积极推行村党组织书记通过法定程序担任村民委员会主任，因地制宜、不搞"一刀切"。与换届同步选优配强村务监督委员会成员，基层纪检监察组织加强与村务监督委员会的沟通协作、有效衔接。坚决惩治侵害农民利益的腐败行为。坚持和完善向重点乡村选派驻村第一书记和工作队制度。加大在优秀农村青年中发展党员力度，加强对农村基层干部激励关怀，提高工资补助待遇，改善工作生活条件，切实帮助解决实际困难。推进村委会规范化建设和村务公开"阳光工程"。开展乡村治理试点示范创建工作。创建民主法治示范村，培育农村学法用法示范户。加强乡村人民调解组织队伍建设，推动就地化解矛盾纠纷。深入推进平安乡村建设。建立健全农村地区扫黑除恶常态化机制。加强县乡村应急管理和消防安全体系建设，做好对自然灾害、公共卫生、安全隐患等重大事件的风险评估、监测预警、应急处置。

（二十五）加强新时代农村精神文明建设。弘扬和践行社会主义核心价值观，以农民群众喜闻乐见的方式，深入开展习近平新时代中国特色社会主义思想学习教育。拓展新时代文明实践中心建设，深化群众性精神文明创建活动。建强用好县级融媒体中心。在乡村深入开展"听党话、感党恩、跟党走"宣讲活动。深入挖掘、继承创新优秀传统乡土文化，把保护传承和开发利用结合起来，赋予中华农耕文明新的时代内涵。持续推进农村移风易俗，推广积分制、道德评议会、红白理事会等做法，加大高价彩礼、人情攀比、厚葬薄养、铺张浪费、封建迷信等不良风气治理，推动形成文明乡风、良好家风、淳朴民风。加大对农村非法宗教活动和境外渗透活动的打击力度，依法制止利用宗教干预农村公共事务。办好中国农民丰收节。

（二十六）健全乡村振兴考核落实机制。各省（自治区、直辖市）党委和政府每年向党中央、国务院报告实施乡村振兴战略进展情况。对市县党政领导班子和领导干部开展乡村振兴实绩考核，纳入党政领导班子和领导干部综合考核评价内容，加强考核结果应用，注重提拔使用乡村振兴实绩突出的市县党政领导干部。对考核排名落后、履职不力的市县党委和政府主要负责同志进行约谈，建立常态化约谈机制。将巩固拓展脱贫攻坚成果纳入乡村振兴考核。强化乡村振兴督查，创新完善督查方式，及时发现和解决存在的问题，推动政策举措落实落地。持续纠治形式主义、官僚主义，将减轻村级组织不合理负担纳入中央基层减负督查重点内容。坚持实事求是、依法行政，把握好农村各项工作的时度效。加强乡村振兴宣传工作，在全社会营造共同推进乡村振兴的浓厚氛围。

让我们紧密团结在以习近平同志为核心的党中央周围，开拓进取，真抓实干，全面推进乡村振兴，加快农业农村现代化，努力开创"三农"工作新局面，为全面建设社会主义现代化国家、实现第二个百年奋斗目标作出新的贡献！